U0164905

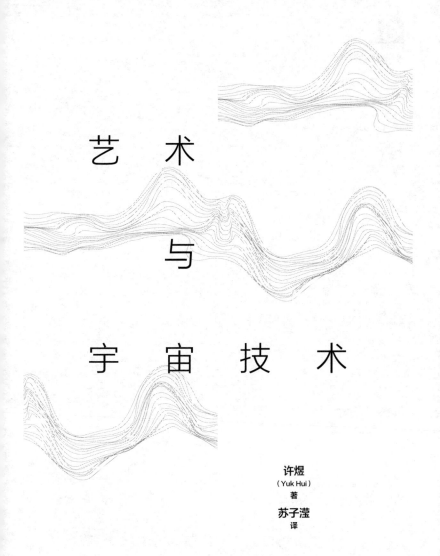

艺术 与 宇宙技术

许煜
（Yuk Hui）
著

苏子滢
译

華東師範大學出版社
·上海·

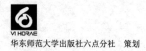

华东师范大学出版社六点分社　策划

献给张颂仁

图 1

马麟,《坐看云起图》,王维(1225—1275)诗句

绢本笔墨,25.1 × 25.2 cm,克利夫兰美术馆

道可道，非常道。

名可名，非常名。

无，名天地之始；

有，名万物之母。

故常无，欲以观其妙；

常有，欲以观其徼。

此两者，同出而异名，

同谓之玄。

玄之又玄，

众妙之门。

《道德经》

［艺术家］或许无意中也是一个哲学家。

——保罗·克利,《论现代艺术》(*On Modern Art*)

因为艺术家,而不是哲学家,

才是最初的冒险者,

或者说,是思想的先驱。

我们知道,哲学总是迟到者。

——弗朗索瓦·于连,《美这个奇怪的观念》

(*This Strange Idea of the Beautiful*)

目　录

前　言

[xix]这项研究可以看作是我上一本书《递归与偶然》的续篇，我在那里引入和扩展了递归的概念，并勾勒了西方哲学中的递归思想史。而本书的主题是美学；它不是把审美看作一种低级认知能力，而是把它转移进逻辑领域中。本书将并行地讨论**悲剧逻辑**（*tragist logic*）和**控制论逻辑**（*cybernetic logic*）的递归性，也试图勾勒出道家思想中的递归性，我称它为**道家逻辑**（*daoist logic*）。这种解读很大程度上受到了魏晋时期的王弼（226—249）和新儒家哲学家牟宗三（1909—1995）思想的启发。

我既非艺术史学家也非艺术评论家，本书也无意假装归属于这些领域。《艺术与宇宙技术》首先是回应了在海德格尔所说的西方哲学终结后的尚未确定的其他开端，它的问题是：在哲学终结后以及在后欧洲哲学中，艺术的位置是什么？其次，本书希望通过重新敞开艺术和多样的艺术体验的问题，来处理艺术和哲学的关系，并思考美学思维如何有助于我们的研究。

这项研究始于对山水画的思索。山水的美学从童年起就伴随着我。2015 年,在我第一次被高世明教授邀请去杭州中国美术学院做讲座时,我重新发现了这些在我去欧洲学习和教学后就被搁置下来的美学体验。与高世明的许多简短的讨论使我受益匪浅,他对中西方经典的知识和他看待当代世界的创造性、挑衅性的方式都令我印象深刻。在那以后,我每年春天都和伯纳德·斯蒂格勒(Bernard Stiegler)一起在杭州教书,我们多次展开讨论,沿着西湖散步。中国美术学院和杭州西湖是这项研究的[xx]灵感来源。我记得春末的夜晚我坐在湖边的垂柳下,一连几个小时聆听虫鸣,观看水面的倒影。可惜这个习惯被 2020 年的新冠疫情打断了;与伯纳德讨论也不再可能。没有了他的杭州已经物是人非。同样是在杭州我遇见了张颂仁,他对中国文化和美学的渊博知识、对几乎一切事物的好奇心和热情以及他的慷慨都令我受益匪浅。这部作品是献给他的。

柏林夏洛滕堡的贝格鲁恩博物馆(Berggruen Museum)收藏的现代绘画给了我很大的启发;我的许多个周末都在那里度过。亨宁·施密德根(Henning Schmidgen)教授热情地邀请我去包豪斯大学任教,这让我有机会追溯保罗·克利和康定斯基的足迹,完成这部书稿。我也要感谢那些阅读、评论了书稿各个版本的朋友和同事,包括巴里·施瓦布斯基(Barry Schwabsky)、马丁·布伊斯(Martijn Buijs)、彼得·莱门斯(Pieter Lemmens)、安德斯·邓克尔(Anders Dunker)、朱迪·基勒(Jude A. Keeler)和伊势康平(Kohei Ise);以及我在吕内堡、魏玛、杭州和香港的学生,他们在 2016 年至 2020 年间参加了我的研讨会。最后,我也要感谢穆柏安(Brian Kuan

Wood)和科林·贝克特(Colin Beckett)出色的编辑工作、批评意见和宝贵的建议。

许煜

2021 年春

中国香港

导论　论感知性的教育

§1　悲剧宇宙的历史心理学

[3]2016 年 12 月的伦敦金匠学院(Goldsmiths College)，在与弗朗索瓦·于连的一场小组讨论上，美国诗人兼艺术评论家巴里·施瓦布斯基(Barry Schwabsky)向我们提出了一个问题:希腊意义上的悲剧在中国存在吗？如果不存在,那么为什么悲剧的观念没有在那里出现？于连先生立即回答说,中国人发明了某种形式的思维(*pensée*)以避免悲剧。避免悲剧？中国人真的想避免悲剧吗？或者更准确地说,中国并没有为悲剧思维的繁荣提供土壤吗？这就等于说,中国的历史心理学不曾像公元前 6 至公元前 5 世纪的希腊那样,培养出悲剧思维。在与汉学家谢和耐(Jacques Gernet)的对话中,希腊研究者让-皮埃尔·韦尔南(Jean-Pierre Vernant)提出,这可能是因为中国缺少希腊文化中的两极对立——人与诸神、不可见与可见、永恒与凡人、恒定与变化、力量与无力、纯粹与

混合、明确与不明确的对立——这或许能部分地解释为什么
发明悲剧的是希腊人而不是中国人。[①]

　　只有在按照悲剧的庸俗含义,也就是从"结局悲惨的故事"的
角度理解悲剧时,于连的说法才有意义。但于连是一位希腊研究
者和汉学家,我们不能假定他是从如此口语的意义上理解悲剧的。
悲剧艺术在西方艺术中有着非常特殊的位置。用叔本华的话说,
悲剧是"诗歌艺术的顶峰"和"最高的诗歌成就"。[②] 中国人没有特
地为避免悲剧而发明一种思维方式。同时,我们也必须认识到,悲
剧在希腊是从一种特殊的历史心理中诞生的。但这种特殊性并
不能证明韦尔南关于古希腊的两极对立在中国不存在的说法。

　　[4]那么希腊悲剧的历史心理是怎样的? 长期以来,学者
们一直在质疑古希腊悲剧的特殊性,以及悲剧在其他文化中
的缺失。比如,乔治·斯坦纳(George Steiner)在《悲剧之死》
(*The Death of Tragedy*)中写道:

　　　　东方艺术懂得暴力,悲伤,自然或人为灾难的打击;
　　日本的剧场里充满了残暴和仪式性的死亡。但我们称之
　　为悲剧戏剧的那种对个人苦难和英雄主义的再现,是西
　　方传统的独有部分。[③]

---

　　① 让-皮埃尔·韦尔南,《古希腊的神话与社会》(*Myth and Society in Ancient Greece*),Janet Lloyd 译,New York: Zone Books, 1996 年,
第 97—98 页。

　　② 叔本华,《作为意志和表象的世界》,第一册,E. F. J. Payne 译,
New York: Dover,1969 年,第 251—252 页。

　　③ 乔治·斯坦纳,《悲剧之死》,New Haven: Yale University
Press,1961 年,第 3 页,也引自米里亚姆·伦纳德(Miriam Leonard),《诸
种悲剧现代性》(*Tragic Modernities*),Boston: Harvard University
Press,2015 年,第 1 页。

斯坦纳的说法不无道理,比如在中国,被看作悲剧戏剧(tragic drama)的这种类型只出现在元朝(1279—1368),这是蒙古统治时期,据说马可·波罗是在这时把意大利面从中国带到了欧洲。但中国悲剧缺乏希腊悲剧的那种英雄主义,它主要由腐败、背叛等不公正引起的愤怒和忧郁情感驱动,而这种不公正只能由上天施加的正义来解决。

比如,在中国文学最著名的悲剧戏剧《窦娥冤》中,寡妇窦娥并没有对强加给她的不公正做出英雄式的反抗。[①] 窦娥作为童养媳被卖给一户人家。她年轻的丈夫死后,她被诬陷谋杀了一个觊觎她的流氓的父亲。其实,是这个流氓试图用毒药杀死窦娥的婆婆,但毒药被他自己的父亲误喝了。在窦娥被斩首前,她坚称在自己死后会有三个事件证明她的清白:她的血会溅上衣服却不会滴落地面;反常的六月飞雪将表达她的冤屈;她生活的楚州将遭受三年干旱。上天见证了不公,窦娥的愿望实现了。就在三年后,窦娥的冤魂出现在她父亲[5](这时已成为政府官员)面前,表达她的冤屈,这一案件被重新审理,正义得到恢复。故事中不存在英雄的**过失**($hamartia$,$ἁμαρτία$),即一个导致英雄垮台的悲剧性错误或罪。中国文学的这部非英雄悲剧确实表明,与希腊人相比,在这里人和宇宙的关系在根本上不同。

这种区别是否足以说明韦尔南的主张,即在中国不存在古希腊的那种两极对立? 还是说,其中有一种更深刻的区别在起作用? 二元对立是中国思想的基础,正如道家思想中有

---

① 关汉卿,《窦娥冤》,Chung-wen Shih 译,Cambridge, UK Cambridge University Press,1972 年。

(是/有)和无的对立。尤其是在这种极性的**运作**中,是否有一种更微妙的东西需要重新表述?我们将在第二章通过玄的逻辑来处理这个关键问题。就目前来说,我们不能否认希腊悲剧的历史和宇宙论特殊性。

韦尔南和皮埃尔·维达尔-纳凯(Pierre Vidal-Naquet)在他们的《古希腊神话与悲剧》一书中,对某些现代的悲剧解读表示反对,尤其是弗洛伊德重新发明的俄狄浦斯情结;他们批评了想把希腊悲剧时代的特殊性普遍化的企图:

> 按照弗洛伊德的解释,悲剧的这一历史维度依然完全没有得到理解。如果悲剧是从一种有普遍意义的梦中汲取素材的,如果悲剧的影响力在于激发我们所有人都具有的情绪情结,那么为什么悲剧是在公元前 6 至公元前 5 世纪之交的希腊世界诞生的? **为什么其他文明对悲剧一无所知?** 为什么即使在希腊,悲剧似乎也很快被耗尽了,一种哲学思想取代了它的位置——这种哲学思想通过理性地解释悲剧戏剧宇宙得以构成的矛盾,而消除了这种构成基础?[1]

[6]韦尔南对古希腊的研究受到了他的老师伊尼亚斯·梅耶森(Ignace Meyerson, 1888—1983)的历史心理学理论的启发,梅耶森认为不存在所谓的心理学真理,也不存在意志的普遍、永久的心理功能。[2] 悲剧可以被看作是心理功能外化而

---

① 让-皮埃尔·韦尔南与皮埃尔·维达尔-纳凯,《古希腊神话与悲剧》(*Myth and Tragedy in Ancient Greece*),Janet Lloyd 译,New York: Zone Books, 1990 年,第 89—90 页,重点由我添加,也引自伦纳德,《诸种悲剧现代性》,第 7 页。

② 同上注,第 50 页。

成的一种精神的对象化形式。既然心理学是历史性的，它的对象化形式（悲剧）就也是历史性的。这个观点呼应了约翰·戈特弗里德·赫尔德（Johann Gottfried von Herder）1773 年关于莎士比亚论文中的观点，赫尔德指出，无论是法国的皮埃尔·高乃依（Pierre Corneille）、让·拉辛（Jean Racine）的悲剧，还是英国莎士比亚的悲剧，都无法同希腊悲剧相比较，无法与后者的"世界观、举止、城邦状况、英雄时代的传统、宗教，乃至音乐、表达和幻象的程度"相比较。①

我们要坚持希腊悲剧在历史和宇宙论这两方面的特殊性。悲剧时代指的是古希腊公元前 6 至公元前 5 世纪，这个时代有什么特点？尼采告诉我们，希腊悲剧时代的哲学家看到了"日益世俗化的巨大危险和诱惑（*ungeheuren Gefahren und Verführungen der Verweltlichung*）"，即虚无主义。② 尼采在《希腊悲剧时代的哲学》中描绘的从泰勒斯到阿那克萨哥拉的前苏格拉底哲学家，都不得不直面悲剧时代特有的感性世界与理性世界之间与日俱增的不相容性。③ 科学，或者说

<hr>

① 约翰·戈特弗里德·赫尔德，《美学论文选》（*Selected Writings on Aesthetics*），Gregory Moore 译，Princeton：Princeton University Press，2006 年，第 294 页。

② 尼采，《希腊悲剧时代的哲学》（*Philosophy in the Tragic Age of the Greeks*），Marianne Cowin 译，Washington, DC：Regnery Publishing，1962 年，第 33 页。要注意 *Verweltlichung* 一词经常被译成**平庸化**（*mundanization*），区别于**世俗化**（*Säkularisierung*）。

③ 关于尼采最初在《悲剧的诞生》（*The Birth of Tragedy*，1872）中提出的悲剧概念，人们经常说尼采受到了叔本华悲观主义（它的化身是瓦格纳的音乐）的极大影响；只有到了 1876 年前后，尼采才转向肯定性的悲剧思维。见朱利安·扬（Julian Young），《尼采的艺术哲学》（*Nietzsche's Philosophy of Art*），Cambridge, UK：Cambridge University Press，1994 年，第 28 页。"考虑到这一点，我会说尼采是在 1876 年后写的所谓'肯定性（positivistic）'作品中放弃了悲观主义。我（转下页注）

一般意义上的理性,与神话和激情的世界处于紧张状态,就像阿波罗式理性与酒神冲动、造型艺术与音乐之间的张力。理性想要按照**科学**(*epistēmē*)来解释感性世界,但世界本身是无法被客观全面地把握的。因此哲学的任务[7]是调和或克服这种冲突。对尼采来说,第一位哲学家泰勒斯——他把水理论化为世界的基本成分——就体现了这种尝试:

> 我们真的有必要认真对待这个命题吗?是的,理由有三。首先,因为它讲述了万物的原初起源;其次,它是用无形象、无传说的语言讲述的;最后,它体现了"万物为一"的思想,哪怕还只是这种思想最初胚胎:只看第一个理由,泰勒斯仍然与宗教和迷信者为伍;第二个理由把他从这些人中区分出来,表明他是一个自然科学家;第三个理由则让他成为第一个希腊哲学家。①

泰勒斯触及了宗教世界和科学世界,但又超越了两者的诱惑。当他说"水转化为土",这还只是一个科学假说,但

(接上页注)们有理由把 1876 年看作他思想中一次急剧断裂的标志,认为《悲剧的诞生》和后来的(尽管不是最后的)作品是相当不连续的……比如在《权力意志》(*The Will to Power*)第 853 节中尼采说,在《悲剧的诞生》中悲观主义被看作真理,在《权力意志》的第 1005 节,他把 1876 年认定为'我领会到我的本能走向了与叔本华相反的方向,走向对生命的正当化'的一年,这似乎意味着在《悲剧的诞生》时期他认为生命是**不正当**的。"这段讨论超出了我们目前的话题,但似乎在这些写于 1873 年的笔记里,尼采已经转向他之后在《查拉图斯特拉如是说》中充分阐发的肯定性的悲剧思维。

① 尼采,《希腊悲剧时代的哲学》,第 39 页。

说"万物为一"就必定是哲学式和抽象的思维了。对起源或开端（archē）问题的哲学探究远不止是一条科学原理，这种探究让泰勒斯成为西方和悲剧时代的第一位哲学家。如果泰勒斯配得上这个称号，这不仅因为他把世界理论化为由水构成的统一体，也是因为他看到了不可避免的冲突，并致力于改革文化，后来黑格尔将此视为历史进步所必需的。

[8]换句话说，古希腊哲学是以冲突的形式、作为危机产生的，这是悲剧思维的条件。这种冲突在阿那克西曼德、赫拉克利特以及尼采在《希腊悲剧时代的哲学》中分析的其他哲学家那里无处不在，或许在巴门尼德对于"非存在（non-being）对于将在（coming-to-be）来说是必需的"这一逻辑问题的怀疑中，这一冲突最充分地体现了出来。在希腊悲剧时代，荷马的阿波罗史诗的崇高简朴——尼采称之为"美丽的幻觉"——不再能预防虚无主义，哲学的诞生从根本上说是对历史进步造成的日益激烈的对立与矛盾的回应。

悲剧，以戏剧的形式表达了命运的必然性与人类自由的偶然性之间的矛盾。这种矛盾被投射到神与人、国家与家庭，或者更一般的两种**秩序**（dikē, Δίκη）的对立上，如《安提戈涅》中的死亡**秩序**与神的**秩序**。在索福克勒斯的伟大作品中，俄狄浦斯是个聪明绝顶的人，他解开了斯芬克斯之谜，却无法避免犯下弑父（父亲侮辱了他）和与母亲同床共枕的罪行。然而，正如阿波罗的先知提瑞西阿斯（Teiresias）所说，诸神清楚地看到了俄狄浦斯意识不到的事情。俄狄浦斯的女儿安提戈涅不得不面对城邦律法（不能埋葬国家的敌人）和家庭义务（埋葬自己的兄弟）之间的冲突——克瑞翁也是如此，他既是城邦之王,也是安提戈涅的舅舅和她未婚夫的父亲。这些冲突同时是社会的、政治的和心理的,按照韦尔南的说法,从这个意义上说悲剧不仅可以被视为一种艺术形式,也可以被视为一种社会机制:[1]

> 因此,当社会经验的核心出现裂痕时,悲剧的转折点就出现了。法律和政治思想与神话和英雄传统之间的裂痕已经够宽,足够它们清晰地分开;但又还够窄,让价值的冲突依然使人痛苦、碰撞持续发生。[2]

[9]悲剧英雄处在由性格(*ethos*)与命运(*daimon*)二者创造的空间中,是位于决定性十字路口上的宗教性力量。[3]尼采等人认为,悲剧的衰落是苏格拉底式乐观主义的古代科学"解决主义(solutionism)"造成的,我们看到,机械艺术的百科全书式乐观主义、如今的生物技术和空间技术中的超人类乐观主义也呼应了这种态度。科学理性的胜利结束了悲剧时代,因为悲剧不再和雅典哲学的心理学完全兼容了。

尼采的批评部分来自他对哲学的不满,因为哲学只在健康的文化中才能彻底兑现它的承诺。正是古希腊健康的文化让哲学表现为"有益的、救赎的或预防性的"。相反,在一种病态的文化中,比如在尼采的时代,哲学只会加重疾病。尼采感兴趣的不是那个把他排除在外的名叫哲学的学科,而是通过

---

① 韦尔南与维达尔-纳凯,《古希腊神话与悲剧》,第32—33页。
② 同上注,第27页。
③ 同上注,第37页。

教育进行的文化改革。对尼采来说，古希腊是"我们所谓的文化健康的最高权威"，而"有着真正健康的文化的希腊人只是通过投身于哲学、比其他任何民族都更完整地投身于哲学，就一劳永逸地确证了哲学的正当性"。①

§2　悲剧艺术的递归逻辑

从这个意义上说，我们可以把悲剧和悲剧戏剧看作通过调和神话与科学、信仰和理性来进行"文化改革"的尝试，正如荷尔德林在他未完成的悲剧《恩培多克勒之死》（*The Death of Empedocles*）中所做的那样。尼采在瓦格纳的《特里斯坦和伊索尔德》（*Tristan and Isolde*），以及他借拜罗伊特节日剧院（Bayreuth Festival Theatre）和**整体艺术**（*Gesamtkunstwerk*）对希腊戏剧的复兴中也注意到了这种尝试。

从一般意义上说，我们可以效仿席勒把悲剧称为对感知性的教育（*Ausbildung des* [10] *Empfindungsvermögens*）。悲剧戏剧的运作模式是以用情节操纵情绪为核心的，这产生了亚里士多德在《诗学》中所说的**宣泄**（*catharsis*）。*Catharisis* 通常被译为"净化（cleansing）"或"排解（purging）"，被赋予了医学和宗教的含义，有时也被理解为"智性澄清（intellectual clarification）"。② 与篇幅长、节奏缓慢的荷马史诗相比，集

① 尼采，《悲剧时代的哲学》，第 28 页。
② 利奥·戈登（Leon Golden），《史诗，悲剧，与宣泄》（Epic, Trage-dy, and Catharsis），《古典哲学》（*Classical Philology*）71, no. 1, 1976 年 1 月，第 77—85 页。

中和戏剧化的悲剧能带来更快、更有效的**宣泄**效果。有些作者强调**宣泄**主要是个美学概念。[①] 作为一种"用引起怜悯和恐惧的事件来实现对这种情绪的**宣泄**"的情节的构建，亚里士多德只是根据悲剧的形式设定宽泛地讨论了宣泄，而没有把它完全当作哲学概念处理。[②] 与柏拉图关于悲剧情绪对**城邦**具危险和威胁的负面评论相反，亚里士多德给悲剧赋予了积极意义。

亚里士多德关于悲剧的著作主要涉及对悲剧要素的分析。因此，按照彼得·斯丛狄（Péter Szondi）的说法，"自亚里士多德以来就有了悲剧诗学。但直到谢林才有悲剧哲学"。[③] 换句话说，在亚里士多德的《诗学》中，悲剧还没有达到它作为感知性教育所应达到的哲学高度。在《诗学》（以及《政治学》）中，讨论的关键对象是情感，谢林对悲剧的理解则把悲剧元素从情感提升至**逻辑**（以下简称为**悲剧逻辑**）。为什么要等到谢林的时代（18 世纪末和 19 世纪初），悲剧哲学才得以可能？

这无疑涉及许多客观和历史的原因，比如自从约翰·约阿希姆·温克尔曼（Johann Joachim Winckelmann）1754 年的《关于模仿希腊绘画和雕塑的思考》（Thoughts on the Imitation of the Painting and Sculpture of the Greeks）以来，在艺术方面对希腊经典的回归；书中温克尔曼称，"让我们变得伟大，

---

① 伊娃·沙佩尔（Eva Schaper），《亚里士多德的宣泄与美学愉悦》（Aristotle's Catharsis and Aesthetic Pleasure），《哲学季刊》（*The Philosophical Quarterly*），18，no. 71，1968 年 4 月，第 131—143：135 页。

② 同上注。

③ 彼得·斯丛狄，《论悲剧性》（*An Essay on the Tragic*），Paul Fleming 译，Stanford：Stanford University Press，2002 年，第 1 页。

变得难以效仿(如果这有可能)的唯一办法,[11]就是效仿古人"。① 在法国也有"古典与现代之争(*querelle des Anciens et des Modernes*)",皮埃尔·布吕穆瓦(Pierre Brumoy)的《希腊的戏剧》(*Le Théâtre des Grecs*),高乃依、拉辛、伏尔泰和莫里哀的悲剧,更不用说英国莎士比亚的悲剧了(从莱辛到黑格尔的重要德国知识分子都读过)。②

与其在这里详细讨论这些先人,不如让我们提出一个与韦尔南关于古希腊悲剧的**历史心理学**平行的、颇为挑衅性的假设,即,我们可以在 18 世纪德国的悲剧复兴中,找出一种悲剧**认识论**。以谢林的著作为例,悲剧的复兴主要涉及的是感性的组织及其主导认识论(而非心理学)的关系。在亚里士多德的《诗学》中,这种对认识论及其逻辑的大力强调还不存在,这种强调或许有助于我们理解斯丛狄的主张。

谢林《艺术哲学》(*Philosophy of Art*,1805)的第一句话宣布,"对艺术的有条理的研究或艺术科学,首先意味着对艺术的历史建构"。③ 亚里士多德主义的因果逻辑是线性的,这体现在他追溯第一因至"第一推动"的终极意图中。在这种线性的意义上,对悲剧情节建构的理解要么仅限于从原因走向

---

① 温克尔曼(J. J. Winckelmann),《关于模仿希腊绘画和雕塑的思考》,见《德国美学与文学批评:温克尔曼,莱辛,哈曼,赫尔德,席勒,歌德》(*German Aesthetic and Literary Criticism：Winckelmann*，*Lessing*，*Hamann*，*Herder*，*Schiller*，*Goethe*)，H. B. Nisbet 编,Cambridge, UK：Cambridge University Press,1985 年,第 33 页。

② 更细致的分析见约书亚·比林斯(Joshua Billings),《古希腊悲剧的谱系:悲剧与德国哲学》(*Genealogy of the Tragic Greek：Tragedy and German Philosophy*)，Princeton：Princeton University Press,2014 年。

③ 谢林,《艺术哲学》,Douglas W. Stott 译,Minneapolis：University of Minnesota Press,1989 年,第 3 页。

结果,要么仅限于由结果揭示其原因。如果说是因为谢林,悲剧哲学才得以可能,这是因为谢林发展了一种有机的、创造性的、基于非线性逻辑的反机械论自然哲学。对谢林来说,艺术必须被看作"和自然一样统一、有机的,整体必然存在于每个部分中"。①

这种思维的有机性使谢林得以构思一种可能方案,以解决悲剧戏剧中命运的必然性和人类行动的偶然性之间难免的对立和似乎[12]无法解决的矛盾。在哲学中,我们也可以在所谓的独断主义和批判主义中看到这组对立。独断主义接受了有条件的知识而不对条件加以质疑,批判主义则旨在从无条件的确定性,也就是从绝对出发。在《关于独断主义和批判主义的哲学书信》(*Philosophical Letters on Dogmatism and Criticism*,1796)中著名的第十封(也是最后一封)信中,谢林以希腊悲剧为例给出了一个可能的解决方案。② 在希腊悲剧,或者说一般意义的希腊悲剧思维中,俄狄浦斯命运的不可避免性与他的意志和智慧的对立、安提戈涅对家庭的义务与对国家的义务的对立,乍一看是不可调和的。正如谢林所说:

> 因此,**悲剧**的本质在于主体的自由这方面和必然性这另一方面之间现实且客观的冲突,这种冲突不会终结于某一方的屈服,而是以双方同时被表现为胜利且失败的全然无差别告终。③

---

① 谢林,《艺术哲学》,第 9 页。
② 谢林,《关于独断主义和批判主义的哲学书信》,见《人类知识中的无条件者:四篇早期论文(1794—1796)》,Fritz Marti 译,Cransbury:Associated University Presses,1980 年,第 156—218 页。
③ 谢林,《艺术哲学》,第 251 页。

当亚里士多德在《诗学》第六章中分析悲剧时，矛盾不是他的关注重点，**宣泄**的运作实际上也未得到详细阐述。相反，亚里士多德关注的是对生活和行动加以模仿带来的怜悯和恐惧的"悲剧快感"。他的分析依然是心理学的，还不是哲学的。谢林则从作为悲剧的条件的不可调和的两极性中，得出了一种一般形式或本质。他的有机思维是一种**运作模式**（modus operandi），能够通过产生**第三者**来调和不可避免的对立。这第三种形构是非机械的、非线性的，具有"灵活性"或"可塑性"，可以容纳矛盾而不是简单地消除它们；比如谢林发现，在造型艺术中无限被刻写进[13]有限中，在语言艺术中，有限于无限中形构而成。

例如，在绘画中通过在画布上制造张力、保持无解决的矛盾，画框的限制可以刻写无限。谢林描述了不同的潜能幂次（potencies）——有机械的、化学的和生物的——它们按其复杂性程度被规定。① 在这里，潜能幂次被绝对（如上帝）规定为**无差异**（indifference），即对立的两极（如主体和客体）之间差异的消除（或统一）。对谢林来说，第三者，即能够包含而不消除矛盾的生物潜能幂次是有机体，它在《艺术哲学》和早期论自然哲学的三本著作中被赋予了最高的等级幂次。

然而，自然之为自然的**本质**只能通过第三种潜能幂次再现出来，这第三者同等地肯定真实或物质存在，以及

---

① 谢林在不同时期的著作中以不同方式使用"潜能幂次"这个词；在《先验唯心论体系》（System des Transcendentalen Idealismus, 1800）中，他列出了六种潜能幂次；见谢林，《先验唯心论体系》，P. Heath 译，Charlottesville: University of Virginia Press, 1993 年。

理念或光,从而将两者等同起来。物质的本质＝存在,光的本质＝活动。因此在第三种潜能幂次中,活动和存在必须**结合**在一起并成为无差异的。①

自然中的有机体——类比艺术中的美——为偶然性(自由)和必然性(法律)的冲突的解决提供了一个模型。也就是说在谢林的有机体哲学中,偶然性和必然性不再有不可调和的冲突,因为有机体能在递归形式中容纳这种矛盾。

谢林也因艺术的普遍有效性而把它看作优先的;如他所说,"哲学**作为**哲学永远不能变得普遍有效[*allgemeingültig*]。被给予绝对客观性的唯一领域[14]是艺术"。② 从这个意义上说,艺术不仅是一种(易受幻觉和操纵影响的)主观体验,也具有一种客观的有机逻辑,能够"产生一个完整的人"而不是"人的碎片",带来**一与全**(*hen kai pan*, Ἕν καὶ Πᾶν)。③ 悲剧英雄通过肯定并因此克服命运,从而克服自由与命运的矛盾,成为**真正自由**的人。正如谢林在《哲学书信》的第十封信中所写的,"只要他依然自由,他就会持续与命运的力量对抗"。④ 从这个意义上说,谢林对悲剧艺术的阐述所关注的与其说是心理效果,不如说是一种逻辑形式,它通过肯定自身的否定(或否定性他者)来获得自主性。这种对悲剧的解读已经预见到尼采那里

---

① 谢林,《艺术哲学》,第 27 页。
② 谢林,《先验唯心论体系》,第 233 页;也引自罗伯特·皮平(Robert Pippin),《美之后的艺术:黑格尔与图像现代主义哲学》(*Art After the Beautiful: Hegel and the Philosophy of Pictorial Modernism*),Chicago: University of Chicago Press,2014 年,第 16 页。
③ 同上注。
④ 谢林,《关于独断主义和批判主义的哲学书信》,第 193 页。

作为真正的哲学家的悲剧英雄。

有人可能会说，康德的《判断力批判》已经提出了一种关于美和崇高的有机思维方式（或者更准确地说是一种**运作的逻辑**）。这种有机形式基于康德所说的反思性判断。反思性判断不同于规定性判断，因为前者不是从**先天**规则出发，也就是说，它不是从普遍出发达到特殊，而是从特殊出发，达到它自身的规则。这种反身性是审美和目的论判断的基础。美从来不是在现实中**作为它自身被给定**的（*given as such*）。反身性也是目的论判断的基础，因为自然目的无法被客观地认识。

在我前一本书《递归与偶然》中，我试图表明这种有机思维的特征首先在于一种循环逻辑，它反思地回到自身以规定自身；其次，它具有一种让循环朝变形和转型开放的偶然性。正是通过可以明确表现为循环的反思性，必然性和偶然性呈现为一枚硬币的两面。

[15]康德的《判断力批判》（1790）孕育了席勒的《审美教育书简》（*Letters on the Aesthetic Education of Man*，1794），施莱格尔的"断片"（1798—1800），谢林的《艺术哲学》（1805）及其早期自然哲学（1795—1799）。在席勒那里，有机性也是解决必然与偶然的矛盾的关键，必然与偶然在艺术中表现为形式驱力（理性）与物质驱力（情感），在政治中表现为国家法律与个体自由。席勒称有机模型为游戏驱力（*Spieltrieb*），它能够调和形式和物质驱力。席勒的审美教育在于同时克服并保持对立——这是黑格尔所说的扬弃（*Aufhebung*）的先导。

艺术是审美教育的核心，因为它首先是一种感知性教育。作为历史心理学的希腊悲剧只出现在公元前 6 至公元前 5 世纪的希腊，而希腊悲剧的复兴取决于一种从逻辑和伦理角度展现悲剧的新意义的特殊认识论,悲剧不再是希腊式的悲剧,而成了希腊-德国式的悲剧(*das Tragisch*)。① 希腊悲剧的复兴在谢林和黑格尔的时期达到了哲学高度,这时悲剧不再从属于某一类型,而是服从它自身的**逻辑**。

如果尼采的说法是对的——苏格拉底的理性导致作为感知性教育、意图克服神话和科学的冲突的悲剧的戏剧功能消失——那么柏拉图主义批判悲剧为幻觉的来源,则延续了这种思维趋势。乍一看,亚里士多德似乎通过引入**宣泄**反对柏拉图对艺术的批判,但他对悲剧的理解只是有所变化地延续了同一套话语领域(他从药理学意义上理解悲剧,即认为它同时有利有弊)。只有到了谢林那里,悲剧思维才以一种有机思维形式为模型,这种形式解释了悲剧性的崇高。

> [16]勇敢的人与不幸做斗争,这场让他既没有赢得物理上的胜利、也没有在道德上投降的斗争,只是象征着**超越一切苦难**的无限。只有在苦难的最大处,那个在其中**没有**苦难的原则才能揭示出来,正如事物总是在其对立面中被揭示出来。②

悲剧英雄超越了命运(必然性)和自由(偶然性)的对立,不是通过压抑它们,而是通过产生第三者——一种"超越一切苦难",因而"在其中**没有**苦难"的无差别。在《递归与偶然》中,

---

① 见大卫·法雷尔·克雷尔(David Farrell Krell),《悲剧性的绝对:德国观念论与上帝的衰微》(*The Tragic Absolute German Idealism and the Languishing of God*),Indianapolis:Indiana University Press,2005年。

② 谢林,《艺术哲学》,第89页。

我指出康德的《判断力批判》提出了有机性作为哲学化的条件，也就是说，任何哲学要想继续存在，就必须是有机的。这种有机形式为悲剧艺术提供了逻辑，它打破了主导 17、18 世纪的机械思维——即认为必然与自由不得不对立，个体自由和审美情感必须屈从于律法和理性，因为机械思维是基于线性因果关系和二元性的。机械（或线性）思维无法把握悲剧的微妙之处，因为它的形式逻辑建立在心理学和情感的层面上。

因此，只像亚里士多德那样着眼于悲剧的效果来解释悲剧还不够。这不是说柏拉图错了，亚里士多德对了，而是说悲剧和所有**技艺**（*technē*）一样，本质上是药理学的。有机思维认识到对立在逻辑上和存在论上的不可避免性，从而放弃了在善恶之间做选择，而是试图把善恶都包含进系统中，正如谢林在他 1809 年的《论人类自由的本质》（*Treatise on Human Freedom*）中所表明的：恶在自由的系统中是无处不在且必要的。悲剧思维是有机思维的**范例化**（*exemplification*），它体现在艺术中，因此在谢林那里它也和哲学关系密切。对席勒和谢林两人来说，艺术成了对欧洲早期现代性中占主导的[17]机械理性的反抗，这种机械理性也具体体现在法国大革命后的暴政中。

在黑格尔那里，我们看到绝对不是一开始就被预先假定的，而是要由理性的自我认识中的矛盾的必然性驱动，在最后实现出来。谢林和黑格尔的不同体现在他们的优先性排序上，如直观或理性、情感或逻辑、艺术或科学、自然或文化。与康德、浪漫主义者、费希特和谢林等人共有的有机性的一般概念相比，黑格尔发展出了一种相当精细和独特的理性（*vernünftig*）形式，以揭露在一切直接现象背后的起效的现实性（*Wirklichkeit*），他称这种逻辑形式为辩证法。

　　黑格尔的辩证法是怎么在希腊悲剧中体现出来的？对
1798 年至 1800 年的青年黑格尔来说，希腊悲剧具有比犹太
主义更高的价值,这在他所谓的《早期神学著作》(*Early The-*
ological Writings)中有记载。① 对黑格尔来说,犹太主义对
上帝的服从是一种"受奴役于异己者",这一点显而易见地体
现在"诺亚通过屈从于一个更强大的力量,来保护自己免遭
[自然的]敌对力量的伤害"。② 相反,希腊宗教是多神论的,
它认为世俗生活充满了神与神圣。③ 按照黑格尔的解释,基
督是基督教的俄狄浦斯,因为他像悲剧英雄那样通过自己的
牺牲调和了上帝的恩典与人类的罪恶。④ 他和解的方式是同
时成为上帝与人的儿子(*Sohn*)。

　　在黑格尔的《精神现象学》(1807)中,希腊悲剧被理解为
精神的一个历史阶段,在这个阶段,伦理意识从集体与个体、
男人与女人、神与人、完全的知识与片面的知识等矛盾中产
生。黑格尔最喜欢的《安提戈涅》展示了这种伦理意识是如何
从矛盾中产生,并通过牺牲克服矛盾的。尽管黑格尔把悲剧
视为希腊艺术宗教的最高形式(§727—744),这种艺术宗教
最终却变得[18]多余了。这里,宗教指的不是实证、客观的基
督教信仰——青年黑格尔对此十分批判——而是指能够触及
神与神圣的意识,这种宗教反过来落在了基督教社群中。⑤

---

① 见比林斯,《悲剧的谱系》,第 5 章。
② 也引自比林斯,第 141 页。
③ 同上注。
④ 同上注,第 151 页。
⑤ 丹尼斯·施密特(Dennis Schmidt),《论德国人与其他的希腊
人:悲剧与伦理生活》(*On Germans and Other Greeks：Tragedy and*
Ethical Life),Indianapolis：Indiana University Press,2001 年,第 104
页。

在希腊悲剧中，观众与命运的等同是在歌队部分结束后，通过英雄的面具的中介实现的。"出现在观者面前的英雄分裂成他的面具和演员，分裂成剧中人与真实的自我。"①戏剧生活和现实生活的差异显露了某种虚伪，它必须用笑声加以掩盖。这样，喜剧就标志着悲剧艺术的哲学性质的终结。在《法哲学原理》(*Outline of the Philosophy of Right*)中，英雄被描述为朝向城邦建立的过渡，而城邦实现后就"无法再有英雄了"。但这并不意味着悲剧艺术失去了含义。相反，英雄是辩证逻辑的具体体现，希腊悲剧只是辩证逻辑的一个实例。②希腊悲剧英雄体现了"与自然对立的理念的更高的权利"。③

对黑格尔来说，在理性的自我认识的历史进程中，三部曲的最后一个阶段所达成的东西表现为直接性，从而成为下一个三部曲的第一个阶段。历史是三部曲的递归。在《美学讲演录》(*Lectures on Aesthetics*)中，我们再次看到了理念的这种展开，但艺术作为进程的第一阶段，是精神的必然运动不得不扬弃的。按照黑格尔关于艺术终结的著名论断，在希腊黄金时代之后，艺术就不再是精神生活的最高形式，它被天启宗教和后来的启蒙哲学超越了。尽管希腊的精神世界已经[19]不复存在，悲剧戏剧仍然能充当记忆或回忆(*Erinnerung*)的

---

① 黑格尔，《精神现象学》，A. V. Miller 与 J. N. Findlay 译，Oxford：Oxford University Press，1977 年，§742，第 450 页。

② 黑格尔，《法哲学原理》，T. M. Knox 译，Oxford：Oxford University Press，2008 年，§118，第 118 页。"英雄的自我意识(如俄狄浦斯和其他希腊悲剧的英雄)还没有超出其原始的简单性，以达到对行为(deed)和行动(action)的区别、外部事件与对目的和环境的知识的区别的反思，或者对后果的细分的反思。相反，他们承担了对行为的整个范围的责任。"

③ 同上注，§93 附释，第 98 页。

外化的手段，更确切地说，是让这段过去内在化（*Er-inne-rung*）的手段。① 换言之，艺术对黑格尔来说是理性走向绝对的垫脚石。

然而对黑格尔来说，有机思维模式的反思性逻辑（它源自并体现了希腊悲剧的伦理意识），也贯穿着他对历史进步的辩证理解。也正是对这种悲剧逻辑的抽象定义了黑格尔的历史目的论，我们可以将其理解为"理性的狡计"。绝对，标志着辩证法在历史中的终结，也是悲剧的终结；因为终点不再有矛盾，否则它就配不上被称为终点。

正是在这个意义上，我们可以说哲学化的有机条件也是自谢林起的**悲剧思维**出现的条件。在《递归与偶然》中，我指出在康德于 18 世纪末提出有机条件之后，我们必须明确一种与 19 世纪工业主义相反的新的哲学化的条件，工业主义无论是蒸汽机的运作还是剩余价值的生产，都建立在机械论的基础上。在 20 世纪，这种哲学化条件再次出现在过程哲学中——出现在有机体、有机主义和块茎状（rhizo-matic）思维的哲学中。但它也面临自己的极限：首先，因为控制论结束了作为哲学之基础与动力的有机/机械的对立；其次，因为考虑到在基于控制论思维的技术奇点之实现的前景中，终结已经迫近，我们必须重新开启一种新的历史进程。

不管这一终结多么虚幻，它作为有某种唯物主义背书的政治话语，确实封闭了许多就**技术**本身来说仍然开放的路径。

---

① 黑格尔，全集第 13 卷《美学讲演录 1》（*Werke 13 Vorlesungen über die Ästhetik* 1），Frankfurt am Main：Suhrkamp，1986 年，第 140—144 页。

而我们要努力保持技术之中超越了功利主义和[20]人类学含义的开放性。那么我们可以问：如果这种哲学化的条件是必然且存在的，它和艺术的问题又有什么关系，更具体地说，它和我们刚刚讨论的悲剧艺术有什么关系？

§3　艺术体验的多样性

在我们开始处理上述问题之前，我们先要把这一思考拓展到其他的美学考量上。这不是说悲剧思维已经走到了尽头，而是说我们或许看到了艺术的主导认识论的局限。首先，我们必须认识到艺术体验的多样性——这不仅因为艺术有不同的起源（provenances），也因为存在着十分不同的美学思维形式。

美学（Aesthetics）是对感知性的研究，但自 18 世纪以来，欧洲的美学就变成了"对美的研究"，后来它被翻译成中文"美学"和日文的"びがく"（和中文的汉字相同），艺术变得从属于美。但正如弗朗索瓦·于连（François Jullien）在《美这个奇怪的观念》（*This Strange Idea of the Beautiful*）中质疑的，"美"并非中国美学思维的核心，至少不像在西方那样。[①] 让我们沿着这条"奇怪"的道路，简要考察一下"美"的语文学。

谈到古希腊的美时，学者们指的是 *kalon* 这个词，它通常被译为"好的、适当的、高贵的或美丽的"。柏拉图的《大希庇亚

---

① 见弗朗索瓦·于连，《美这个奇怪的观念》，Krzysztof Fijalkowski 与 Michael Richardson 译，Calcutta：Seagull Books，2016 年。

篇》(Greater Hippias)讲了 kalon 的定义,它超出了希庇亚提出的所有特殊的美好:美丽的女人①、黄金②、富有和受人尊敬③。苏格拉底通过把 kalon 和视觉听觉方面的适合、有用、赞许和愉快联系起来,反驳了这一点,但[21]没能给出对美的一贯的定义,只是说"美的事物是困难的(χαλεπὰ τὰ καλά)"。

在柏拉图的其他对话,如《斐多篇》(Phaedo)和《会饮篇》(Symposium)中,我们看到美和**爱欲**(eros)有关,正如苏格拉底向阿伽通转述狄奥蒂玛的话说:"爱神是伟大的,他的对象是美。"④这里的美不是指这种或那种特殊的美,而是所有美的事物都要分有的美的形式:"美的事物通过美而是美的。"⑤于连指出,柏拉图想要把握作为**理型**(eidos)的"美",这种态度——我们也可以称之为形而上学态度——在中国思想中是不存在的。亚里士多德的 kalon 指想要获得的对象(hou heneka tinos)。Kalon 既是值得欲望,也是善的。在《形而上学》中,亚里士多德把第一推动描述为 kalon⑥,因为第一推动是"作为欲望或思想的对象(to orekton kai to noêton)"推动其他事物的。⑦ 也就是说,它促成了既值得欲望又是善的卓越。

---

① 柏拉图,《大希庇亚篇》,293b10—294e10。

② 同上注,295 a1—297 d9。

③ 同上注,297d10—304e9。

④ 柏拉图,《会饮篇》,201e6。

⑤ 柏拉图,《斐多篇》,100d7—8。这种美的形式也是爱欲的欲望对象。欲望对象是不可达到的,因此人们总要面对它的否定或缺失。在《会饮篇》中,苏格拉底引用狄奥蒂玛说,爱欲(厄洛斯)总居于两者之间,在富有与贫穷、美与丑、不朽与有朽之间,因为他是丰饶神和匮乏神的儿子。这把柏拉图的美和爱的传统阅读复杂化了。欲望对象也内在于一切试图超越形象的艺术品中。

⑥ 亚里士多德,《形而上学》1072a28,1072a34,1072b11。

⑦ 同上注,1072a26—27。

相比之下,我们可以以中国哲学家李泽厚(1930—2021)的分析为例,来阐释另一种形式的美学思维和处理冲突的方式。在中文里,现在被译为"beautiful"的"美"字,是由"羊"和"大"两个汉字组合在一起的,字面意思是"羊大则美"。① 我们可以推测它与古代仪式和典礼有关。进一步的解释会把我们引向原始宗教和食物人类学领域,李泽厚在其他地方讨论过这些问题。② 然而,我不相信单凭语文学就能提供[22]关于美学思维差异的充分的哲学见解。即使语文学能澄清这种差异,也不一定能推进思维本身,因为如果坚持绝对的差异而不促进思维本身的个体化,无论其历史分析多么可信和深刻,都会暴露这种方法的局限性。

李泽厚认为,中国艺术源于一种**非狄奥尼索斯**(*non-Dionysian*)文化,它强调礼(仪式)和乐(音乐),礼乐又以仁(仁慈)为基础。严格来说,礼不仅是仪式,仪式也可以称为"仪"。礼主要是指通过身体姿态和技术手段,按照宇宙(天)与社会/道德(人)的统一来行事。③ 礼的规范化用途有时会和法(律法)相提并论。但法被看作对违法行为的惩罚,而礼是一种预防性的日常实践。乐包括音乐和舞蹈,为教育目的和礼结合在一起:

> 是故先王之制礼乐也,非以极口腹耳目之欲也,将以教民平好恶,而反人道之正也……律小大之称,比终始之序,以象事行。使亲疏贵贱、长幼男女之理,皆形见于乐。④

① 李泽厚,《华夏美学》,桂林:广西师范大学出版社,2001年,第5—6页。

② 见李泽厚,《历史本体论》,北京:三联书店,2002年。

③ 李泽厚,《华夏美学》,第24—25页。

④ 《礼记·乐记》,英译见 https://ctext.org/liji/yue-ji,理雅各译。也引自李泽厚,《华夏美学》,第28页。

[23]礼和乐结合在一起构成一种感知性教育,在李泽厚看来,这种教育旨在培养一种不过度的满足,这种满足感被称为中(median)与和(harmonious)。对宋明理学影响极大的经典《中庸》的开篇是这样说的:

> 莫见乎隐,莫显乎微,故君子慎其独也。喜怒哀乐之未发,谓之中(Equilibrium);发而皆中节,为之和。中也者,天下之大本也;和也者,天下之达道也。致中和,天地位焉,万物育焉。①

有必要给理雅各(James Legge)把中译作"平衡(equilibrium)"的决定(他对中国经典的精彩且专注的翻译让我很钦佩)加上一个注释,因为热力学中的平衡就意味着死亡。中不是平衡,而是亚稳态,因为它充满了潜力,是可变的。因此当情绪还未被激起(未发),就叫"中"。当情绪被激起或触发时(已发),一个人必须做出反应并采取行动,当这些反应的程度适宜,就达到了"和"。没有缺乏或过度,而是适度。因此[24]李泽厚称中国文化不是酒神文化,也没有亚里士多德所说的那种**宣泄**:

> 从一开始,华夏美学就排斥了各种过分强烈的哀伤、愤怒、忧愁、欢悦和种种反理性的情欲的展现,甚至也没有像亚里士多德那种具有宗教性的情感洗涤特点的**宣泄**

---

① 《中庸》,英译见《中国经典》(*The Chinese Classics*),第一册,理雅各译,Oxford: Clarendon,1893 年,第 384—386 页。"未发"和"已发"是理解宋明理学实践的两个关键词,我将在本书后面讨论这一点。

理论。中国古代所追求的是情感符合现实身心和社会群
体的和谐协同、排斥一切偏离和破坏这一标准的情感(快
乐)和艺术(乐曲)。①

中国艺术不是酒神式的冲动和通往**宣泄**的悲剧进路,而是由
对平淡的追求推动的,寻求简单和平静。平淡是通过对"未
发"和"已发"的思索而达到的:后者确实放大了某些情绪,也
有能力表达情感和倾向。作为感知性教育,美学在社会和政
治生活中,在解决共同体成员之间或人与非人之间的冲突、维
持关系方面具有重要意义,它反过来又由人类在宇宙中不同
的定位方式规定。

　　李泽厚认为,对中与和的这种观点从中国古代一直延续
至明代中叶,此后中国的美学传统似乎有所衰落。李泽厚指
出了这种衰落的三个原因。首先,社会和文学环境中出现了
对欲望的强调,比如色情小说的流行,这与儒家和道家的自我
修养原则直接冲突。第二,对个体性(或个体之心)的强调导
致古代关于心(天地之心)的学说被扭曲。第三,这一[25]衰
落时期的艺术家更多地强调形式而不是内容,引入了写作/绘
画(文)与道的区分。②

　　对李泽厚的论点展开分析超出了我这里的讨论范围,因
为仔细考察明代的社会政治环境以及向清代的转变的工作,
更适合历史学家完成。然而,有两点和我的讨论是相关的:第
一,李泽厚虽然从东方艺术中区分出了非悲剧思维,但他似乎

---

① 李泽厚,《华夏美学》,第 34—35 页。
② 同上注,第 243—261 页。

还未把这种美学思维从一种含糊的情感的话语提升至系统性逻辑——这也是本书的任务。其次,李泽厚在上述第三点中,就中国美学传统的衰落强调了道与器/文的分离。这是我在《论中国的技术问题》(*Question Concerning Technology in China*)一书中的论题,在那里我指出器道分离发生在清代,尤其是鸦片战争失败后。

在本书中,我将对中国美学思维做一种非常规的解读,这种解读既是历史性的,也是高度思辨的。我的解读以实现转导(transductive)为目标,希望为转化传统思想,使其参与进我们当代的处境做准备。本书试图从逻辑、认识论和知识型三个方面分析美学思维,以具体说明我所说的宇宙技术。这里的逻辑指推理的方式,比如二元和非二元逻辑。认识论是认识的方式,比如科学如何通过演绎、归纳和实验来认识。至于知识型,我采用的是一种非常规的定义,把它看作知识生产的感知性条件,更确切地说,它意味着一个时代和一片地域(它的宇宙)的集体美学体验。我们将在接下来的章节中详细阐述这三个术语。

本书对李泽厚关于现代性与传统不相容性的反思颇有同感,但我们对美学思维本身的**个体化**的探索和李泽厚有一个关键区别,我们遵循西蒙东(Gilbert Simondon)对个体化的理解,[26]个体化是在与环境不相容的情况下,为了实现新的亚稳态而不断变化的分化过程。可以以结晶为例:当溶液如氯化钠(盐)过饱和时,钠离子和氯离子会变得互不相容。这种张力的解决要求重构,也就是形成结晶度(crystallinity),结晶度也会通过传递热来重构周围环境。当晶体形成,个体化过程便达到亚稳态。

　　就思维来说，个体化并不意味着个人的个体性或者某一个别个体的本真性——相反，思维总是冒着成为他者的风险。这种成为他者是在白痴和怪物这两极之间的永恒过程——白痴，从它的希腊语词根 *idios* 来看，指私人的和专属自己的，怪物则容易因偶然和错误而遭受突变。思维必须在这两个极端之间选择自己的道路，使自己个体化，实现其独特性也就是多样性。

　　我强调艺术的多样性及其与现代性的关系，这在很大程度上是反黑格尔主义的，因为我拒绝将这种多样性同化进一个单一的，按照从前现代、现代、后现代到（末世的）绝对来组织思想的同质时间线。人们看待历史进步和分期的方式，会在很大程度上受地域性的影响，地域也是一个视角，无论是黑格尔的柏林还是阿瑟·丹托（Arthur Danto）的纽约。必须重新思考进步的概念，但不是彻底拒绝它，因为进步概念对西方思想至关重要。关键在于重新挪用（re-appropriate）它，以便重开多样性问题的讨论，我在之前的书里就技术多样性（technodiversity）具体阐发过这个问题。这种**重新挪用**的态度在本质上是悲剧性，但实现它的方式不必是同质的。正如我试图在本书中展示的，我们可以绕道而行。

　　让我们回到希腊悲剧在西方的特殊性上。尽管韦尔南称它源于公元前 6 至公元前 5 世纪的心理学，但希腊悲剧不只是西方众多艺术流派之一。作为许多历史学家、诗人和哲学家的主题，希腊悲剧思想处在[27]西方美学思想的核心，用叔本华的话说，它是"诗歌艺术的顶峰"。这并不是说所有西方美学思想都可以简化为悲剧逻辑，而是说悲剧思想是感知性教育的核心。正是通过根据不同时代的认识论重述和重新解读悲剧，一种新的艺术哲学才得以可能。毫不奇怪，从谢林、黑格尔到尼采和海德格尔的主要现代哲学家都是悲剧思想家。

如果我们在西方明确了悲剧的特殊性，那么其他文化呢？非西方的审美经验和思想能如何反思我们当前的技术状况？我们当然可以把本土或传统的知识与现代科技当作两个不相关的领域分开，但那样我们就只能像博物学家一样分类，无法促进任何思维的个体化。套用威廉·詹姆斯（William James）的话（见《宗教经验种种》），这也是想邀请艺术从业者、历史学家和哲学家来反思我们所说的艺术体验的多样性。坚持艺术体验的多样性，不只是为了辨识出在今天已经显而易见的不同的审美体验，而是为了洞察它们多样的美学思维形式，思考它们如何能参与我们的当代状况，就像谢林和黑格尔在他们的时代所做的那样。

这个问题当然适用于艺术，但同样也适用于思维之全体。作为技术全球化的现代化进程似乎已经抹消了不同文化的差异。就像在雷姆·库哈斯（Rem Koolhaas）的广谱城市（generic city）中，一种普遍的美学从后现代对文化无根性的庆祝中产生。这种后现代无根性不过是利奥塔（Jean-François Lyotard）在《后现代状况》（*The Postmodern Condition*，1979）中描述的技术发展的一种体现。但这样的后现代只是现代的延续，它寄希望于现代的辩证法，也就是现代性本身的**内部**矛盾。

在今天，最重要的是考虑如何从非欧洲的角度思考如何克服现代性。可以通过对多样的美学和技术经验的反思来找到这样的可能性，以便重新提出一个[28]后现代之后的项目。

艺术与技术紧密相关,从艺术的角度来看技术或许能揭示出一些不同寻常的东西。

事实上对希腊人来说,艺术和技术都出自同一个词,**技艺**(*technē*)。然而纵观历史,技术的发展已经远离了艺术,呈现为理性的一种物质形式,而艺术被认为是感性的,有时是非理性的。从古代洞穴绘画到现代人工智能绘画,艺术要依靠作为媒介的技术来拓展(*expand*)和表达(*express*)自己。同时,艺术也能让技术回归一个**更广的现实**。就像酒精成瘾的正反馈循环一样,往往只有当成瘾的主体"触底"(无论是通过交通事故还是致命的疾病),这个循环才能被新的、更广的现实打破。在某种意义上,我们现代人都是酒精成瘾者,除非走到穷途末路(物种濒临灭绝或者地球濒临毁灭),我们不会停下来。

正因如此,尼采在 1872 年版的《悲剧的诞生》中称,我们必须"从艺术家的视角看待科学,而从生活的视角看待艺术"。[1] 在科技思维的正反馈回路之外,有艺术;在艺术思维的回路之外,有生活。当时间被稳定为日常惯例或传统,这种"外部性"或**不可穷尽性**往往会对我们隐藏起来。对自动机来说,超出其运作范围的东西似乎无关紧要。要想揭示隐藏的东西,艺术必须增强感官,用保罗·克利的话说就是,让不可见的东西变得可感。或者如尼采所说:

> 对于我自己,以及所有被允许不带清教徒式良心的焦虑而生活的人来说,我希望有一种更大的**精神化和感**

---

① 引自海德格尔,《尼采》,第一册,作为艺术的权力意志(*Nietzsche, Vol 1: The Will to Power as Art*),San Francisco:Harper,1991年,第218页。

官的增强。是的,我们应该感激感官的微妙、充实和力量;应该以我们所拥有的最棒的精神来回报它们。①

[29]查拉图斯特拉是悲剧家最伟大的化身,尼采本人也是这样。如果查拉图斯特拉最后大笑,这是因为他把自己置于另一个现实、一个非人的现实中,在这里人类是一个要被嘲笑和克服的极限的标志。这是一种由人和非人、善与恶的必然对立所激发的肯定。对**超人**(Übermensch)的这种肯定不是通过简单天真的发自固执或愚蠢的意志实现的,而是通过感官的增强。这种感官增强不同于今天人们说的"人类增强"——看到无形的物体或听到分谐波频率——而是一种超越了五感限制的感知性发展。在尼采哲学中,这种新的感知性意味着迷醉(Rausch,有时被译为"陶醉",或"狂喜")。在迷醉中,人类超越了日常生活中感官的限制。正是在这个意义上,尼采认为艺术是生理性的。

　　让我们回到导论的开头和巴里·施瓦布斯基提出的那个问题:古希腊意义上的悲剧在中国古代存在吗?也许中国人不是像于连所说的那样,为了避免悲剧而发明出一种思维方式,而是发展了另一套美学和哲学思想。一些日本思想家也提出了同样的主张,尤其是大西克礼,他阐述了日本美学中的"物哀"(物の哀れ,对事物的同理心或哀伤)和"幽玄"(深刻的优雅与微妙),它们同时又充满强烈的宇宙和道德意图。

　　正如李泽厚所说,中国的美学思维并不是悲剧式和酒神主义的,为了简单起见,我们可以称之为道家的。它的终极表

_____

　　①　同上注,第219页,重点由我添加。

现在中国山水画中。山水在英语中常被翻译成"风景画",但它不同于欧洲 15 世纪出现的风景概念。山水画是对人类世界和宇宙的关系的艺术及哲学诠释。把道家艺术和悲剧艺术加以对照时,我们不该假设道家思想就是中国思想,因为今天的常识是中国思想包括儒家、道家和佛教。但是道家思想是中国[30]美学的核心,正如哲学家和历史学家徐复观(1904—1982)在他的《中国的艺术精神》中称:

> 但因为他们(老、庄)本无心于艺术,所以当我说他们之所谓道的本质,实系最真实的艺术精神时,应先加两种界定:一是在概念上只可以他们之所谓道来范围艺术精神,不可以艺术精神去范围他们之所谓道。因为道还有思辨(哲学)的一面,所以仅从名言上说,是远较艺术的范围广的。而他们是对人生以言道,不是面对艺术作品以言道……另一是说道的本质是艺术精神,乃就艺术精神最高的意境上说。人人皆有艺术精神;但艺术精神的自觉,既有各种层次之不同,也可以只成为人生中的享受,而不必一定落实为艺术品的创造;因为"表出"与"表现",本是两个阶段的事。①

徐复观不是唯一一个把道家思想放到中国艺术哲学核心的人;这个说法也在许多艺术史学家和绘画理论家当中引起了回响。②

---

①　徐复观,《中国的艺术精神》,《徐复观文集》,第四卷,湖北:湖北人民出版社,2009 年,第 44 页。

②　比如,郑奇主张老庄的道是对中国艺术精神影响最深的哲学体系,见郑奇,《中国画哲理刍议》,上海:上海书画出版社,1991 年,第 204 页。

更准确地说，与悲剧在西方艺术中的作用相比，我们可以把山水画理解为中国艺术的核心，不仅是就其体裁而言，也是就其精神而言。山水出现在魏晋时期[31]（220—420）。它被看作精神体验的最高表现，在各个时期发展出了不同的风格和主题，在元代成熟并流行起来。

　　我写这本书的动机是类比性的：如果我们在悲剧中发现了一种对哲学和美学思维都至关重要的逻辑，那么在山水画中也有一种逻辑吗？西方艺术史以断裂和不连续为特点，历史学家可以从中重构出悲剧戏剧。而在中国艺术史中，我们很少看到以不连续性为核心的论述，而是看到对传承的强调。在山水绘画史，如陈传席的《中国山水画通史》、石守谦的《风格与世变：中国绘画十论》中，我们看到了关于从青绿山水到水墨山水，从北方嶙峋的山脉和瀑布，到南方的土山和河岸的转变的讨论。① 然而，这些转变并没有被看作断裂。② 相反我们读到这样的观点：所有的变化从根本上说都是传承下来的，无论代际的还是跨代的传承。

　　中国古代的时间和历史观念不同于希腊人的**时序**（*chronos*）和**时机**（*kairos*）辩证法。人们常说，中国人有循环的时间

---

　　①　陈传席，《中国山水画通史》，天津：天津人民艺术出版社，2001、2003年；石守谦，《风格与世变：中国绘画十论》，北京：北京大学出版社，2008年。

　　②　或者在风格方面，也有关于宋代绘画的南北宗的讨论。通常认为提出这一区分的人是董其昌（1555—1636），北宗的代表是李成（919—967），南宗的代表是王维；但历史学家滕固（1901—1941）表明这一区分实际上出自董其昌的同代人莫世龙（1539—1587）。滕固也反驳说这一区分是无意义的，因为它偏祖其中一种宗派，而不是对绘画史做真正的反思。见滕固，《唐宋绘画史》，北京：中国古典艺术出版社，1958年，第6—7页。

观念,而希腊人有线性的时间观念,尽管当人们研读希腊经典会发现这种说法不能成立。核心问题在于断裂的**终极实现**[32](entelechy,来自希腊语 entelecheia),生活的时间与时间的观念是如何与关于断裂的历史书写方式相对应的。"Revolution"一词的现代中文译名是革命,这个词在《易经》的评注《易传》中已经出现了。革是水火相遇的地方,因此必然要改变。理雅各没有把革命翻译成"revolution",而是译作"任命的改变(change of appointment)"。《易传》中写道:

> 天地革而四时成,汤武革命,顺乎天而应乎人,革之时大矣哉![①]

变化遵循天意,天是终极的道德存在,也是善的指示。如今被翻译成"revolution"的革命一词并不像**时机**那样指断裂。我们可以说,悲剧在中国的缺失没有给我们带来一种与**时机**的历史类似的悲剧逻辑,因此中国人看待和论及更广的现实的方式与希腊人不同。然而,正如本书试图表明的,这种"东方智慧"是对道德和宇宙之关系的系统解释。

在我们讨论山水的逻辑之前,首先必须拒绝一种常见的观点,即山水绘画首先意味着一种与隐士生活密切相关的逃避主义,相反,它类似于最近在雷姆·库哈斯的"乡村"(Countryside)项目中重新恢复的罗马的**闲暇**(otium)观念。[②] 我们也应拒绝约阿希姆·里特(Joachim Ritter)宣称的那种观

---

① 见《易传》,理雅各译,https://ctext.org/book-of-changes/ge1/zh?en=on。

② 见 https://oma.eu/lectures/countryside。

点,即认为西方风景画是作为对哥白尼世界观取代托勒密世界观的补偿出现的。① [33]重提**闲暇**或山水并不是要撤退到"自然"或逃避主义。直至公元前 3 世纪,**闲暇**指的是士兵在军队以外(如在家乡)度过的时间,在那里他们可以脱离军事时间的规律性。这个概念在公元前 2 至公元前 1 世纪有所发展,被定义为对城市商业(*negotium*)的否定(*negare*)。② 这个经罗马斯多葛派(如西塞罗和塞涅卡)阐发的概念,与芝诺、克律西波斯(Chrysippus)和克里安提斯(Cleanthes)等希腊斯多葛派密切相关,他们坚持与自然一致地生活,如塞涅卡所说,这意味着与城市商业保持距离:

> 因此,如果我全心全意地献身于自然,如果我对她惊异并崇拜她,我就与她一致地生活。自然让我做两件事——行动和自由地沉思,我就做这两件事。甚至沉思也包含行动。③

重要的是,要注意 *otium*(或译为"闲暇")一词并不意味着逃避或补偿,而是一种生活方式和让改进得以可能的实践。也

---

① 边留久(Augustin Berque)已经表明,这种观点在时间顺序上是不成立的,因为风景画出现在托勒密世界观瓦解之前;见边留久,《风景文化》(*Thinking through Landscape*),Anne-Marie Feenberg-Dibon 译,London:Routledge,2013 年,第 51 页。

② 见让-玛丽·安德烈(Jean-Marie André),《罗马道德和智识生活中的闲暇:从起源至奥古斯丁时代》(*L'otium dans la vie morale et intellectuelle romaine, des origines à l'époque augustéenne*),Paris:PUF,1966 年,也引自边留久,《风景文化》,第 17 页。

③ 塞涅卡,"论闲暇(De Otio)",见《塞涅卡:道德和政治论文集》(*Seneca:Moral and Political Essays*),Cambridge,UK:Cambridge University Press,1955 年,第 177 页。

许我们可以对塞涅卡给卢修斯的第 68 封书信做出解读,信中,塞涅卡建议卢修斯不仅要隐藏起来,也要藏起他的闲暇(at leisure)这一事实:

> 我支持你的计划:在闲暇中隐藏,但也要藏起你的闲暇这一事实……不要举着一个牌子写着"哲学与安静"。给你的计划另取一个名字:称它不健康、虚弱或者懒惰。夸耀自己的闲暇只是野心的一种闲散形式。①

[34]塞涅卡在这里建议的恰恰是,为了不闲暇而闲暇。这句禅宗式的话语将我们引入一个悖论。宣布自己的闲暇只是一个人的失败,是"一种闲散的野心"。**闲暇**与补偿无关,因为补偿是经济性的,它从根本上说是一种消费的逻辑。如果我们继续读塞涅卡的书信,就会明白**闲暇**不仅是一种伊壁鸠鲁式的快乐,而是个人的改善:

> "那么,塞涅卡,"你说,"你建议让我闲暇吗? 你在向伊壁鸠鲁的格言低头吗?"
> 我确实建议闲暇,但我建议的是一种让你做出比你所抛下的更伟大、更美好的事情的闲暇。②

或者更明确地说:

---

① 塞涅卡,《给卢修斯的伦理学书信》(*Letters on Ethics to Lucilius*),Margaret Graver 和 A. A. Long 译,Chicago:University of Chicago Press,2015 年,第 206 页。
② 同上注,书信 68,第 206 页。

不学习的闲暇是死亡;就像被活埋一样。①

这种对自然的渴望的确与山水和田园诗产生了呼应,这两种诗体出现在中国的 3、4 世纪,以谢灵运(385—433)、鲍照(407—466)和陶渊明(365—427)为代表。但我们必须注意到,对塞涅卡来说,与自然和谐相处并不一定是对公共生活的逃避。只有当人失去自我,公共生活才变得有害,正如海德格尔后来在《存在与时间》中称作"常人(das Man)"的东西。在《存在与时间》的后半部分,海德格尔提到了塞涅卡和他的"操心(cura)"概念,操心把凡人与不朽的上帝区分开来。操心既指"焦虑的努力",也指"谨慎"(Sorgfalt)和"投入"(Hingabe)。② 但我们也必须理解,这种与公众保持距离并不意味着孤立,本真性(Eigenlichkeit)也不意味着孤立。相反,正如塞涅卡在信中所说,它可以是健康的公共生活的实现:

> [35]今天我是闲暇的,这与其说得益于我自己,不如说是因为竞技赛,竞技赛把烦人的人都叫去看拳击了。没有人会闯进来;没有人会打断我的思路,有了这样的保障,我的思考更大胆了。门不再一直吱呀作响;我的窗帘不会被拉开;我有安全前进的许可,这正是一个人按自己的方式努力、开辟自己的路时所需的。那么,我是在追随更早的思想家吗?我是,但我也允许自己发现新的观点,

①　同上注,书信 82,第 271 页。

②　海德格尔,《存在与时间》,John Macquarrie 与 Edward Robinson 译,Oxford：Blackwell,2001 年,§ 42,第 243 页。

改变一些东西,放弃旧的观点。我可以同意赞同前人而不必变得唯唯诺诺。①

这里的逻辑是,致力于公共生活可能会让人失去自我,变得更糟,而这对社会是弊大于利的。因此原则是,如果一个人可以通过照料自己的生活而表现得好,这也会有助于社会的福祉,正如当亚西比德(Alcibiades)向苏格拉底请教城邦治理的艺术时,苏格拉底告诉他的那样。

> 让自己变得更糟的人伤害的不仅是自己,而是每一个倘若他变得更好就会因此受益的人,所以每个照顾好自己的人对别人都是有用的,因为他在为对别人有用的东西做准备。②

因此,我们看到**闲暇**其实不是一种逃避,而是一种"有机"的生活方式,它关注心灵和集体之间的原初和谐,假定个体的善将产生共同的善。回归乡村或风景画与补偿的逻辑相距甚远啊!在中国关于山水的文学和田园诗中,这种回归经常被描述为对世俗生活的逃避,因为这些诗人被世俗世界和不成功的政治生涯弄得筋疲力尽。山水和田园因此经常被看作[36]向隐士生活的逃避。许多中国高中生都要学习的陶渊明的《归园田居其一》便体现了这种态度:

---

① 塞涅卡,《给卢修斯的伦理学书信》,书信80,第261页。
② 塞涅卡,"论闲暇",第174—175页。

少无适俗韵,性本爱丘山。

误落尘网中,一去三十年。

羁鸟恋旧林,池鱼思故渊。

开荒南野际,守拙归园田。

方宅十余亩,草屋八九间。

榆柳荫后檐,桃李罗堂前。

暧暧远人村,依依墟里烟。

狗吠深巷中,鸡鸣桑树颠。

户庭无尘杂,虚室有余闲。

久在樊笼里,复得返自然。①

然而,必须摒弃这种对山水的刻板印象,不仅因为山水和田园是两种截然不同的体裁,也因为这种误解没能看到山水的根本问题并非虚无主义的无,而是一种对感知性的教育。懂得如何生活的智者不是逃避的人。一个逃避者的存在依赖于与他人脆弱的联系,正如塞涅卡在给卢修斯的一封信中所写的:

[37]有人逃避世界,逃避人群;他因为自己的渴望没能实现而走上放逐之路,因为他受不了看到别人比他更成功;有人像懒惰胆小的动物一样,因为恐惧而钻进地里——这样的人不是为自己而活,而是(最可耻的!)为了肚子、睡眠和欲望。②

---

① 陶渊明,《归园田居》,Arthur Waley 译,https://en. wikisource. org/wiki/Returning_to_the_Fields。
② 塞涅卡,《给卢修斯的伦理学书信》,书信 55,第 158 页。

逃避根本不表明一个人懂得如何生活。相反,他或她由于日益加剧的社会和政治异化而无法生存,正如我们当代世界的情况。这也区分了哲学家对自我的丰富的爱,与那些其存在基于缺乏和否定的人。

那些想通过"渔樵"的形象理解山水画的当代作家也是这样。他们声称,这两种特殊形象体现了山水的精神,这两种人比之其他人更是理解人类文明之基础的真正哲学家。尽管这种解读不能说是错误,但它很容易落入一种遁隐主义,即认为现代城市生活容纳不下渔民和樵夫体验的那种山和水,因此山水的精神是现代人无法触及的。

我的任务不是要支持这种或那种神秘主义,而是想阐述作为宇宙技术的山水,并反思山水精神在今天的含义。这种反思从根本上来说是对过去、现在和未来的一种非时序性的重组,以便直面它们的局限性。这是我们为了思考的可能性本身而必须践行的一个练习。

§4　道家或悲剧主义的宇宙技术

[38]我的研究项目和已有的许多关于山水画历史、文化和哲学的优秀作品相比,有什么不同处? 我没有艺术史方面的训练,无法像高居翰(James Cahill)等历史学家那样通过对马远、石涛等人的绘画风格变化的详尽考察,做出典范性的"编造(柏格森意义上的 fabulation)"。我也不会对比北宋绘画和"文艺复兴"、明代绘画和"巴洛克",因为这样做是徒劳的。我的目的也不在于考察徐悲鸿(1895—1953)、林风眠(1900—1991)和吴冠中(1919—2010)等现代画家如何把山水

画和西方绘画融合在一起。

　　尽管关于这些主题已经有许多优秀的讨论了，但是它们大多把山水当作一种**构形**（Gestaltung），一种几乎非时间性的绘画流派和美学思维来处理。① 回忆（anamnesis）有不同的途径，历史写作是一种，艺术发明是另一种。在本书中，我将一方面试图提供一种有望开展对山水逻辑的哲学阐述的回忆，另一方面，我想把这种美学思维带进我们实际的技术发展的当代。我是面向未来的。未来不是过去或现在的投射，而是对两者的彻底的重新敞开。

　　在第二、三章我将阐述玄的逻辑。对玄的逻辑的构造主要是通过对《老子》和魏晋时期的王弼的注释的具体解读，以及[39]牟宗三（1909—1985）、西田几多郎（1879—1945）等更多的当代哲学家。这种解读在很大程度上基于我在前一本书《递归与偶然》中对非线性递归逻辑和有机思维的已有研究，那里我有意把讨论限制在从莱布尼茨到 20 世纪的西方传统中。本书是这项任务的继续，我们会把它拓展到东方传统及其可能的贡献方面。悲剧思维和道家思维都是非线性的，但也有根本的区别，这也体现了道家和悲剧的宇宙技术的区别。

---

　　① 比如见方闻（Wen C. Fong），《两种文化之间：近现代中国绘画》（*Between Two Cultures：Late-Nineteenth-and Twentieth-Century Chinese Paintings from the Robert H. Ellsworth Collection in the Metropolitan Museum of Art*），New York：Metropolitan Museum of Art and Yale University Press，2001 年。书中作者讨论了徐悲鸿、傅抱石（1904—1965）、陈衡恪、齐白石（1864—1957）、黄宾虹（1865—1955）、张大千（1899—1983）等人的作品和生平；也见苏利文（Michael Sullivan），《东西艺术的相遇：16 世纪至今》（*The Meeting of Eastern and Western Art，From the Sixteenth Century to the Present Day*），New York：New York Graphic Society，1973 年。

在魏晋之前,儒家思想家董仲舒(公元前 179—公元前 104 年)通过遮掩和削弱其他学派,把儒家思想确立为汉代的主导性、排他性政治思想。汉代的覆灭也给作为其核心政治哲学的儒家思想的合法性带来了危机。在魏晋时期,我们可以看到道家思想与儒家的竞争。正是由于儒道两种思想的并存,这时的知识分子试图调和它们的对立,我将在第二章继续讨论这一点。

魏晋也是佛教开始在中国传播的时代,知识分子开始通过道家的词汇挪用佛教思想。正是在这种背景下,山水画和山水诗应运而生,它们不仅作为一种美学,而且像希腊悲剧那样作为一种思维形式渗透到社会、政治、经济和审美生活中。我并不是宣称山水画在魏晋时期就已经成熟了——事实上在唐代之前的绘画中,人物形象、山和树都不是成比例的,比如一个人可能看起来和一座山、一棵树一样大。[1] 相反,我指的是玄的逻辑或道家思想更一般地成为这一时期的核心美学思想,并持续滋养着艺术创作。徐复观在《中国的艺术精神》一书中指出,山水思维的形成是以[40]道家为基础的,老庄的思想(一般意义上的道家思想)是山水画的本质。

> 而形成中国艺术骨干的山水画,只要达到某一境界时,便于不知不觉之中,常与庄子的精神相凑泊。甚至可以说,中国的山水画,是庄子精神的不期然而然的产品。[2]

---

[1] 见滕固,《唐宋绘画史》,第 25 页。"唐以前的山水画,连人与山的比例都颠倒,其幼稚可想而知。"

[2] 徐复观,《中国的艺术精神》,第 44 页。

让我们接着徐复观的说法,通过勾勒道家思想和山水画的内在逻辑(它直至今日依然模糊)来阐述它。尽管老庄没有明确讨论艺术,但他们的生活哲学,尤其是道家经典中体现出的逻辑,在魏晋时期被玄学家进一步阐述了,这对中国的感知性教育仍然至关重要。回顾地说,徐复观的同事、20世纪最伟大的新儒家思想家牟宗三或许通过强调逻辑问题(尽管还没有达到它应有的清晰度),以及认为中国哲学侧重于培养康德意义上的理智直观的主张,进一步发展了这一点。这是牟宗三作品中最有意思、最系统也最具争议的论点之一,值得进一步研究。这一理智直观也是对感官的增强。

我们想到,贝内德托·克罗齐(Benedetto Croce)坚持把艺术定义为直观(intuition)。克罗齐认为,直观作为艺术的定义也包含了它自身的否定。有四种否定:(1)直观不是实在的,因为它在物理上不是实在的;(2)直观是理论性而非实践性的;(3)就它不是实践性的,且(4)不是一种道德行动,而言,直观也不产生概念性的知识。① 然而正如克罗齐努力表达的那样,这些否定是错误的[41]二元论划分,它们在他的艺术概念中确实已经被整合了。克罗齐对直观的强调引起了包括柏格森在内的他的同代人的共鸣;在本书中,我们将更系统地讨论直观及其与艺术的关系。

也正是通过直观的概念,特殊者与普遍者的对立凭借作为通往无限(普遍者)的手段的个别艺术作品(特殊者),被克服了。如果我们在这里遵循克罗齐,就必须具体分析牟宗三

---

① 贝内德托·克罗齐,《美学纲要》(*Breviary of Aesthetics*:*Four Lectures*),Hiroko Fudemoto 译,Toronto:Toronto University Press,2007 年,第 10—15 页。

如何把理智直观定义为一种接近实在的手段。我们或许可以像李约瑟那样，把接近实在的主要手段即感应译作共振（resonance）。每个人都有可能与非人类乃至整个宇宙产生共振，但只有通过对经典的研究和反思，人们才能发展出洞察（penetrate）事物秩序的能力。这种洞察不仅是对物理规律的理解，也是一种让宇宙和道德的关系变得可感的认识形式。

在《论中国的技术问题》中，我提出了宇宙技术的概念，以论证不存在一种普遍且同质的技术，相反，我们有必要在历史和哲学方面重新发现并阐述何以存在多种宇宙技术。我把宇宙技术初步定义为通过技术活动实现的道德秩序和宇宙秩序的统一。然而，这个定义必须被进一步阐明，比如通过具体说明我们所指的道德和宇宙秩序，以及统一的过程来阐明它。我称其为**宇宙**技术（*cosmo*-technics）是因为我相信"宇宙（cosmos）"指的不是外层空间，而是地域性。每种文化都有自己的宇宙论，这是它的地理及人民的想象的产物。宇宙论不是像天体物理学那样，纯粹是关于空间的科学理论，而是根植于日常生活，在我们自己与其他人类、非人类，其他自然资源以及作为整体的环境的关系中。通过殖民化实现的天体物理学的普遍化，在传统和本地宇宙论乃至所有与之相关的神话中都引起了剧变。

[42]然而与其把天体物理学和宇宙论的这种断裂默认为科学进步的必然结果，不如说它还是有待反思的。一个初步的观察是，那些宇宙论也暗示了各种认识与存在的方式，不能简单地因为它们不符合现代科学理论就拒绝它们。确实，一些迷信和虚幻的要素不得不被抛弃，但宇宙论远比这些过时的信仰更丰富。与其把这些宇宙论看作是已被超越或被取代

的,另一种办法是通过强迫思维在这种不兼容的情况下个体化来接近它们。我们或许可以说这就是当今思考的任务。

我试图表明宇宙如何在中国的宇宙技术中无处不在,无论是儒家还是道家思想,以及社会和政治生活中。宇宙秩序和道德秩序的特殊性因文化而异,它们的动态关系或"统一"也是各异的。中国人对道德的理解不同于希腊人。中国思想中的道德是对天地之恩的感激,因为天地产生了万物,而希腊悲剧中的伦理学是公与私、诸神与凡人的斗争。这一重要且根本的差异为我们提供了不同的宇宙技术。

如果说古希腊人探究存在的问题,那么我们可以一般地说,道家探究的是道的问题。在我看来,存在(Sein/Being)与道都属于未知的范畴。"未知"恰恰是某种无法被客观阐明,却始终对容贯性平面(plane of consistency)的构成十分重要的东西。尽管未知,它却勾勒出精神生活中的一个重要角色。也正因如此,它同时是原初根基(Urgrund)和无根基(Ungrund)。上帝也属于这个范畴,正是通过对上帝的虔诚(Andacht),基督徒为他们的伦理和政治生活构建了一个容贯性平面——无论我们对宗教有多少批判。耶稣基督,作为基督教中最神秘而又最具体的人物之一,是另一个未知,他通过自己的死和受难让上帝与虔信的人重新统一,创造了一个基于基督的博爱的新的容贯性平面。希腊的[43]"存在"概念既非基督教的上帝,也非中国的道,因为对这些问题的探究总是和地域及历史的心理学、认识论密切相关。

我们知道,自柏拉图的教导以来,存在问题被看作对**理型**(eidos,它存在于同人类现实分离的理念世界)的探究。亚里士多德的经验主义则从探究理想的**理型**转向**形式**(morphe),

这种转变和他反对柏拉图悲剧批评的态度,是在同一套话语体系内运作的。对海德格尔来说,这种对存在的形而上学理解是西方哲学衰落的开始,是正是对存在的遗忘(*Seinsvergessenheit*)的开始,正是对存在的遗忘展开为西方技术的历史。

在《大象无形,或从绘画论非客体》(*The Great Image Has No Form*, *or On the Nonobject through Painting*)中,于连指出中国人不太重视形式问题,因为存在问题不是中国思想的核心。换句话说,中国思想不是存在论的(ontological)①,他通过中国哲学提出对西方**去存在论化**。于连在《不可能的裸体》(*The Impossible Nude*)中以十分思辨的方式提出,中国绘画中缺乏裸体主题可以用这样一个事实来解释:用于捕捉存在之本质的形式在中国并不被当作艺术的最高表达。于连的观察也在牟宗三等哲学家那里找到了共鸣。② 牟宗三试图把亚里士多德的四因说对应到中国哲学中,他由此得出的结论是,中国思想中没有形式因和质料因的位置。人们只考虑《易经》中前两个卦,乾(天)和坤(地)所对应的动力因和目的因。

在第二章中,我将试图系统阐述玄的逻辑。玄是一种非悲剧的、道家的递归思维。对比这两种递归形式可能会展现出一些亲缘性,正因此李约瑟把中国思想、谢林的自然哲学、黑格尔辩证法放在有机体思维这同一个[44]范畴中。然而残酷的是,思维和情爱一样可能变得与它本应获得至高亲密性

---

① 译注:为了区分中国哲学中的"本体论"和西方的"ontology",文中一律把 ontology 译作存在论。

② 非中文读者常因为英文翻译而混淆宋明理学以及新儒家,宋明理学(Neo-Confucianism)指 11 世纪起的一个学派,而新儒家(New Confucianism)指 20 世纪初的一个思想流派。

的对象全然陌生。暂时我们可以说,中国人探究的不是形式而是道,道既非有也非无。

京都学派的创始人西田几多郎曾在另一个语境下说,西方的哲学探究基于存在(Sein/Being),而东方的哲学探究基于无。[①] 这里要注意的是,无的说法是非常含糊的,因为道家的无不同于日本佛教的无,日本佛教的无也不同于西方思想中的**虚无**(*nihil*)。我们会在第三章回来讨论西田几多郎,暂时我们可以说,道既非有也非无,因为中国不曾像希腊那样提出一种"矛盾律"(逻辑学派名家除外)。

我在导论的开头提到,当韦尔南回应谢和耐关于中国没有类似希腊悲剧的东西的说法时,他说对立——人与诸神、不可见与可见、永恒与凡人、恒定与变化、力量与无力、纯粹与混合、明确与不明确的对立——在中国不存在。我非常怀疑这种说法,因为如果我们看老子的《道德经》,就会发现它的整整81章都充满了对立。

对道家来说,对立从最抽象到最具体处无处不在,正如"反者道之动"这句话所表达的。它少的并不是对立,而是**矛盾**。尽管一个两极性确立了,人们看到的却不是不连续性(意味着矛盾),而是连续性。这里,我们称之为**对立的连续性**(*oppositional continuity*),这是玄的逻辑的核心。

我们或许可以说,至少在古希腊和中国,对立对于他们的逻辑(和宇宙论)来说都是必要的,但解决对立的方式却[45]

---

① 西田几多郎,《从一种形而上学视角看东西方古典时期的文化形式》(Form of Culture of the Classical Periods of East and West Seen from a Metaphysical Perspective),见《现代日本哲学资料集》(*Sourcebook for Modern Japanese Philosophy*),D. A. Dilworth 等人编译,London:Greenwood,1998 年,第 21 页。

各不相同。因此,自由的概念和实现自由——即解决对立和矛盾的最终可能性——的方式也各不相同。美学思维首先是对这种解决的渴望,我们在悲剧和山水画中都能找到这种渴望。在希腊悲剧中,矛盾必须通过英雄的意志来克服,正是这种意志和勇气赋予了他或她在凡人与不朽者中间的位置。这种克服是崇高的,因此也是暴力的。正如我们在谢林那里看到的,这是通过把苦难肯定为必然来克服苦难,也如尼采之后描述的查拉图斯特拉的大笑。查拉图斯特拉的大笑是悲剧英雄的自我克服,它超越了自由与命运的对立。与寻求作为有机共同体的实现(比如经历主奴辩证法,走向国家和伦理生活)的黑格尔的辩证法不同,查拉图斯特拉超越了作为界限的矛盾,而不寻求和解。

在道家思想中,矛盾并不意味着需要和解,因为矛盾只是道的一种表现。道既非有也非无,而是一种理解有无关系——作为对立的连续性和统一性——的方式。山水画中揭示出的不是崇高,而是通过主体的消解而回归根基——这呼应了叔本华对主体在客体中失去自身的描述:"我们忘记了自己的个体性、自己的意志,作为纯粹的主体、作为映照对象的明镜继续存在着。"①

叔本华关于主体和艺术品的关系的论述,是基于对康德的美与崇高分析论中的"无利害(disinterestedness)"或"无关利害的愉悦"观念的"欧洲佛教式"解读。年轻的西田几多郎在出版他的第一本书《善的研究》(*An Inquiry into the Good*,1911)之前,也对康德的"无关利害的愉悦"做出了"日本佛教

---

① 叔本华,《作为意志和表象的世界》,第一卷,第179页。

式"解读,把它与日本佛教的[46]"无我"概念联系起来。① 如果我们不仔细研究这些汇聚在一般性范畴"无关利害的愉悦"下的不同理解路径,就会很容易把它们混为一谈。我们将在第二、三章尝试阐述山水画的路径。

西方艺术中的崇高首先是一种压倒性的、令人震惊东西——例如体现在透纳的画中——它迫使主体通过认识到自己的自由来超越震惊。康德认为,在这里自然被用来(gebraucht)服务对人类自由的认识(通过超越认识能力无法把握的震惊)。这样,人类主体就不再被自然压倒,而是通过沉思超越震惊,并在自身中产生敬重(*Achtung*)的情感。

中国画没有压倒性的自然,有的是平淡。这种平淡(不同于黑格尔描述的浪漫主义绘画中的爱情)有能力通过递归地把主体抛进更广的现实中来消解主体,让主体认识到自己的无关紧要(insignificance),欣然接受他的存在并非自然的主人,而是道的一部分。消解不意味着消失或否定,而是变得无关紧要。消解也标志着在这一刻人不再把风景看作客体——客体的字面意思指一个能被主体客观地认识的东西。

如果人们想把山水画与宣泄和心灵的净化联系起来,那么至少要记住,这里的任何净化效果都不是通过对一个英雄的颂扬产生的,因为山水画的主角从来不是一个英雄。正如前面所说,我们在画中看到的是比文人更懂得和谐生活的樵夫和渔夫,或者是在山里读书、下棋的学者和文人。这是一种不同的

---

① 西田几多郎,《对美的解释》(*Bi no Setsumei*),Steve Odin 译,《日本学志》(*Mounmenta Nipponica*)42,no. 2,1987 年夏,第 215—217,217 页。西田几多郎也把无我的观念和孔子推崇的乐联系起来:"浴乎沂,风乎舞雩,咏而归。"我在下一页会解释这种乐。

感知性教育,其中[47]人与其他存在以及宇宙的关系和希腊悲剧里的大不相同。在一幅山水画中,对存在之意义的追问不是作为人与自然的促逼和对抗出现的,也不是**爱欲**的问题——像柏拉图式爱情中对不可能的对象的欲望那样。相反,这种感知性教育是人的解放,它不同于超越了人类的尼采式主体,而是为了达到与其他存在的和谐而使自己变得无关紧要。

在宋代文人之后,山水画成为主导的绘画形式,因为它的作用恰恰在于提醒人们关注被实用主义的政治和社会生活压抑的感知性。政治应该允许一种植根于幸福的社会和审美生活,这种生活首要关注的不是物质的富足,而是宋儒所说的"孔颜乐处"。颜回是孔子的学生,也是他的得意门生:"贤哉! 回也,一箪食、一瓢饮、在陋巷,人不堪其忧,回也不改其乐。贤哉! 回也。"①作为一个懂得何为乐的人,颜回的举止合乎礼,以仁行事。在《论语》第七卷中,孔子再次赞美颜回:"饭疏食、饮水,曲肱而枕之,乐亦在其中矣,不义而富且贵,于我如浮云。"②

孔子和颜回的这种乐是宋理学家,尤其是从周敦颐(1017—1973)到程氏兄弟等人的自我修养的核心格言。这种乐的观念不仅在于自我约束,也在于认识到人类的有限性以及按照天地的感应行动的必要性。这呼应了庄子在《齐物论》第二章中[48]关于知与生的关系的说法:"天下莫大于秋毫之末,而太山为小;莫寿乎殇子,而彭祖为夭。天地与我并生,而万物与我为一。"③前两句话表明,不存在最大或最久的东西,

---

① 孔子,《论语》,Watson Burton 译,New York:Columbia University Press,2007 年,第 43 页。

② 同上注,第 49 页。

③ 庄子,《全集》,Watson Burton 译,NY:Columbia University Press,2013 年,第 13 页。

因为所有的尺度都是相对的。只有认识到这一点,我们才能理解人生活在万事万物中,他们本身也是作为全体的万事万物的部分。

在悲剧思维和道家思维间建立对比时,我们可能冒着把两者都简化的风险,但关键在于要认识到它们的差异,以便反思作为向前迈进的可能性的多样性的问题。不然,我们就只好重复那句话,说黑夜里所有的牛都是灰色的,或者说所有的理论都是灰色的。"向前迈进"是什么意思?它的意思是艺术和哲学都必须回应它们所处时代的危机,以便把危机转化为一种激进的开放。批判的作用也在于此。我希望在这里使用的批判一词更接近康德的用法,即对可能性的条件的阐释(或施加限制),但在这里我们也要关注从可能者走向不可能者的问题——不可能者不一定是欲望的对象,也可以是朝向未知的激进敞开。

§5 递归机器的赶超

艺术和技术是什么关系?在希腊人那里,**技艺**同时指艺术和技术,所以在海德格尔看来,起源于希腊的艺术和技术具有把存在从其自我隐蔽中揭露出来,让人类**此在**(*Dasein*)能体验它的作用。体验存在不意味着把它当作对象把握(像康德的经验[49]对象那样),而是在不把它对象化的情况下体验它。希腊的真理概念,*aletheia*,并非一个逻辑真理,而是一个让最神秘的东西被揭露的开口。康德的美的概念比较接近这种含义,《判断力批判》其实是他最重要的著作,因为它不仅在第一和第二批判之间建立了桥梁,也阐述了一种无法被客观演证,却可以主观地设想的观念。

　　如今,有关"艺术与技术"的讨论越来越常见了,但"与"在这里意味着什么?回顾地说,我们知道现代艺术在一定程度上是在保罗·德拉洛切(Paul Delaroche)之后对摄影的回应——德拉洛切在 20 世纪 30 年代第一次看到银版摄影照片后,称绘画已经死了。印象派与摄影竞争的方法是用丰富的笔触技巧在画布上捕捉相机无法捕捉的鲜活经验。在东亚,日本历史学家大村西崖(1868—1927)面对摄影的机械挑战,提出要复兴文人画,或日语中的ぶんじんが。他 1921 年的文章《文人画的复兴》(文人畫の復興)得到了中国著名画家陈衡恪(1876—1923)的赞赏,将其译为中文并收录进他的《中国文人画之研究》中。①

　　文人画复兴的意味是复杂的,这部分是由于东西方价值和文化的冲突,同时也是——这一点经常被忽略——要通过把绘画和摄影区分开,来回应和抵抗艺术的机械复制时代,正如我们在大村西崖和陈衡恪的著作中看到的。文人画的旨趣不在模仿式现实主义,它已经不同于摄影,它捕捉的是细节与生活体验。这种区别在今天似乎不太重要了,不仅因为摄影已经成为体制化艺术的一部分,也因为不同于绘画还是视觉艺术的主要媒介的时代,现在摄影已经不再对艺术创作构成挑战了。此外,文人画的复兴很快被[50]体制化的绘画、民族主义和文化本质主义吸收,而未能得到更深刻的理解和发展。但尽管如此,它仍然是不同文化背景下的艺术与技术相遇、对抗的见证。在我们的时代,"艺术与技术"中的"与"确实有相

---

　　①　陈衡恪,《中国文人画之研究》,北京:中华书局,1922 年。

当不同的含义。

今天,当我们说"艺术与技术"时,我们指的是全球艺术和数字技术,"与"指的是艺术**使用**技术。但"使用"是什么意思?就像我们在使用借助工业产品的增强现实和虚拟现实技术的作品中看到的那样,它是指艺术对技术的工具化或挪用吗?或者,用类似海德格尔的话更准确地说,这种使用是否重新开启了作为未知的存在(Sein)的问题?① 在这里我们必须重申一点,对海德格尔来说,就未知或存在发问是为了重新开启技术和**地域性**(locality)的问题:就技术发问的意思是,艺术也可以提供对技术多样性的想象,以敞开技术的可能性;**地域性**的意思是——如果我们暂时接受西田几多郎的观点,认为西方哲学关注存在,东方哲学关注无——通过技术重新敞开未知的问题也肯定了不同文化和领域的多样的思维模式(美学、技术、道德、哲学等)之间不可还原的差异。

对于各种试图重新挪用本质为**集置**(Gestell)的现代技术的尝试来说,我们必须首先考察今天的机器的状况。为此,我们可以从摄影以来的媒介技术史中取一条捷径。在《递归与偶然》中,我试图表明目前对技术的理解往往被错误地局限在18、19世纪的机器形象中,也就是马克思在曼彻斯特的工厂中观察到的那种同质、重复的自动机。18世纪末,有机体的概念被用来反对机械的概念,其中最重要的哲学讨论便是从康德的《判断力批判》开始的。

[51]康德的《判断力批判》确立了我所说的哲学化的有机条件。这意味着只要哲学存在,就必须成为有机的。笛卡尔

_____

① 回顾地说,极简主义也可以算是这种尝试之一。

机械论和康德有机论之间的这种认识论断裂,给哲学带来了新的生命,我们可以在浪漫主义和后康德主义中观察到这一点。这种有机的思维方式延续至 20 世纪初,尤其体现在怀特海(Alfred North Whitehead)和亨利·柏格森(Henri Bergson)的著作中,他们的有机体哲学与 19 世纪对工业化和机械化的批判产生了回响。有机体哲学在 20 世纪变得更突出了,它体现在系统论、过程哲学,尤其是控制论中。诺伯特·维纳(Norbert Wiener)1948 年的《控制论:或关于在动物和机器中控制和通讯的科学》(*Cybernetics:Or Control and Communication in the Animal and the Machine*)似乎宣告了机械与有机体对立的终结。在题为"牛顿时间对柏格森时间"的第一章中,维纳表明:

> 现代自动化和活的有机体一样,存在于伯格森时间中,按照柏格森的想法,没有理由认为活的有机体的基本运作模式与这种自动化不同⋯⋯事实上,机械论和生机论者的这整个争论已经作为提法有误的问题被弃置一旁了。①

有人可能会说,生机论和有机论是不同的,包括李约瑟在内的许多生物学家都持这样的主张,但他们也在机械与有机体之间建立起同样的对立。维纳声称控制论克服了这个对立,也就是说控制论机器能够吸纳有机体的行为。控制论逻辑的范围可

———————

① 维纳,《控制论:或关于在动物和机器中控制和通讯的科学》,Cambridge,MA:MIT Press,1985 年,第 44 页。

以远超出关于机器的理论，在二阶控制论中——尤其是借助尼克拉斯·卢曼（Niklas Luhmann）和海因茨·冯·福尔斯特（Heinz von Foerster）的系统论——它可以用来分析几乎所有的知识领域。[52]如果我们认真看待维纳的主张，那么可以说控制论思维已经成为近几十年来技术发展的原则。

我们可以就今天的机器的状况得出两条可能的结论。首先，数码控制论机器正在**变得有机**（*becoming organic*），这和18、19世纪的机器形成了鲜明的对比。① 其次，这些机器已不再是独立封闭的机器，而是巨大的系统——银行系统、社交网络、社会信用体系、智能城市，等等。我们需要展开哲学探索，以理解今天的机器概念的基础，看看最核心的是什么。机器的这种新状况首先表明，有机体与机器、主体与客体、动物与环境之间对立的二元逻辑已经被递归运作——反馈、结构耦合等——克服了。其次，机器的有机化正在通过指数级增加的强连通性和算法产生一个新的全体。

让我们回顾18世纪末，谢林和席勒等人希望通过有机性克服**机械论的集置**（它同时体现在自然法则和国家法律中），有机性又成为谢林的悲剧和席勒的游戏驱力的理想模型。我们甚至可以说，谢林的悲剧哲学的可能性正是基于有机性已经成为哲学化的条件、同机械论断裂，且悲剧艺术代表了一种超越

---

① 变得有机**并不意味**它们是有机体：正如西蒙东在《论技术对象的存在模式》（*On the Mode of Existence of Technical Objects*，Minneapolis：University of Minnesota Press，2017年）中强调的，这些技术对象或许能在组织和结构方面接近有机体，但它们**还不是**（或许也不可能是）完全具体的，而有机体**已经是**完全具体的了。因此把机械和有机体等同仍是个幻想；尽管机械确实正在变得有机，我们必须严肃对待这种情况的后果。

了机械形式的"有机形式"(甚至是一种**原形式**[*Urform*])。如果说从谢林到 20 世纪,这种有机形式已经在胚胎学、哲学甚至某些汉学中取得了成功,那么它现在已经被控制论占有,甚至 [53]是在控制论中被实现了。如果控制论声称已掌握有机形式,因而能克服机器和有机体、主体和客体的区别,那么在面临控制论的今天,为悲剧哲学赋予生命力的机器和有机体的对立必须被重新思考,甚至重新发明。另一方面也值得提一下海德格尔对控制论的解读,他把有机性看作现代性对自然的机械技术胜利。① 可以说海德格尔的努力在于试图超越**有机主义的集置**,这一点我们将在第一章详细讨论。

贝尔纳·斯蒂格勒是我们这个时代最重要的思考技术的悲剧思想家之一。这里悲剧的意思也是,通过把作为灾难的意外肯定为必然来克服它。在斯蒂格勒的作品中,技术获得了最高的治疗意义,并重新与古希腊的悲剧精神联系起来。这在今天的技术评论者中是很罕见的,因为大多数人关注的都是伦理学,仿佛哲学唯一的贡献就是伦理学。正是通过悲剧式的阅读,我们可以把普罗米修斯必须从奥林匹斯众神那里盗火来纠正他兄弟埃庇米修斯的错误(他给所有其他动物分配技能之后忘了给人类分配技能)的行动正当化。埃庇米修斯的无知和健忘造成的事故必须成为必然的。埃斯库罗斯笔下的普罗米修斯是个悲剧英雄,他选择站在凡人而非奥林匹斯诸神那边,对他的**过失**的惩罚——被绑在悬崖上,让鹰每天吃他的肝脏——也是对他命运的肯定,对于用火(技术的象

---

① 海德格尔,《思索 XII—XV:黑皮书 1939—1941 年》(Ponderings XII—XV: Black Notebooks 1939—1941),Richard Rojcewicz 译,Indianapolis: Indiana University Press,2017 年,第 143 页。

征)解放希腊**此在**的肯定。

> [54]**普罗米修斯**：在朋友看来，我真是可怜啊！
>
> **歌队长**：此外，你没有犯别的过错吧？
>
> **普罗米修斯**：我使人类不再预料着死亡。
>
> **歌队长**：你找到了什么药来治这个病呢？
>
> **普罗米修斯**：我把盲目的希望放在他们心里。
>
> **歌队长**：你给了人类多么大的恩惠啊！
>
> **普罗米修斯**：此外，我把火也给了他们。
>
> **歌队长**：怎么，朝生暮死的人类也有熊熊的火了吗？
>
> **普罗米修斯**：是啊，他们可以用火学会许多技艺。①

无论火是来自普罗米修斯，还是来自其他文化中的其他神话形象，它都是最初的技艺。然而，普罗米修斯之火不仅是一种技艺，也是反抗的象征。② 根据普罗泰戈拉在柏拉图的对话

---

① 埃斯库罗斯，《被缚的普罗米修斯及其他戏剧》（*Prometheus Bound and Other Plays*），London：Penguin，1961 年。中译引自罗念生，《罗念生全集第二卷》。

② 在德语文学中，歌德的诗《普罗米修斯》（*Prometheus*，1789 年）经常被提起，诗中普罗米修斯嘲笑宙斯，称他自己才是人类的创造者。诗中写道，"我坐在这里，按我的形象塑成人；让这个种族像我一样，受苦，哭泣，享受和欢乐，也像我一样嘲笑你！"据弗里德里希·雅各比（Friedrich Heinrich Jacobi）所说，歌德把这首诗展示给莱辛询问他的意见，莱辛说："正统的神性观念在我这里已经不存在了；我受不了它们；一和全！在此之外我什么也不认。"这个评论导致后来莱辛承认自己是斯宾诺莎主义者，也引起了一些关于泛神论的争论。见安酸敏真（Toshimasa Yasukata），《莱辛的宗教哲学与德国启蒙：莱辛论基督教与理性》（*Lessing's Philosophy of Religion and the German Enlightenment：Lessing on Christianity and Reason*），Oxford：Oxford University Press，2002 年，第 130 页。

中提到的神话，人类在凭借火获得技能之前，是没有素质
(qualities)的，他的技能不是与生俱来的。同样，必须批判现
代技术，但也必须把它肯定为使哲学得以延续的必要缺失
(default)。斯蒂格勒称这种意外或偶然为**准原因**（或类因）。
[55]比如生病是尼采成为哲学家的准原因。根据自然法则，
疾病并不是成为哲学家的原因——许多患精神疾病的人都没
有成为哲学家——但在尼采这里，疾病成了一种变革的力量，
标志了他思想的特异性。换句话说，尼采像查拉图斯特拉一
样，把他自己的疾病肯定为一个准原因，由此他可以在《瞧！
这个人》(*Ecce Homo*)中问，"为什么我这么聪明"，"为什么我
能写出这么好的书"，"为什么我是命运"。① 然而，这种尼采
式的态度还只是克服现代技术的开始；它还不涉及**如何**克服
它的问题。

　　在考察各类艺术体验时我们或许想问，作为本书的核心
话题的山水画的精神，是如何回应当前的技术条件的？在《递
归与偶然》一书中，我讨论了李约瑟如何处理有机主义的模糊
性，他把这种模糊性归于两方面：现代生物思想中的一个分支
（如有机主义学派，尤其是怀特海、路德维希·冯·贝塔朗菲
[Ludwig von Bertalanffy]和约瑟夫·伍杰[Joseph Woodger]
等生物学家，以及理论生物学俱乐部[Theoretical Biology
Club]的其他成员），还有中国思想。针对中国思想与西方哲
学的差异，李约瑟把他作为有机主义学派代表的实践与他后
来作为汉学家的职业整合在一起：

---

① 尼采，《瞧！这个人：人如何成其所是》(*Ecce homo：How to Be-
come What You Are*)，Duncan Large 译，Oxford：Oxford University
Press，2007 年。

中国的**长青哲学**(*philosophia perennis*)是一种有机唯物主义。这可以从它各个时代的哲学家和科学思想家的说法中得到说明。机械的世界观在中国思想中完全没有发展起来,而认为一切现象都按照一种等级秩序与其他现象关联的有机主义观点,在中国思想家中是普遍的。①

[56]李约瑟在《中国科学技术史》(*Science and Civilization in China*)第二卷中更进了一步,他指出在西方有一段从莱布尼茨至怀特海等现代有机主义者(包括他自己和他的同事在内)的有机主义史。李约瑟还提出一个假说,认为莱布尼茨的有机主义思想部分受到了宋明理学的朱熹哲学的影响,莱布尼茨从法国耶稣会士那里得知了朱熹。《递归与偶然》试图阐述李约瑟构想的这段有机主义史(见下面这段很长的引文),并把他的思考带到我们讨论宇宙技术的当代。

在这里,最好的办法莫过于讨论一下我们的时代通过更好地理解自然组织,来修正牛顿主义机械宇宙的伟大运动。从哲学上讲,这种趋势最了不起的代言人无疑是怀特海,他提出的许多说服力不一的论点,以种种方式贯通了关于方法论的现代研究和自然科学勾勒出的世界图景——物理学界众多非凡的发展、那些结束了机械论和生机论无结果的争执同时又能避免先前**整体**(*Gan-*

---

① 李约瑟,《文明的滴定:东西方的科学与社会》(*The Grand Titration: Science and Society in East and West*), London: Routledge, 2013 年,第 21 页。

zheit)学派的蒙昧主义的生物学构想、科勒（Kohler）的格式塔心理学；在哲学上还有劳埃德·摩根（Lloyd Morgan）和亚历山大（S. Alexander）的演化论、史末资（Smuts）的整体论、塞拉斯（Sellars）的实在论，最后还有恩格斯、马克思及其后继者的辩证唯物主义（及其各层次的组织）。沿着这条线索再向回追溯，还会通向黑格尔、洛采、谢林和赫尔德，直到莱布尼茨（正如怀特海一向认为的），而再往前，这条线索似乎消失了。但是这会不会是因为莱布尼茨曾经研究过朱熹的理学（是由耶稣会翻译、寄回后传到他手里的）？使他为欧洲思想做出全新贡献的独创性，或许是受到了中国的启发——[57]这难道不值得研究吗？①

现在就称中国的思维为有机思维，可能还为时过早，因为这样的主张还需要更多的限定说明。在西方，对机械论思维的否定是有机思维的条件，而中国思想中没有机械论思维；为了避免把中国思想等同进"有机"思维的过度概括，我们必须提出一种不同的架构。这不是说李约瑟的分析没有道理。相反，让我们先假设李约瑟是对的。那么在阅读谢林和席勒的著作时，我们立即遇到了类似的困难：这是不是说中国思想和控制论有密切关联？随着技术的逐渐具体化和进步，思考本身（而不仅是海德格尔所说的哲学）是否会被控制论完全取代？或者更确切地说，是否有必要超越模糊的有机主义观念，从一个

① 李约瑟，《中国科学技术史》，第 2 卷，《科学思想史》，Cambridge，UK：Cambridge University Press，1991 年，第 291—292 页。

新的角度看待中国思想?

　　在这里,思考就意味着提出一种具有变革力量的新解读。它允许我们反思自己的实际处境,并超越它,以便设想激进的开放性。这正是哲学终结后的思考的任务。这种思考的任务首先是对现代技术的重新挪用,若没有现代技术,我们就只能走形而上学这一条路。我们的探索将和汉学家以及艺术史学家的工作相当不同,这是阐明一种对中国思想及其可能性的新解读的尝试。在第三章中,我们将重点从有机主义的局限性及机器智能的演化方面,质询艺术的作用。

§6　欧洲之后,艺术与哲学

　　[58]我在《递归与偶然》的结尾处提出了一个集体项目的构想,即构思一种后欧洲哲学。它是"**后**"欧洲的,因为如果我们遵循海德格尔的说法,认为控制论的机械有机主义标志着欧洲哲学和形而上学的终结,那么一切哲学都必须是后欧洲的。有人可能会反对说,美国已经是后欧洲哲学的体现了。确实,美国一度被认为是"真正的欧洲",是"法律与自由的避难所",已经把老旧、保守的欧洲抛在了身后。但随着地缘政治重心从西方向东方转移,以及美国在 20 世纪提出的帝国主义外交政策,美国已经成为旧欧洲的延续,正如卡尔·施密特(Carl Schmitt)正确指出的:"无论是在意识形态上还是在现实中,西半球可以称之为**新事物**的一切前提和基础都消失了。"①

――――――――――

　　①　卡尔·施密特,《欧洲公法的国际法中的大地法》(*The Nomos of the Earth in the International Law of the Jus Publicum Europaeum*),G. L. Ulmen 译,New York: Telos,2006 年,第 292 页。

施密特的哀叹源于他对一种新的大地之**法**(*nomos*)的渴望,在施密特看来,这种新的**法**显然是受技术决定的。如果没有原子弹和控制论,美国就将无法维持西半球的**法**,因此尤其是在新冠疫情期间,这一进程被辩证地否定了,并面临自身的崩溃。如果人们要想象一种新的**法**,就难免要追问至技术问题的根源,对我们来说,后欧洲哲学的问题正是基于这种对技术的探究。

不仅因为非欧洲人出于去殖民化的必需性而需要一种后欧洲哲学,也因为欧洲本身为了克服作为其命运的集置(*Gestell*),恰恰要求一种后欧洲哲学。在第一章中,我们会一步步考察海德格尔对现代技术的解读——在他看来,本质[59]为集置的现代技术既是欧洲哲学的实现也是它的终结。**集置**是欧洲哲学轨迹的一个极限(因此被称为**终结**),当它被当成普遍、可变且独一无二的现实接受时,它也成了让非欧洲思想显得无关紧要的限制(这时这些思想被称为亚洲或非洲智慧)。

这种对集置的克服并非否定或拒绝,而是更根本的转变,不仅是现代技术的转变,也是思维本身的转变。这种重新评估(或尼采意义上的 *Umwertung*)要求彻底地向其他思维方式开放,也要求带着对技术问题的思考,自我发明出作为相互性的其他思维方式。在《递归与偶然》中为了回应这种可能性,我引入了技术多样性的概念,因为如果思维想要存活并实现自身,它就需要物质支持,或者说需要斯蒂格勒所说的第三记忆即技术的支持。如果说在过去一百年的现代化进程中,非欧洲思维没有发展,这是因为非欧洲思维和以现代科技为支持的欧洲思维不兼容。随着欧洲思维在其技术中具体化,非欧洲思维也变得越来越抽象。

可以把这种不相容性看作一种分离，一种无法被跨越的边界线，它指明了思维体系间的绝对差异，正如于连在他的书中阐述的中国和西方的差异。但也可以把这种不相容性看作思维本身个体化的条件和可能性。需要让新的东西出现，但这种思维如何才能充分起效并引起大范围的文化变革？在海德格尔所说的哲学终结之后，还出现了法国理论、后结构主义，以及最近的思辨实在论，但它们都是以西方哲学的自我批判的方式运作的。这些传统下的思想家也和海德格尔一样，试图借助并反对古希腊以寻找西方思维本身的出路。这种可能性直接暗含一种局限，因为它只是与自身的不相容。个体化是在内部和外部两方面的张力下发生的，这种张力并不遵循二元逻辑（二元逻辑是一种简单的免疫反应）。这种[60]不相容性正是在全球化之后，在海德格尔所谓的"基于西欧思维的世界文明的开端"之后的思维的条件。

在哲学终结后，我们在哲学和美学思维两方面寻找新的起点，以对抗作为治理手段和社会政治层级化的宗教的复兴。美学思维提供了通达世界和宇宙的最直观的入口，哲学思维可以在美学的基础上，探入具体的概念问题，并通过重构美学思维来促进它。这意味着美学思维和哲学思维可以形成一个由科技中介的递归循环。哲学的终结，并不意味着我们应该发明另一种普遍性思维来取代旧有的、过时的思维，也不意味着这种（如海德格尔所说）普遍性思维已经在控制论和现代技术中实现。我们的任务在于超越那种绕过了地域性问题的普遍控制论思维，也超越由预示技术奇点或智能爆炸（intelligence explosion)①的数字技术竞争所规定的地缘政治。

与其盼望一种新的普遍语言和思维,不如回到地域性的问题上来。地域性并不与普遍性和特殊性对立,也不与相对性对立,因此我并不是提倡阿多诺(Theodor Adorno)在《美学理论》(*Aesthetic Theory*)中攻击的那种美学唯名论。阿多诺把美学唯名论(aesthetic nominalism)同对权威的抵制、对资本主义和个人主义的颂扬——比如放弃界定艺术的体裁,回归艺术本身——联系在一起。② 阿多诺批评说美学唯名论掩藏了普遍,也无法区分艺术和非艺术。美学唯名论没有克服普遍性,而是简单忽略了它。这也是阿多诺对克罗齐的批评所在。尽管克罗齐似乎并没有真的[61]否定普遍性,但他确实拒绝给普遍性安排一个专有名词。③

阿多诺也出于同样的原因认为康德哲学从根本上说是唯名论的。④ 我们必须拒绝这种观点,因为康德哲学是对普遍性的持续且细致的探索。普遍性和特殊性是存在的两个维

---

① 这个词由 I. J. 古德(I. J. Good)提出,与技术奇点紧密相关。见古德,《有关第一台超智能机器的思考》(Speculations Concerning the First Ultraintelligent Machine),见《计算机进展》(*Advances in Computers*),第六期,Franz L. Alt 与 Morris Rubinoff,New York:Academic Press,1966 年,第 31—88 页。

② 阿多诺,《美学理论》,Robert Hullot-Kentor 译,London:Bloomsbury,2012 年,第 281 页。

③ 同上注,第 273 页。"黑格尔的那种让辩证阶段优先于抽象全体的学说结果(黑格尔本人忽略了这一点)就是美学唯名论。而姗姗来迟地指出了这种隐含后果的克罗齐,则通过把普遍性的要素与体裁一同弃置(而不是认真处理并超越普遍性),削弱了那种辩证法。"

④ 马丁·杰(Martin Jay),《阿多诺与音乐唯名论》(Adorno and Musical Nominalism),《新德国批评》(*New German Critique*),129. 43,第 3 期,2016 年 11 月,第 5—26,29 页。我们的任务不是要在这里为克罗齐和康德辩护,然而他们两人指出的艺术的终极目的似乎和阿多诺提出的相差不远。

度,但它们并非两种在实体意义上相互排斥、永远无法调和的存在。事实上,普遍性和特殊性在不同的数量级和存在的不同维度上同时存在。它们都可以在对方之中表达自己,尽管我们强加给它的专有名词——**逻各斯**,道,绝对无或者美——都无法全面地反思它。

我愿意称自己为普遍相对主义者或相对普遍主义者,这体现了我在前面提到的对立的连续性。正因如此,自《论中国的技术问题》以来,我便提出要从哲学的角度思考地域性,并就技术问题从地域性的角度思考哲学。中国正是地域性的一个例子,在中国这个地域性中还有许多其他的地域性。这些地域性如何才能为技术的发展和想象力做出贡献,而不是简单地屈从于技术呢?

这关系到思考的问题,政治身份认同和民族主义问题无法为之提供出路。我们的迫切任务在于提出一种能超越简单对立和幼稚的统一的方法论。然而我们必须强调,中国只是理解这种多样性的一个例子,为了理解多样性,我们也必须在留意地域性问题的同时,不落入原型法西斯主义或我之前所说的直接免疫[62]反应。① 艺术是介于哲学和工程之间的实验性思维模式,尤其是在我们的教育系统的学科划分不再能应对 21 世纪挑战的情况下。同样,艺术的任务或许就在于让自己去辖域化,以超越目前的艺术市场和所谓当代艺术产业的限制。

更重要的是,我强调艺术增强我们的感官、教育我们的感

---

① 见许煜,《百年危机》(One Hundred Years of Crisis),e-flux 杂志第 108 期,https://www. e-flux. com/journal/108/326411/one-hundred-years-of-crisis/。

知性的能力,克利关于绘画能使不可见的东西变得可见的主张,体现了艺术的这种能力。与悲剧艺术相比,山水画需要不同的感官和感知性。对艺术经验多样性的探究首先是一个研究感觉的增强及其运作模式的提议。这个提议对于西方追问存在、东方追问道或绝对无来说都是根本性的。它涉及美学和哲学直观的培养,而这种直观正由于另一种感官增强方式(通过技术,例如人类增强)而削弱。

媒介技术和感觉感知的关系有着漫长的历史,我无法在此详述。但我可以把它简化为两个数量级或尺度:一个拉近,就像18世纪的显微镜和现在用来观察粒子的量子加速器那样;另一个拉远,就像从卫星上看地球那样。有了这样的设备,我们就能把握可设想的最小和最大的东西。以这种方式增强感官是为了提高感官的能力,而不是为了发展能保存和更新我们与其他存在,以及世界本身的关系的其他感官。

科学思维希望提高感官的能力,而哲学思维希望发展其他的感官。在艺术中这二者可以获得统一。因此,艺术与技术的关系是尚未确定的。对多样艺术经验的探索只是一次邀请:邀请我们一同思考艺术的任务及其可能性,通过绕个弯路来继续前进。

[63]本书分为三个部分。第一章"世界与大地",解读了海德格尔1935、1936年的论文《艺术作品的本源》,还有他后来与塞尚和克利的作品的相遇。我试图通过这一解读,询问哲学终结后艺术的角色。第二章"山与水"试图阐述山水所暗含的哲学,它与悲剧艺术和对现代艺术的现象学解读相似却又不同。这一章试图阐释一种非悲剧式的哲学思考方式——

即通过对老子、王弼和牟宗三的解读来展示玄的逻辑。第三章"艺术与自动化",试图理解自动化技术在当今思想史和美学思想史中的意义和地位,并尝试对山水进行第二次解读(部分基于西田几多郎关于**场所**的著作)。这一章要问,我们对多样艺术体验的关注在多大程度上能有助于**重构集置**(*reframing the enframing*),以改变作为现代技术的本质的**集置**(*Gestell*)。

第一章　世界与大地

§7　哲学终结后的艺术

[67]黑格尔在《美学讲演录》中的一个著名观点是，艺术的终结是精神自我认识和朝向绝对的**必要**阶段。历史在表象（semblance，*Schein*）上是偶然的，也就是说它不是由先天的规则规定的。但另一方面，历史的进程不是随机的，因为它由必然性推动，这种必然性等同于自律的理性朝客观性和具体普遍性（也就是绝对）的运动。在古希腊，艺术代表着绝对和精神的最高形式，但这一关系后来被宗教超越了。艺术也许可以被用作宗教的一个元素——比如圣像的象征主义——但它已不再体现对绝对的恰当知识了，因为虔诚（*Andacht*）是精神追求绝对和自由的更高模式。黑格尔随后又称，精神的最高形式已不再是艺术或天启宗教，而是哲学。哲学作为"真正的神正论"，是通过活的概念（*Begriff*）理解绝对理

念的至高模式。① 对黑格尔来说，从古希腊艺术到基督教，再到启蒙运动后的哲学的这一转变，展现了精神达至顶点的里程碑，以及理性的自我认识和真理事业的路途：

> 就其最高使命来说的艺术，对我们来说是且始终是过去的东西。因此对我们来说，它已经失去了真正的真理和生命，已经被转移进我们的思想中，不再维持它先前的现实必然性，也不再占据那种更高的位置了。②

[68]黑格尔不是说艺术不存在或即将不复存在。考虑到他那个时代不断涌现的伟大艺术品，这种说法将是荒谬的；况且希腊人就已经有了宗教，艺术对基督教来说也仍然非常重要。黑格尔的意思是，艺术已经不再能占据其在古希腊精神生活中的那种地位了，但它仍然是精神的上一阶段的见证。③ 在黑格尔的辩证方法或他的三部曲中，艺术、宗教和哲学被展现为精神对绝对的知识在历史中的三个不同阶段，它们分别给我们带来了艺术的外在性（直观和想象），宗

---

① 黑格尔，《黑格尔的逻辑学》（*Hegel's Science of Logic*），A. V. Miller 译，London：George Allen & Unwin，1969 年，第 824 页；也引自罗伯特·皮平，《美之后的艺术：黑格尔与图像现代主义的哲学》，Chicago：University of Chicago Press，2014 年，第 6 页。

② 黑格尔，《黑格尔的美学讲演录》（*Hegel's Aesthetics：Lectures on Fine Arts*），T. M. Knox 译，Oxford：Clarendon，1975 年，第 10 页。

③ 约书亚·比林斯（Joshua Billings），《悲剧的谱系：希腊悲剧与罗马哲学》（*Genealogy of the Tragic：Greek Tragedy and Roman Philosophy*），Princeton and Oxford：Princeton University Press，2014 年，第 16 页。

教体验的内在性(情感与再现),以及通过哲学或**逻各斯**(纯粹和自由的思想)扬弃对立。①

对于古希腊人来说,艺术既是宗教也是哲学,但是随着基督教的到来,艺术已经不足以捕捉精神的完整运动及其复杂性。艺术从象征阶段到古典阶段再到浪漫阶段的发展,体现为黑格尔所说的几种艺术形式:建筑(象征),雕塑(古典),绘画、音乐和诗歌(浪漫主义)。这段艺术史可以说是与抽象形式的增加相对应的,这一趋势是理念的动态及其辩证运动所必需的,也与理念和精神的关系逐渐被废弃的过程相对应。艺术还会继续存在,正如黑格尔承认的,它"可以作为一种短暂的游戏提供娱乐和消遣,装饰我们的环境,给我们生活的外在以愉悦,并通过艺术装饰让其他事物变得瞩目"。② 但艺术与精神的关系永远不会恢复到它曾经占据的崇高地位;在任何艺术作品面前,"我们不再屈膝":

> [69]当今世界的精神,或者更具体地说,我们的宗教和理性的发展,显然已经超越了艺术作为绝对的知识的至高模式的那个阶段。艺术生产特有的性质以及艺术作品都不再能满足我们的最高需求。我们已经超越了把艺术作品视为神圣并崇敬、崇拜它们的阶段。现在,它们产生的印象是更具反思性的,它们在我们身上唤起的东西需要一种更高的试金石和一种不同的检验。思想与反思从纯艺术上展翅而起。③

---

① 黑格尔,《法哲学原理》(*Outline of the Philosophy of Right*),T. M. Knox 译,Oxford:Oxford University Press,2008 年,§341,第315—316 页。

② 黑格尔,《黑格尔的美学讲演录》,第 7 页。

③ 同上注,第 10 页。

然而,如果我们追随黑格尔,观察他 1831 年在柏林去世之后的情况,那么哲学似乎并没有达成他的期待。相反,我们早已从黑格尔的国人那里得知了哲学的终结——这是海德格尔在他 1964 年的论文《哲学的终结与思考的任务》(The End of Philosophy and the Task of Thinking)中宣布的,尽管这个想法在他职业生涯的早期,在 20 世纪 30 年代所谓的海德格尔思想的转向(*Kehre*)之后就已经存在了。

在 1966 年接受《明镜》杂志采访时,有人问海德格尔什么会取代哲学的地位,他只说了一个词:控制论。控制论怎么会是哲学的终结呢? 讽刺的是,今天的大多数哲学学院似乎都很安全,而名为控制论的学科已经不复存在,取而代之的是计算机科学、信息科学、人工智能以及近些年兴起的数字人文。正如尼采的疯子在市场上传播上帝已死的讯息并遭到嘲笑,哲学的死亡仍然没有被注意到。

在今天,我们能说精神在经过艺术、宗教和哲学阶段之后,最终抵达了控制论吗? 在"世界进程的顶点和终点"和黑格尔"本人在柏林的存在"巧合地同时出现之后,黑格尔主义的艺术、宗教、哲学三部曲被打破了,这是否要求我们展开严格的质询? 对海德格尔来说,哲学的终结主要意味着两件事。首先,控制论完成了[70]向来属于西方哲学和形而上学的任务,从古至今西方形而上学经历了不同的阶段:柏拉图的**理型**(*eidos*)/亚里士多德的形质说——基督教本体神学——笛卡尔机械论——黑格尔系统——尼采的权力意志——有机论/控制论。① "完成"意

---

①　许煜,《递归与偶然》,London: Rowan and Littlefield, 2019 年;在这本书中我试图阐述这段历史进程。

味着:能超越作为西方形而上学的终点的控制论的新任务还有待被制定出来。这个任务首先必须能抵制把一切化约为可计算性(或 *Berechenbarkeit*,也就是海德格尔所说的"谋制[machination]"或 *Machenschaft*——后来他在臭名昭著的《黑色笔记本》中把这个词归给犹太民族)①,也要与持续的人类中心主义拉开距离,以便重新开启世界。

其次,哲学的终结也标志着作为技术时代的西欧思维的普遍化。在 20 世纪 30 年代,海德格尔已经注意到技术导致了全星球化(planetarization),后来他又预见到地球被实现为一个控制论系统。在这种普遍化中,地球成了名为人类纪的新地质时代的一颗人造行星。因此,在他 1964 年的文章中,海德格尔称:

> 哲学的终结被证明是科技世界的可操纵性安排以及与之相符的社会秩序的胜利。哲学的终结意味着,基于西欧思维的世界文明的开始。②

哲学的终结不仅是科技时代的体现,也是主要由全球科技竞争规定的地缘政治的症状。在哲学终结[71]后思考——如果这项任务依然有希望的话——就意味着要超出控制论和当代地缘政治进行思考。在这方面,我们可以且应当把海德格尔看作一位地缘政治思想家。

---

① 我在《论中国的技术问题》(Falmouth:Urbanomic,2016/2019年)的第二部分,讨论了海德格尔把他对可计算性的批判和反犹主义联系起来的做法,尤其见§26,"归家的困境"。

② 海德格尔,《哲学的终结与思考的任务》,见《论存在与时间》,Johan Stambaugh 译,New York:Harper & Row,1972 年,第 59 页。

为此，让我们从海德格尔开始对艺术展开追问，是海德格尔宣告了欧洲哲学的终结，他也为追问"问题全然缺乏的时代"中的艺术预备了一条道路。① 如今，问题的全然缺失被地质工程、人类增强、生态现代主义等为超人类主义所欢迎的技术补救掩藏了。欧洲哲学的终结表明需要一种后欧洲哲学。这里的"后"并不意味着"反"，而是向新思考的必要飞跃；新思考对海德格尔来说就是对存在（*Sein*）的思考。存在问题在西方思想史中被抛弃了，因为西方思想让存在者（*Seiendes*）优先于存在，因此构成了一部存在的遗忘史。我们可以对比着阅读海德格尔的《艺术作品的本源》（1935、1936）——这位哲学家少见地讨论艺术话题的一篇文章，还有他的《哲学贡献》（1936—38）——这是对于哲学终结后的思的可能性的反思。这两篇文章的密切关系不仅在于它们大致于同时期写成，也在于它们都在艺术创作和思考之间建立了联系。海德格尔对艺术问题的重新表述**在某种程度上**是哲学终结后的新开端的一个候选。

在他写于 20 世纪 50 年代的《艺术作品的本源》一文的后记中，海德格尔引用了黑格尔的著名论断，即当艺术不再能算作真理发现[72]自身存在的至高手段时，艺术的终结就会发生。形塑古希腊伟大艺术的精神的自我探索已经

---

① 海德格尔，《哲学贡献：论事件》（*Contributions to Philosophy. Of the Event*），Richard Rojcewicz 与 Daniela Vallega-Neu 译，Bloomington and Indianapolis：Indiana University Press，2012 年，§ 51，第 86 页。谋制（*Machenschaft*）与生活体验（*Erlebnis*）构成一个正反馈循环，其中问题不再存在，一切都是可能的。问题的缺失也表明了哲学的终结，因为哲学已不再能思考并提问了。海德格尔常常哀叹问题的缺失和精英阶层的主导，比如"问题全然缺失、不愿树立任何目标的时代。平庸（*Durchschnittlichkeit*）是时代状况的象征"。

结束。① 海德格尔回答说,黑格尔的裁决或许还不确定——艺术
或许还未走到尽头。换句话说,艺术的角色不能被化简进精神的
三部曲中。艺术对精神来说仍然是不可或缺的,回归艺术问题或
许能在哲学终结后敞开新思维的可能性。这也是本章的中心论
点,与许多关于海德格尔艺术哲学的研究不同的是,我想在这里
把海德格尔的探究重新表述为以现代技术问题为出发点的。

海德格尔的策略是重新讨论古希腊艺术的**原初经验**,并
含蓄地问这种经验在今天意味着什么。海德格尔有意识地把
精神的问题替换成了存在的问题(*Seinsfrage*):

> 不能通过指出自黑格尔的讲座以来⋯⋯我们已经见
> 证了许多新的艺术作品和艺术运动的产生,而回避黑格
> 尔在这些陈述中做出的判断。黑格尔无意否认这种可能
> 性。然而,问题仍然存在:艺术仍然是真理——对于我们
> 的历史性存在来说至关重要的真理——之发生的本质且
> 必要的方式,还是说艺术不再具有这种特性了?②

美国哲学家阿瑟·丹托反驳道:"海德格尔错误地暗示说,在
经历了一个世纪的艺术革命之后,要判断艺术终结论是否正
确依然为时过早。"③在丹托看来海德格尔错了,因为他没能

---

① 海德格尔,《艺术作品的本源》,见《林中路》(*Off the Beaten Track*),Julian Young and Kenneth Haynes 译,Cambridge, UK:Cambridge University Press,2004 年,第 80 页。

② 同上注,第 51 页。

③ 阿瑟·丹托,《1812 年冬:黑格尔的艺术终结论》(1828, Winter:Hegel's End-of-Art Thesis),见《新德国文学史》(*A New History of German Literature*),Hans Ulrich Gumbrecht 等人编,Cambridge, MA:Harvard University Press,2004 年,第 536 页。

看到艺术终结不意味着艺术创造的终结,而只是精神与艺术之间的特定关系的终结。对丹托来说,人们可以在纽约市东 [73] 74 街的斯泰博画廊(Stable Gallery)见证艺术的终结——1964 年 4 月安迪·沃霍尔的 Brillo 肥皂盒(*Brillo Boxes*)在这里展出。丹托认为,艺术始于公元 1400 年(依据德国历史学家汉斯·贝尔廷[Hans Belting]的观点)[1],终于 20 世纪 60 年代,观念艺术(丹托也称其为后历史艺术)在这个历史时刻给现代艺术画上了句点。[2]

我怀疑海德格尔忘记了对上述引用的段落给出仔细的解读。对黑格尔来说,从艺术到宗教再到哲学的谱系指示着精神的进步,而海德格尔想质疑的正是这一从希腊到基督教再到后来的观念论的、作为西方形而上学史的"进步"。如果说海德格尔的结论与黑格尔的不同,这是因为对黑格尔来说,"概念"是形而上学的顶点,它以一种被称为**逻辑**(*Logic*)的有机主义、反思式的过程来把握存在。

黑格尔的有机主义源于生物学,但它的发展是技术逻辑性的(techno-logical),我在《递归与偶然》中通过把他与谢林加以比较说明了这一点。德国黑格尔主义者和控制论专家哥达·冈瑟(Gotthard Günther)甚至声称,控制论是朝机器意识的建构迈出的一步,也是黑格尔的反思逻辑的落实。[3] 冈

---

① 见汉斯·贝尔廷,《相似与在场:艺术时代之前的图像史》(*Likeness and Presence: A History of the Image before the Era of Art*), Edmund Jephcott 译, Chicago: University of Chicago Press, 1994。

② 阿瑟·丹托,《艺术终结之后》(*After the End of Art*), Princeton: Princeton University Press, 1998 年,第 25 页。

③ 历史性的讨论见《递归与偶然》,第一章讨论了康德、费希特和谢林,第二章讨论了黑格尔、控制论、图灵和哥德尔。

瑟是按照朝黑格尔式逻辑发展的方式来理解机器的演化的。在冈瑟看来,经典机器是一种**他物反思**(*Reflexion in anderes*),冯·诺伊曼机器是一种**自我反思**(*Reflexion in sich*),"大脑机器"则如"黑格尔在《大逻辑》中说的",是**对自我与他者反思的自我反思**(*Reflexion in sich der Reflexion in sich und anderes*)。①

对海德格尔来说,西方形而上学的历史是一部从柏拉图、亚里士多德到黑格尔的本体神学史,它等同于一部存在的遗忘史。西方形而上学不是就存在提问,而是想理解存在者——作为属性的承载者、本体神学、[74]分子构成、有机算法等各种形式的存在者。但存在与存在者的区别是存在论的,不能简化为科学研究。克服形而上学就是去寻求一种激进的敞开,让欧洲**此在**回归存在问题。回到存在并不意味着原模原样地恢复古希腊人的说法,而是明确一个能为思维重建根基的新开始,以便让思维在面临哲学的终结时能迈出决定性的一步。

海德格尔的总论点和方法就在于:后退一步,也就是重新解读同时作为技术与艺术的古希腊**技艺**概念。海德格尔问:"艺术依然是对我们的历史性存在至关重要的真理之发生的一种本质且必要的方式吗,或者它已经不再具有这种特性了?"②换句话说,艺术能够揭露隐藏在现代科技的计算与全星球模式中的真理吗?在这里,我们把海德格尔的问题看作

---

①　哥达·冈瑟,《灵魂与机器》(*Seele und Maschine*),见《对可操作辩证法基础的贡献》(*Beiträge zur Grundlegung einer operationsfähigen Dialektik*)第一册,Hamburg: Felix Meiner Verlag,1976 年,第 85 页。

②　海德格尔,《艺术作品的本源》,第 51 页。

是反思哲学终结后思维的可能性的一次邀请,是对他所谓的
"另一个开始[*der andere Anfang*]"的寻觅。

§8 通过艺术的另一个开始

[75]回顾过去,我们可以说,对艺术作品本源的追问是在
哲学终结之后对另一个开端的探索。但首先要理清海德格尔
写作的年表。《艺术作品的本源》写于 20 世纪 30 年代,《哲学
的终结与思考的任务》写于 20 世纪 60 年代。尽管如此,这一
思考的任务在所谓海德格尔的**转向**(他的哲学在 30 年代发生
的转向)时就已经存在了,它标志着从追问存在的意义到寻找
存在的真理的延续与激进的转变。① **转向**是从根本上基于存
在论对时间的阐释,向存在问题或存在的遗忘史(*Geschichte
der Seinsvergessenheit*)的问题的转变。

如果对艺术作品本源的探索是对另一个开端的探索,并
由此重新开启哲学之后的思考的问题,我们的任务还包括在
海德格尔的思想中阐明这种可能性。在《艺术作品的本源》
中,这些痕迹可能不如在他后来的作品里那么明显——比如
1967 年海德格尔在雅典艺术学院演讲的文章《艺术的本源与

---

① 在他 1932 年的研讨课《西方哲学的开端》(*Der Anfang der
Abendländischen Philosophie*, Frankfurt am Main: Vittorio Koster-
mann, 2012 年)中,海德格尔已经表达了这一想法。在《哲学贡献》中,海
德格尔强调说《存在与时间》是一个转折,是为他后期的哲学做的准备;
见§34,第 61 页:"然而,通过逐渐克服指导问题的提出及其回答,我们
可以且必须创造一个为另一开端做准备的转折,让这个开端变得可见、
形成对它的预感。《存在与时间》的作用便是准备这一开端,也就是说,
它实际上已经处在基本问题中了,尽管还没有以开端性(*anfänglich*)的
方式把该问题呈现为纯粹的自我展开。"

思考的使命》(Die Herkunft der Kunst und die Bestimmung des Denkens)，或者像许多作者所推测的，在他与保罗·塞尚和保罗·克利的作品的相遇中，这两次相遇似乎影响并肯定了他后来对艺术的反思。[①]

[76]在这个问题缺失的时代，理解海德格尔激进的提问依然是我们的任务。一方面，他的提问邀请我们反思艺术在思想领域中的作用，尤其是在 20 世纪 60 年代观念艺术出现之后艺术的作用。乍一看，通过艺术的另一开端的说法似乎重复了诺瓦利斯(Novalis)、弗里德里希·施莱格尔(Friedrich Schlegel)等耶拿浪漫主义者的观点：由于哲学在认识无限方面的局限性，它必须从属于艺术，尤其是诗歌。[②] 但他们的说法也有一个显著的区别：浪漫主义者的反哲学姿态也导致艺术从属于宗教，从而破坏了一切艺术自律。[③] 而尽管海德格尔经常使用"神"这个词，却没有直接求助于基督教信仰。

另一方面，我们也必须问，在海德格尔的《哲学的终结与思考的任务》发表近 60 年后的今天，当美国主义和中华未来主义空前的经济竞争和军事扩张把地球变成它们的竞技场，该如何解读这样一个植根于欧洲的项目。当前地缘政治的重新配置，并没有改变海德格尔在 1964 年宣布的认识论霸权。中华未来主义在不久的将来或许会取代美国主义，但这一转

---

① 奥托·坡格勒(Otto Pöggler)，《图像与技术，海德格尔、克利和现代艺术》(*Bild und Technik Heidegger，Klee und die Moderne Kunst*)，München：Wilhelm Fink Verlag，2002 年，第 7 页。

② 让-玛丽·舍弗尔(Jean-Marie Schaeffer)，《现代艺术：从康德到海德格尔的艺术哲学》(*Art of the Modern Age：Philosophy of Art From Kant to Heidegger*)，Steven Rendall 译，Princeton：Princeton University Press，2000 年，第 79 页。

③ 同上注，第 105—106 页。

变并不是朝向未来的敞开。相反，它或许只是西方形而上学的进一步实现；面对全星球技术决定论——它以人类纪、地质工程、基因工程、技术奇点、超智能等各种已不再能提出深刻问题的、不言自明的时髦词语为名——西方形而上学的进一步实现已无法为我们打开新的视角。技术决定论意味着首先把思考交给狭隘的技术官僚阶层，把理解世界和世界运作的方式局限在对技术及其未来的某一特殊理解上，这种技术又承诺一切皆有可能。海德格尔或许不是第一个认识到[77]这一点的人，但由于他的主张是从对西方思想史的系统性反思得出的，我们依然有必要与海德格尔**一同思考并超越**他。

那么，为什么艺术本源的问题是对海德格尔所说的另一个开端的呼唤，呼唤的不是"哲学"的开端而是"思考"的开端呢？海德格尔是不是想从艺术中寻找一种能和科技世界的灾变对抗的救赎性力量呢？海德格尔看到，艺术中有些东西还有待被澄清，这种东西或许能对技术问题有所启发。哲学的终结要求以不同的姿态回归艺术。艺术仍然是一种对于超越哲学的终结、展现技术的潜力来说不可或缺的思考方式。我们可以说，海德格尔想要通过艺术来重新构想**技艺**的问题。

从艺术史的角度说，读海德格尔的《艺术作品的本源》确实没什么意义，因为海德格尔不是个艺术专家，他主要的关切也根本不是艺术史，而是希腊语**技艺**（它同时指艺术和技术）一词意义上的技术。技术或许已经成为我们这个时代艺术创作的主要媒介，但艺术和技术的关系还有待澄清。艺术和设计对当今工业产品的营销来说日益重要——尽管部分原因在于跨学科的设想还很肤浅，而且在学术界获得研究经费的难度越来越大——这一事实只会进一步拖延澄清艺术和技术之间关系的任务。

带着对**技艺**的理解,用欧洲语言和思维重新阐释艺术,也意味着对技术问题的反思。如今,技术(technology, *technē*)成为艺术(art, *technē*)的主要媒介意味着什么?这句话是没有意义的,除非我们能明白现代技术的本质已经和希腊的**技艺**不同。海德格尔在他 1949 年的不莱梅演讲《集置》(*Gestell*)中提出一个著名的说法,即现代技术的本质不是技艺性的;它是**集置**,已不再是希腊的**技艺**一词所暗含的**创制**(*poiesis*)或带出(*Hervorbringen*)了。现代技术也是哲学终结的标志,它的确是西方形而上学的实现:实现既是完成,也是终结。

[78]在写于 1935—1936 年的《艺术作品的本源》中,海德格尔已经提到了**集置**的概念,但这个词只有等到 1953 年题为"论技术问题(The Question Concerning Technology)"的不莱梅讲座发表后才广为人知。我相信,要想理解海德格尔思想中艺术的问题,就必须处理技术的问题。我们可以看到海德格尔想利用**技艺**一词同时包含技术和艺术这个优点,来重新解释这个词:

> 我们将就技术提问,这也是要为同技术建立自由的关系做准备。如果这种关系能让我们的人类存在向技术的本质敞开,它就是自由的。当我们能回应技术的本质,也就能在技术自身的界限内体验它。①

为与技术建立自由关系而做准备意味着什么?后一段继续写

---

① 海德格尔,《论技术问题》,《论技术问题及其他论文》(*The Question Concerning Technology and Other Essays*),William Lovitt 译,New York and London:Garland Publishing,1977 年,第 3—4 页。

道:"因为只有当人属于命定(destinging)的领域时,他才真正变得自由。"①我们也许可以把这解释为对命运的肯定,正如在希腊悲剧中,一个人只有通过肯定命运——不仅是盲目地延续命运,而是通过改变当前环境——才能获得真正的自由。本章后面讲到现代技术与存在的关系时,我们还会回到这一悲剧式的姿态。海德格尔告诉我们,在古希腊人那里艺术和技术之间没有区别。艺术和技术只有到了大致对应早期现代性的历史时刻,才彼此分离;早期现代性的特征就是认识论和方法论的断裂。海德格尔对现代性的批判从根本上说,是试图通过把思而不是哲学作为另一开端,来克服现代性。

[79]那么,当技术可以把从写作到烹饪、驾驶等的一切囊括在内,我们又该如何处理技术问题呢?考虑到如此程度的多样性和多重性,哲学家们该怎么谈论技术呢?每一次概括的尝试都会立即遭到例外的挑战。海德格尔的进路是追问技术的本质,但不是在人类学或功利主义的意义上进行追问。一个普通人关心的可能是技术的用途,一个人类学家则关心它的民族志价值,对技术本质的追问还需要更进一步。

技术的本质,就如同使树有资格被称为树的"树性"。如果说这个问题是存在论的而不是人类学的,那么该如何回答它?海德格尔在这里谈到了亚里士多德《物理学》(II,3)和《形而上学》(V,2)中的四因。因(*aitía*)在法律上的意思是"对某物负有责任",有些情况下也指"有罪"。翻译成德语的*Schuld*时,它也包含"债"的含义。亚里士多德规定了四种因:形式因、质料因、目的因和动力因。海德格尔想要反思**动**

---

　　①　同上注,第25页。

力因,这对他而言是四因中最重要的一个。但这里的动力因并不是人——比如制作银杯的银匠——而是将其他原因聚集(*sammeln*, *überlegen*)在一起的因,即**逻各斯**(*logos*):

> 银匠经过仔细考虑,把上述三种负责和负债的方式聚集在一起。"仔细考虑"(*überlegen*)在希腊语中是**言说**(*legein*),**逻各斯**(*logos*)。言说植根于"使……显明"(*apophainesthai*),也就是带入显像。①

原因(*Aitia*)也意味着"负债",这种负债性是能导致(induces)的,或如海德格尔所指出的,它是能促成的(*ver-an-lassen*)。这里的**促成**(*Veranlassen*)是指由四种原因构成的作为整体的过程。海德格尔接着问道:

> [80]但是,这四种发生方式之统一的活动,究竟发挥怎样的作用? 它们使尚未在场的东西进入在场。因此,它们被一个把在场带入显像的"带来"统一地统治着。柏拉图《会饮篇》(205b)的一句话对我们讲了这种"带来"是什么:"每当某物从不在场转为和步入在场,这就是**创制**(*poiēsis*),是带出(bring-forth, *Her-vor-bringen*)。"②

"带出"是希腊人说的**创制**。但是在这个过程中被带出的又是什么呢? 是像宗教仪式用的银杯那样的物件吗? 如果是

---

① 同上注,第8页。
② 同上注,第10页。

这样,那么这种生产主义的技术概念(如迈克·齐默尔曼 [Michael Zimmerman]所阐述的)便仍然局限于人类学和功利主义的理解,因为让一个圣杯从银中显出来还不是完全哲学性的。对海德格尔来说,圣杯不是带出的对象。相反,海德格尔想强调**技艺**是存在的去蔽(*Unverborgenheit des Seins*)。

为了回应关于技术之本质的哲学问题,海德格尔指出另有一个**目的**(*telos*),它与被制作的对象本身无关,而是涉及存在的去蔽。现在,技术不是达到圣杯这样的明确目的的手段,而是嵌在另一个目的中,即存在的去蔽。这个目的和康德的自然目的一样,不能客观地演证,否则存在就会被简化为实体、对象或公理,因为被去蔽的东西不是像一棵植物、一杯水这样有客观存在的东西。去蔽是希腊人所说的 *aletheia*,即"真理"。对希腊人来说,**技艺**既指"技术"也指"艺术",因为这两者都属于存在的去蔽。

在这里,我们遭遇了一个困难而根本的问题:什么是存在?如前面所说,存在(*Sein*)不同于存在者(*Seiendes*),因为后者可以被把握为对象[81](*Gegenstand*)——无论是作为属性承载者,粒子化合物,还是算法。然而,存在和存在者的区分还需进一步解释,因为存在无法像数学证明或几何演证那样被理解。海德格尔终其一生都在努力表述存在的问题,将它**去神秘化**,但在这里我们只能让希腊的存在问题保持开放,因为它的非对象性在场与其不可把握的开放性是相关的。但让它保持开放并不意味着把它变得神秘,而是意味着在语言的限度和可能性内表述它。

或许我们可以在这里提一个相当大胆的主张:海德格尔

的话语恰恰包含了对**非理性**（*Nicht-Rationale*）的**合理化**。①
这意味着，首先，存在既不是理性的，也不是不理性的，而是非
理性的。其次，合理化不一定意味着让某物在逻辑上可推导
或在数学上可计算，而是为思考开创一个新的容贯性平面
（plane of consistence）。有些作者认为，非理性能力包括情感
（斯宾诺莎）、意志（叔本华）、无意识（弗洛伊德），等等。② 但
人们也可以把一系列不可阐明的术语包含在非理性能力的范
畴下，如**逻各斯**和道等。③

　　但对海德格尔来说，非理性似乎和情感没有什么关系，尽
管情态（mood, *Stimmung*）是《存在与时间》中分析的核心。
非理性不是上帝，而是一个神（*ein Gott*），或是荷尔德林启发
下的"最后的神"（*letztes Gott*），它不是在某种天外智慧中被
发现的，而是在世界本身中呈现的。它在世界中，却又"离人
和时间六千尺远"。最后的神超出了计算，也超出了[82]按人
的本质进行概念化的目的论。正如"玫瑰的存在没有'为什
么'"，它避开了科学的因果性。因此，这种姿态从根本上说是
反人类主义（或反人类中心主义）的，它首先抵制理性的总体
化。这种对最后的神的反思也为欧洲哲学——对海德格尔来

――――――――

　　① 海德格尔，《谢林论人类自由的本质》（*Schelling's Treatise on
the Essence of Human Freedom*），Athens, OH：Ohio University Press，
1985 年，第 107 页。

　　② 见琼·斯坦博（Joan Stambaugh），《实在不是理性者》（*The Real
Is Not the Rational*），New York：SUNY Press，1986 年，第 3 章。

　　③ 我们或许应该强调一下海德格尔在《同一与差异》（*Identity
and Difference*）中就 *Ereignis* 一词所说的，这个词常被翻译为"居有事
件"。海德格尔称，这个词是不可翻译的："因为这样一个关键词和希腊
文的 *λoγos*、中文的道一样不可翻译。"见海德格尔，《同一与差异》，Johan
Stambaugh 译，New York：Harper & Row，1969 年，第 36 页。

说,欧洲哲学等同于自柏拉图以来的人类主义——之后的另一个开端创造了条件。① 将最后的神合理化,并不是说让它变得可计算或是证明它的存在,而是把存在的真理重新奠基为思维可以由此飞跃的悬崖。这一飞跃要求对非理性者进行合理化和重新奠基,以使思维与自身保持一致,以免沦为单纯的姿态。

在海德格尔关于**技艺**的讨论中,技术和艺术的过程是让非理性者**合理化**的一种方式,这不是让思维变得理性,而是变得容贯。合理化并不意味着把非理性从理性中区分、排除出来,而是在理性与非理性之间建立关联,以构建一个容贯性平面。海德格尔称之为存在的保存或真理的重新奠基。在《论技术问题》一文结尾处,他用了诸如 *fortgewähren*、*währen*、*gewähren*(皆有"持续"之意)等词来表达"本质"的含义。

存在的保存是什么意思? 保存某物意味着允许它持续。保存也是关照(taking care)的一种形式,意味着促成而不是限制它(比如仅仅把它设定为有待消耗的对象)。这种合理化过程是宇宙技术思维的核心,它认为技术的一个根本任务是刻写非理性,或者更具体地说,是统一宇宙与道德。根据海德格尔的说法,希腊人的 *dikē*(通常被翻译为英语的正义[justice])的首要意思是"关头、嵌合"(*Fug*)。这一嵌合在自然与人类、压倒一切的存在与暴力的技术的对抗中显露出来。这种合理化过程不仅限于希腊思维——事实上,在中国和印度等[83]许多其他文化中,我们也能看到使非理性者合理化的不同方式,其中暗含着不同的逻辑、认识论和知识型(感知性)。

---

① 见莱纳·舒尔曼(Reiner Schürmann),《海德格尔论存在与行动:从原则到无序》(*Heidegger on Being and Acting: From Principles to Anarchy*),Indianapolis: Indiana University Press,1987 年,第 44 页。

在海德格尔看来,现代技术的本质不再是希腊**技艺**的带出或**创制**。它的揭示方式不是带出而是**逼促**(*Herausforderung*,字面意思为挑战)。这并不是说现代技术失去了全部的去蔽能力——作为一种技术活动,它默认具有去蔽的可能性。只是它现在的揭示模式是来自逼促的。区别在于什么?现代技术依赖于基于现代科学的认识论,现代科学又依赖于作为实验和研究设备的现代技术。这种相互贯穿(mutual-informing)的共同处就是海德格尔所说的方法的胜利(*Sieg der Methode*)。① 我认为,现代性的特征是认识论和方法论的断裂,这种断裂如海德格尔所说,产生了一个完整的世界图像(*Weltbild*)。②

我们知道,在文艺复兴时期回归希腊哲学之后,科学再次变得非常依赖于几何学,正如我们在开普勒、伽利略、牛顿,当然还有笛卡尔的研究中看到的。除了这种几何化的进路,科学的发展也借助今天所说的实验科学,这是弗朗西斯·培根、罗伯特·波义耳等人提倡的。③ 这里关键的不是回归几何学,而是科学方法的重新发现。自然科学在现代的主导很大程度上是由于其方法的胜利,该方法带来了一个新的世界图像,其中所有的存在[84]都可以用一般化的方式分析,由此地

---

① 见海德格尔,《艺术的本源与思考的使命》(Der Herkunft der Kunst und die Bestimmung des Denkens),见《思的经验》(*Denkerfahrungen*),Frankfurt am Main：Klostermann,1983 年,第 135—189 页。

② 见海德格尔,《世界图像时代》(The Age of the World Picture),见《论技术问题及其他论文》,第 115—154 页。对海德格尔来说,世界图像是世界观的具体化,这种世界观的本质在于机械化和生活体验(lived experience)。另见海德格尔,《哲学贡献》,§ 14,第 33 页。

③ 海德格尔,《论技术问题及其他论文》,第 22 页："从时间顺序上说,现代物理科学始于 17 世纪,而机器动力的技术只到了 18 世纪后半叶才发展起来。"

球上的存在被看作可分解、可分析的,即被看作**普遍数理**(*mathesis universalis*)。而今天,自 17 世纪科学革命以来发展起来的方法经历了几次转变,开始采取控制论的形式。

按照控制论,每个存在者都可以被理解为按照信息的量度运作的反馈回路。比如拿一杯咖啡的动作涉及肌肉和神经系统各个部位之间的多个反馈回路。同理,也可以通过身体各个部位,或者生物体与其环境间的反馈回路来理解有机体。控制论不再依赖古老的形质说和二元论,而是提出一种新方法,一种把握存在之全体和存在本身的统一逻辑。它或许看似"有机",但从根本上说,它是科学方法对自然的胜利。在这个意义上,我们可以理解海德格尔关于现代技术的揭示方式不再是带出,而是逼促的说法:

> 然而,整个现代技术中占主导的揭示方式,并没有展开为一种**创制**意义上的带出。统领现代技术的揭示是逼促(*Herausfordern*),它对自然提出了不合理的要求(*Ansinnen*),要它提供可供榨取和存储的能量本身。[1]

现代技术活动的不合理要求在这里指什么? 它同时呈现为逼促和暴力。但正如海德格尔在他 1935 年的《形而上学导论》(*Introduction to Metaphysics*)和后来 1942 年的研讨课《荷尔德林的颂歌〈伊斯特尔河〉》(*Hölderlin's hymn 'The Ister'*)中宣称的那样:难道希腊的**技艺**本身不是一种暴力行动吗? 通过解读索福克勒斯的《安提戈涅》——这是海德格尔详细分析过的唯一

---

[1]　海德格尔,《论技术问题》,第 14 页。

一个悲剧——中的一节,海德格尔详细阐述了技艺的暴力与存在的压倒一切的对抗场面。那么这[85]两种形式的暴力有什么区别? 我们是否应该说,既然现代技术也能揭示,它的暴力的类型就与希腊技艺相同,只是实施的方式不同? 暴力在现代科技中实施的方式是否会让它不合理? 一种超出了另一方意愿与接受度的不合理的要求,不再是要求,而成了一种滥用。

海德格尔称,现代技术的本质是**集置**(*Gestell*)。*Gestell*一词来自 *stellen*,它和 *bestellen*、*nachstellen* 都有"安排""放置"和"设置"的意思。**集置**的意思是,每个存在都可以被聚集和安排在一个持存物(*Bestand*)中,即作为有待开发的资源。但希腊神庙安排石头和水力发电站安排水的区别到底是什么? 海德格尔回答说:

> 水力发电站建在莱茵河的水流中。它让莱茵河为它提供水压,带动涡轮机转动。涡轮机的转动又带动其他的机器,它们的推力产生电流提供给远程发电站和用于输送电流的电缆网络。在有关电能有序配置的环环相扣的过程的背景下,就连莱茵河本身也显得是受我们指挥的东西。水电站并不是像数百年来连接两岸的旧木桥那样,建立在莱茵河中。确切地说,现在这条河是被堵进发电厂里了。①

在帕埃斯图姆(Paestum)建希腊神庙,或者在莱茵河建木桥,并不基于把地球当作持存物的设想,因为作为工艺(artisanal)的建造活动是一个带出的过程。而水力发电站和核电

---

① 同上注,第16页。

站是让资源变得可开采、[86]可盈利的技术设备。后者以人与非人存在的关系的断裂为特征。这种断裂表现为一种生活的形式,与现代科学带来的认识论和方法论断裂是一致的。

如果我们同意海德格尔对技术概念的历史和哲学分析,就可以理解为什么去蔽在现代技术中依然能发生,却是以切尔诺贝利、福岛、新冠疫情等灾难的形式呈现的,这揭露了进步乐观主义的局限性。如果我们不想诉诸灾难性的启示作为去蔽的唯一可能性,就必须彻底改变技术以及对它的理解、使用和发明。这个探索主要是为了回答如下问题:**如何把存在的问题整合进技术中**?

我们的问题似乎与海德格尔本人的思想直接矛盾,因为如果技术能整合存在,技术就已经超越了它在西方文化中的命运,不再等同于对存在的遗忘了。或者可以说,这样的技术就不再是海德格尔描述的现代技术,也不是希腊的**技艺**。这如何可能呢?

与那些认为海德格尔找到的出路是**泰然任之**(*Gelassenheit*,经常被译为"宁静")的评论者相反的是,我尝试在海德格尔的后期作品中发现一种与我说的宇宙技术思维呼应的重新想象技术的提议。在我看来,**泰然任之**只是超越技术现实、迈向更广或(里尔克所说的)①"更高层的现实"的第一步,技术性活动正是应当被重新放到这种更高的现实中。然而在这里,我们必须小心避免陷入对技术的唯心主义批判——这种批判因为仍然依赖理论/实践、主体/客体的二元论,让思考变得不堪一击。

---

① 见里尔克(Rainer Maria Rilke),1925 年 11 月 13 日书信,《1821 至 1926 年慕佐书简》(*Briefe Aus Muzot 1921 bis 1926*),Leipzig: Insel Verlag,1937 年,引自海德格尔,《诗人何为?》(Why Poets?),见《林中路》,第 200—241:234 页。

[87]相反我们可以提出，非理性的合理化比**泰然任之**又向前迈进了一步，可以通过在技术和更广的现实之间建立容贯的关系，也就是通过挪用和改造现代技术，来让非理性（比如存在）合理化。我说的"更广的现实"是作为技术的根基、把技术置于其人类学和功利主义含义之外的东西。我们可以称它为**存在论差异的克服**，我将在本章后面详细阐述这一点。

§9　人造物之中的真理

大约在写作《论技术问题》的 15 年前，海德格尔在《艺术作品的本源》中也直接提到了希腊的**技艺**概念，在这里**技艺**指的是艺术而不是技术。我相信，海德格尔早期的艺术论文已经在努力处理现代技术的问题，但之后出于不知道什么原因，他中止了这一尝试。那么，技术史和艺术史究竟有何不同？进一步说，在现代技术时代，对艺术作品本源的重构如何能提供批判性的反思？

让我们先思考一下海德格尔的论文的标题：艺术作品的本源(*Der Ursprung des Kunstwerks*)。他在这里说的"本源(Ur-sprung)"是什么意思？海德格尔谈的是古希腊人对艺术作品的体验，希腊人的内在精神生活[88]定义了他们的地域性(*Ortschaft*)。① 但为了理解我们所谓的艺术作品的本源，

_____

① 地域性或位置(*locus*)的问题，对于阅读海德格尔来说非常关键。让我引用海德格尔 1969 年在勒托尔(Le Tor)的研讨课上的一段话："写完《存在与时间》后，我的思考中'存在的意义'的说法被'存在的真理'取代了……'存在的真理'被阐述为'存在的地域性'——真理是存在的位置特征。这又预设了对何为位置的理解，也就是'存在的拓扑学'这一说法。"莱纳·舒尔曼(Reiner Schürmann)评论说："这段（转下页注）

为什么要提出这个问题呢？换句话说，我们打算对这一本源做什么？

讨论本源就是建构一段历史，因为历史是从我们称之为本源的某一点开始按时间顺序展开的。跳跃，或者说**最初的跳跃**（*Ur-sprung*）从这里出发。但是这样一个起点从来都不是绝对的，因为对本源的每一次探索都已经带有一个前提，即在它之前可能还有另一个本源。解决这一悖论的其中一个办法是，通过强加一个绝对的点来中断该问题的线性——无论是德谟克里特原子论中的不可分者，还是亚里士多德逻辑中的第一推动。

亚里士多德的线性因果、第一推动，实际上是个缺省（default）的本源，因为一个无法证明其绝对性的本源即便不是纯虚构，也仍然是成问题的。因此，任何试图用线性时间顺序来回答本源问题的做法都注定要失败。如果是这样，我们还能怎么谈论艺术作品的本源呢？我们说过，历史暗含着本源，但本源也暗含着历史。在这里，与本源的关系是一个 *anamnesis* 的过程，意思是"回想"或"回忆"。遗忘先于**回忆**，不遗忘就没有必要回忆。因此《艺术作品的本源》这篇论文是关于对古希腊艺术作品的经验的回忆和回想的。

如果说回忆这段经历有什么必要性，那是因为我们已经忘记了它。这时，"回忆"就意味着敞开一种新的思维形式，恢复已被遗忘的东西，重获意识，因为遗忘也意味着忽视。提出

话指明了该如何阅读海德格尔"，见舒尔曼，《海德格尔论存在与行动》，第 12 页。海德格尔进一步指出了思考的三步：意义（*Sinn*），真理（*Wahrheit*），地域（*Ort*）。见海德格尔，《全集 15 研讨课》（*GA 15 Seminare*），Frankfurt am Main：Vittorio Klostennann，1986 年，第 344 页。

艺术本源的问题就是要问,在艺术展览无处不在、现代技术成为艺术创作的主要媒介的今天,我们身处何处。无论是对 20世纪 30 年代的海德格尔还是对 21 世纪 20 年代的我们来说,追问艺术作品的本源就是对这种现实情况的回应。在今天,我们依然不能完全回答艺术作品本源的问题,但是出于某些原因(我们在后文会更仔细地讨论),我们对为什么必须提出这个问题有了更好的理解。目前,我们可以进一步提出两个问题:构成艺术作品的原初体验是什么? 这种体验为什么可以[89]被理解为对实际情况——根据海德格尔的说法,我们可以称之为**集置**的时代——的一种可能的回应?

艺术作品是什么? 我们在这里面临一个相当困难的问题。海德格尔提出了三样东西供我们思考:物(*Ding*),工具(*Zeug*),和艺术作品(*Werk*)。这三者的区别是什么? 工具是一个物,艺术作品也是一个物,正如海德格尔所说:

> 作品像鲁尔区的煤、黑森林的原木一样被运输。战时,荷尔德林的赞美诗和清洁器具一起被装进士兵的背包。贝多芬的四重奏和地窖里的土豆一样放在出版商的储藏室里。[1]

文化产业把每件艺术品都视作商品,其价值由市场需求决定。从这个意义上说,一件艺术品和煤、土豆这样的"纯粹的物"没有什么不同。但作品是什么样的物呢? 它和工具有什么不同? 让制作雕塑区别于制作椅子的是什么? 在艺术品中起作

———————

[1]　海德格尔,《艺术作品的本源》,第 3 页。

用的是什么？

希腊人说的 *energeia* 经常被翻译为"现实性"，但它指的不是某物的潜能（*dunamis*）的封闭或削减，而是一种带出和实现。艺术作品承载着**去蔽**（*aletheia*）即揭露真理的可能性。艺术是一种其功能并没有在日常生活中被彻底遗忘的**技艺**，它不同于被我们称为手艺的制作椅子、修理桌子的活动。海德格尔反对亚里士多德在《尼各马可伦理学》中的范畴（比如**实践**[*praxis*]与**创制**的区分），他指出作为**技艺**的艺术不一定是制造某物，而是一种认识的方式。按照传统哲学，**创制**默认是有目的的，即它的产物，**作品**（*ergon*），因为它要求灵魂的外化。另一方面，**实践**不一定有产物，因为它更多是涉及内化，即回归灵魂的内部。**实践**的最高形式是 *phronesis*，即实践智慧或明智。但对海德格尔来说，[90]技艺不一定是关于**作品**的，而是一种认识方式。这样说来，**技艺**还可以算是**创制**吗？

在《存在与时间》中，海德格尔分析了日常的工具使用中的烦（concern）或关切（preoccupation，*Besorgen*），以及历史的"已在（*schon da*）"，但还没有从**技艺**与存在的关系出发讨论它。只有到他的思想**转向**后，我们才理解到技术的历史等同于存在的遗忘史。因此，雅克·达米尼奥（Jacques Taminiaux）称对**技艺**的解释是海德格尔在 1930 年转向的一个特点，是有道理的。但我们或许想强调一个细微差别：在《形而上学导论》中，海德格尔把**技艺**和一种认识方式联系在一起，而在《艺术作品的本源》中他把**技艺**与艺术联系在一起——即不仅是认识，也是做。艺术作品的重要之处不在于它的最终产物，而在于在作品中起作用的东西。这个在起作用的不是**作品**（*ergon*），而是**实现**（*energeia*）。这个起作用的东西呈现为世界和大地的争执(Streit)：一个事件(Ereignis)的前奏。

但为什么是世界与大地的争执，而不是天和地的争执呢？或者为什么不是中国思想中的天地与人的争执？这种"世界与大地"的关系是不是希腊或西方特有的，即一种**地域**的体验？总的来说我们可以看到，就人类在大地之上、从大地之中敞开世界来说，世界是属于**人类**的。而**人类**也属于世界，因为倘若没有这样的世界，就不会有希腊人或任何人的**此在**。世界不是突然从大地上出现的，而是从与大地的长期斗争或对抗中出现的。这也是希腊悲剧思维的条件，因为悲剧思维首先涉及一场冲突，一种对抗，没有对抗就没有进步。这不仅在索福克勒斯最伟大的戏剧之一《安提戈涅》中显而易见，也体现在海德格尔本人对这部戏剧的解读中。大地是自我封闭的，世界是从大地中显现出来的。它们不仅体现着两种力量，也体现了两种现实：一种是希腊人所说的**自然**(phusis)，另一种是**技艺**。只有当存在一种能让世界被建构起来、被构想、被世代相传的认识方式时，世界才是可能的。

[91]"世界世界化(Welt weltet)"，但这种世界化只有通过**技艺**才有可能。世界是历史性的，因为世界与大地的关系也是历史性的——也就是说二者的动态关系会随时间而变化。我们今天继承的世界不是古希腊人过往经历的那个世界，也不是我们的祖辈过往经历的世界。大地是根基，没有它世界就不可能。然而**自然**倾向于封闭自己、远离此在，正如赫拉克利特所说："自然爱隐藏。"

大地的远离也是存在的隐蔽。隐蔽的事物有待被去蔽。世界并不是大地的去蔽，而是说在大地与世界的斗争中包含着去蔽的可能性。在《形而上学导论》中，这种对抗也表现为

存在的压倒一切与人类(技术性存在)的暴力之间的冲突:

> 奇异的事物虽多,却没有一件
>
> 比人更奇异;他要在狂暴的南风下
>
> 渡过灰色的海,
>
> 在汹涌的波浪间冒险航行;
>
> 那不朽不倦的大地,最高的女神,
>
> 他要去搅扰,
>
> 用变种的马耕地,
>
> 犁头年年来回的犁土。①

根据海德格尔引用的《安提戈涅》中的这句话,人类就是 *to deinotaton*,译作"最奇异的"。按照海德格尔的用法,"**奇异 (unheimlich)**"经常和"**不在家的(unheimisch)**"、"可怕的"或"非凡的[92](Ungeheure)"混同。这三个词都指向**人类**的技术存在的怪异性。大地和世界的对抗以技术工具的发明和使用为中介。也就是说正是通过技术活动,**嵌合(dikē)**显现出来,**去蔽(aletheia)**发生。一件艺术作品设定了让大地与世界的争执上演的场景,就像梵・高画的农夫的鞋所展示的那样,海德格尔在《艺术作品的本源》一文中称其为事件的前奏:

> 器具的器具性就在于它的有用性,而有用性本身又

---

① 索福克勒斯《安提戈涅》歌队第一合唱歌(第 332—375 行),引自海德格尔,《形而上学导论》,Gregory Fried 与 Richard Polt 译,New Haven: Yale University Press,2000 年,第 156 页。中译引自《索福克勒斯悲剧五种》(罗念生全集第三卷),罗念生译。

植根于器具的一种本质性存在的完满性。我们称其为可靠性(Verlässlichkeit)。凭着这种可靠性,农妇得以进入大地的无声呼唤;凭着器具的可靠性,她才对自己的世界有了把握。世界和大地只是为了她和那些与她共享存在模式的人而存在——在器具中存在。①

在大地与世界的这场斗争中,存在的去蔽得以被体验到。这种冲突在艺术作品中(in the work)被保存下来,或者更准确地说,这个冲突是**起作用**(*at work*)的。一件艺术作品以农夫的鞋为中介,把大地与世界的**偶然**相遇变得**必然**,从而它包含着去蔽——即真理,*aletheia*——的可能性。艺术家正是能够用他或她的勾勒(outlining,*Aus-riss*)来把握裂痕(*Riß*)的人。

　　一件艺术作品,比如农鞋的绘画(现在我们从艺术史学家迈耶·夏皮罗[Meyer Schapiro]那里得知,它其实是梵·高自己的鞋子)是静态的,却保留了冲突和裂痕的动态。它给出了一个作为限度的轮廓(*Umriss*)。在这里,划定意味着限制,即有限,*peras*。正是绘画的有限性捕捉到了世界与无限的(*apeiron*)大地的冲突。艺术作品不是平息了这场冲突,而是保存(*bewähren*)了它,美(*Schönheit*)就在于此。

　　海德格尔把悲剧性崇高的形式——有限与无限、世界与大地之间的必然矛盾——一般化为[93]真理在无法解决的冲突中的条件。真理可以在一个看似不可调和的冲突的条件下,以持久的形式被揭示出来,而这种持久性也矛盾地暗含着非真理——因为冲突无法解决,也就没有结论能指明真理或

————————

　　①　海德格尔,《艺术作品的本源》,第14页。

非真理。真理有可能在艺术品的存在之**运作**中被揭示出来，却不曾以数学证明的方式被确保。海德格尔把通过保存冲突而实现存在的去蔽的可能性，看作艺术作品的根本。在《哲学贡献》(*Contributions to Philosophy*)第 252 节，题为"此在与最后的神之将来者(Dasein and the Future Ones of the Last God)"的章节中，海德格尔再次提出了世界和大地的主题：

> 世界与大地将在其斗争中，把爱和死亡提升至最高水平，并把它们融入对神的忠诚和在对存在者的真理的多方面掌握中忍受混乱的能力之中……在这场争斗的运作中，最后的神之将来者将通过争斗抵达事件，并且在最广泛的回顾中把最伟大的被造物回忆为存在之不可重复与独特性。①

冲突是为"将来者(*Zukünftigen*)"——那些从哲学终结后的其他开端出发的人——预期并达到事件的准备，也是他们借以到来的中介。当绘画被化简为对外部现实的再现，这条作为艺术的一种可能性的道路就会被封闭。海德格尔想通过把**技艺**与诗艺联系起来，重新表述**创制**的含义。当他像浪漫主义者和黑格尔那样说艺术的规定性力量是诗性的时，这一点体现得很清晰。② **技艺**与艺术的联系将矛头指向现代技术，

---

① 海德格尔，《哲学贡献》，第 316—317 页。

② 海德格尔，《全集 76 形而上学、现代科学与现代技术的出现的指导原则》(*GA 76. Leitgedanken zur Entstehung der Metaphysik*, *der neuzeitlichen Wissenschaft und der modernen Technik*)，Frankfurt am Main：Vittorio Klostermann，2009 年，第 385 页。"就艺术来说，其本质性的规定性力量是诗性的。(das Eine betrifft die Kunst. In ihr ist die wesentlich bestimmend Macht das Dichterische.)"

在海德格尔看来现代技术已不再是技艺性的,而是**集置**。

[94]在《艺术作品的本源》的附录中,海德格尔对**集置**一词做出了新的反思。**集置**(*Gestell*)经常被与**构形**(*Gestalt*,我们可以称之为"图形的")联系起来。① **集置**和**构形**都会让形式优先于质料,按照经典的形质说,形式会为惰性的物质赋予同一性或本质(*ousia*)。② **构形**和**集置**都包含"框定(framing)"的含义。如果说西方哲学已经随着现代技术抵达了终点,这是因为作为形而上学的终极现实的形式本身已经被把握到了,无论是在形质说的意义上,还是控制论意义上的递归算法。

这样的终结呼唤着另一个开始,这个开始首先要求摧毁西方存在论,为存在问题的重新敞开扫清道路。如果我们就**集置**与世界的**构形化**(*Gestaltung*)的关系来理解**集置**,那么我们可以说现代技术是一种暴力力量,它把世界从大地上连根拔起,因为图形认为自己是自足的,无需背景/根基。大地被看作、被仅仅当成一种可供开发的资源,海德格尔称之为"持存物(*Bestand*)"。世界(逼促的)与大地(回撤的)的分离,让被抛离了的大地独自遮蔽起自身,而这种存在的遮蔽导致了没有尽头的寒冬。正如海德格尔在《诗人何为?》(1946)这篇纪念里尔克之死的文章里所说的:"技术的本质

---

① 海德格尔,《艺术作品的本源》(*Der Ursprung des Kunstwerkes*),Stuttgart:Reclam,1960 年,第 64 页。"这里说的构形,总是要以作品(就它被摆置和创造来说)所是的设置与集-置来思考。(Was hier Gestalt heißt, ist stets aus jenem Stellen und Ge-stell zu denken, als welches das Werk west, insofern es sich auf- und herstellt.)"

② 在 Reclam 版本的《艺术作品的本源》,第 64 页(见上注)中,海德格尔已经在与**构形**的关联下使用**集置**一词了。

只会缓慢地浮现出来。这一天是世界之夜，它被重新安排为仅仅是技术性的白昼。这一天是最短的一天，标志着一个唯一、无终的冬天的迫近。"①图形成了它自己的背景/根基。

我们或许可以通过思考格式塔心理学中的图形—背景关系来解读这个隐喻。图形是背景的图形，背景是图形的背景，但当图形取代背景，就会造成失向以及相互性中的不平衡，因为图形变得无背景了。现代[95]技术，即集置，是一个没有背景的图形。它构成了一股巨大的力量，将文明推向一个明确的终结，一场没有启示的末日。我们现代人不再像动物那样习惯于注视敞开之地（*Offene*），正如里尔克在《杜伊诺哀歌》(Duino Elegies)"第八哀歌"开头所说的："一切生灵都睁大双眼注视敞开之地。只有我们的目光折返向内，如罗网将那片地重重包围，圈住它自由的出路。"②

图形和背景的颠倒导致了存在的遗忘，这与实现为现代技术的形而上学史是并行的（如果说它们不是一回事的话）。在"第八哀歌"的结尾，我们看到了人类文明末日般的崩溃："而我们：旁观者，每时每处观望着一切，却不望向外面。它充溢我们。我们安排它，它散落。我们再次安排而自己散落。"③海德格尔把存在的去蔽与里尔克所说的"敞开"联系起来。当人类**此在**以一种狭隘、封闭的方式看待世界，如一个主体审视一个对象，大地就回撤了。"敞开"不是科学的对象，而是"存在"的另一个名字。与"敞开"一同思考，就是要考虑到

---

① 海德格尔，《诗人何为？》，第 215 页。

② 里尔克，《杜伊诺哀歌与致俄尔甫斯的十四行诗》（*Duino Elegies and The Sonnets to Orpheus*），A. Poulin 译，Boston：Houghton Mifflin Company，1977 年，第 55 页。

③ 同上注，第 59 页。

那些拒绝封闭、拒绝对象化的东西。在这个过程中存在之真理的重建根基得以可能。这里的重建根基意味着把非理性合理化为不可计算的最后的神。

§10 思考与绘画

我们已经说过，对艺术作品本源的探索是对另一个开端的追问。但我们能从哪里找到这另一个开端呢？如果说现代技术的巨大性（*das Riesenhafte*）——指的是其形而上学力量之巨大，而不是技术设备的大小——正在把地球化简为一个可控的控制论系统，那么我们就可以理解哲学终结后思考的任务将如何克服[96]形而上学。进一步说，克服形而上学不能只是哲学的工作，因为在这般荒废的时代，当现代技术比以往更迫切地要超越其**集置**的逻辑时，哲学必须成为另一种东西。

海德格尔克服形而上学的计划也是克服现代性的计划。那么，这有可能通过艺术实现吗？黑格尔说艺术的时代已经过去了。但为了摆脱目前的僵局，我们是否应当（如某些人所做的）宣称观念艺术是后黑格尔主义的艺术，正是因为比起视觉和再现性，它更接近理念（Idea）？这似乎不够，因为即便我们在观念艺术和黑格尔的理念之间建立关联（我们将在第三章回来讨论这一点），这种做法仍然不能处理哲学的僵局以及艺术和现代技术的关系，它同时也只是把艺术宣判给了旅游业和艺术市场：

> 一旦朝超凡（*Un-geheure*）的突进被熟悉感和鉴赏能力捕捉住，艺术行业就已经开始接管作品了。即使是小心翼翼地把作品传递给后代和试图恢复作品的科学，也

不再触及作品本身,而只能触及对它的记忆。①

如今,我们在流媒体上听巴赫和贝多芬的音乐,在在线数据库观看伟大的艺术品。伟大艺术家的作品之所以易于获得,是由于数字可复制性——这是本雅明在《机械复制时代的艺术品》(The Work of Art in the Age of Mechanical Reproduction)中支持的一种激进的艺术民主化。位于观众与艺术品的相遇之中的超凡者被化简为熟悉的。巴黎卢浮宫的游客在大多数画作前停留不到三秒,这些画都只是蒙娜丽莎以外的有趣消遣。在海德格尔的《哲学贡献》中,我们读到了存在被遗弃的一系列原因:"艺术受制于文化有用性,[97]它的本质被误解;对其本质性核心的无视,对其奠基真理的方式的无视。"②

海德格尔的学生和密友,艺术史学家 H. W. 佩采特(Heinrich Wiegand Petzet)曾告诉这位哲学家,他在电视上介绍了保罗·克利的作品。海德格尔正巧在一个朋友家看了这个节目,坚持说"对于克利这样的艺术家来说,电视这一媒介对他的作品来说和死亡没什么区别"。后来佩采特坦言:"我把这件事记在心上;出于对艺术及其语言——它总会受到复制的威胁——的责任,我不再制作任何关于艺术的电视节目了。"③在如今由文化产业促成(veranlassen,按照海德格尔对

---

① 海德格尔,《艺术作品的本源》,第 42 页。

② 海德格尔,《哲学贡献》,第 56 页。"Die Kunst wird einer Kulturnutzung unterworfen und im Wesen verkannt; die Blindheit gegen ihren Wesenskern, die Art der Gründung von Wahrheit."

③ H. W. 佩采特,《与马丁·海德格尔的相遇与对话》(*Encounters and Dialogues with Martin Heidegger*),1929—1976 年,Chicago:University of Chicago Press,第 149—150 页。

这个词的用法)的艺术终结处,这些作品的最终下场只是沦为消费主义的对象。除非人们认真对待思考与政治经济学二者,不然寻求艺术转型的任务仍然非常受限。

海德格尔拒绝政治经济学,因为与马克思的哲学相反的是,他想在思考中寻求可能性。但是思考,作为哲学家的事业,岂不是已经在马克思著名的《关于费尔巴哈的提纲》(*Theses on Feuerbach*)中被抛弃了吗?海德格尔对马克思的回应是,每一次改造世界的尝试都以思考为前提,一切缺乏思考的改造都是盲目的。海德格尔是对的,尽管马克思也没有错,因为理论和实践的分离本身就是一种形质二元论,当代思想必须拒绝它。哲学家实践她或他的理论,就像一个画家活在自己的艺术实践中那样。对一个哲学家来说,理论和实践之间不可能是对立的。

那么,哲学终结后的思考如何呢?正如我们在更早的《哲学的终结与思考的任务》一文中看到的,海德格尔称:"哲学的终结意味着[98]科技世界和与之相应的社会秩序的可操作性安排的胜利。哲学的终结意味着:基于西欧思想的世界文明的开始。"①为了走出这一终结,似乎有两条路。一条路是探索非欧洲思维——海德格尔拒绝将其作为矫正方案,但他始终对禅宗和道家感兴趣。哲学的终结使这一拒绝变得必要,因为对海德格尔来说,各种试图在非欧洲思维中寻求解决的尝试,恰恰都是作为拔除根基(Entwurzelung)的失向。讽刺的是,为了跟上欧洲的现代性,非欧洲文化已经被迫经历了这一拔除根基的过程。走出终

---

① 海德格尔,《哲学的终结与思考的任务》,第59页。

结的第二条路是对其起源展开回忆,这条路把我们带到了
《艺术作品的本源》以及《艺术的起源与思考的使命》(Die
Herkunft der Kunst and Die Bestimmung des Denkens)处,
海德格尔在 1967 年的这次演讲中问道:在控制论时代,艺
术的位置在哪里?

我们已经指出,控制论是一次新的方法的胜利(*Sieg der
Methode*)。作为认识论,控制论的有机主义性质(就它基于
反馈和信息的自调节来说)使它区别于早期现代性的机械论
范式,也超越了牛顿经典力学和古代形质说。控制论作为逻
辑不再依赖于主—客体这样的二元逻辑,而是基于递归的统
一逻辑。对海德格尔来说,控制论方法的胜利也意味着技术
世界的自我封闭,恰恰因为它的未来学是基于正反馈的。海
德格尔提议回归古希腊的起源:

> 需要的是后撤一步。撤到哪里? 撤到开端,这把我
> 们引向女神雅典娜。但这种后撤不是说需要以某种方式
> 重启古希腊世界、让思想在前苏格拉底哲学家那里寻求
> 庇护。后撤的意思是:思考从世界[99]文明面前撤离,和
> 它保持距离,这绝不是否认世界文明,而是处理在西方思
> 想的开端处仍未被思考、却已被命名并因此预示了(pre-
> figured)我们的思考的东西。①

这种后撤不是回到过去,而是试图在那里寻找其他可能性,看
看西方思想中已被宣布却尚未被思考的是什么。未被思考却

---

① 海德格尔,《艺术的起源与思考的使命》,第 147 页。

已被宣布的东西仍未被人听到。已被宣布却未被思考是什么意思？这恰恰意味着回忆。已被宣布的是一些痕迹，如赫拉克利特、巴门尼德和阿那克西曼德的断片，它们是海德格尔理解古希腊哲学的主要材料来源。未被思考的也是有待解释的东西，其意义还有待在对终结的考察之下被揭露。这是诠释学的，也是递归的。它必须在绕过很长一段路之后回到自身，以跃入另一个循环。今天留给我们的问题依然是：在海德格尔试图重新定位欧洲及其未来的哲学和文化计划之后，该如何思考这些其他的开端？

　　海德格尔始终是一位欧洲思想家和本质的思想家，因此他的思考导向是明确欧洲历史性**此在**所处的地域。因此，这种导向（*Erörterung*）是明确历史性此在及其地域性（*Ortschaft*）的必要步骤。如果说海德格尔的思想中有从时间到空间的运动（如彼得·斯洛特戴克［Peter Sloterdijk］所说），这不是因为海德格尔重新发现了空间，而是因为海德格尔认为，要想不借用其他思想（这对他来说意味着拔除根基）来克服现代性，就需要回到欧洲，回到**西方**（*Abendland*），回到精神（*Geistlich*）之地。①

---

　　①　见海德格尔 1953 年对格奥尔格·特拉克尔（Georg Trakl）的评论，《诗歌中的语言：与格奥尔格·特拉克尔的诗作的对话》（Language in the Poem：A Discussion on Georg Trakl's Poetic Work），见海德格尔，《通往语言之路》（*On the Way to Language*），Peter D. Hertz 译，New York：Harper & Row，1971 年；对精神性、欧洲和技术的讨论，也可参考许煜，《为一次宇宙技术性事件：致敬唐·伊德与斯蒂格勒》（For a Cosmotechnical Event：In Honor of Don Ihde and Bernard Stiegler），见《对哲学与技术的重新想象（重新发现唐·伊德）》（*Reimagining Philosophy and Technology*），Glen Miller 与 Ashley Shew 编，New York：Springer，2020 年，第 87—102 页。

[100]如果海德格尔想回到艺术问题,回到存在的地域性,这是因为艺术中仍然有某种超凡的东西。我们或许可以把这种对超凡的思考与我们所说的宇宙技术思维联系起来,这与海德格尔回归前苏格拉底思想家、寻找隐藏在**逻各斯**之谜背后的另一个开端密切相关。根据奥托·坡格勒的说法,海德格尔想给《艺术作品的本源》写一个续篇,这主要是因为他与塞尚,尤其是与克利的相遇。对这一相遇的考察能否让我们窥见海德格尔后期的艺术思想? 这种凭借艺术发生的思考的转变,能在多大程度上有助于我们所说的对**集置的重置**?

据说海德格尔参观了他的收藏家朋友恩斯特·贝费勒(Ernst Befeler)20 世纪 50 年代末在巴塞尔组织的一场克利作品展。海德格尔被克利的两幅画迷住了:《英雄玫瑰》(*Heroische Rosen*,1938)和《发电机放射虫的过度文化》(*Überkultur von Dynamoradiolaren*,1926)。他对"英雄玫瑰在秋霜中失去光泽的近乎痛苦的悲怆",以及"克利能够让情调(*Stimmungen*)在画面中被看到"这件事印象深刻。[1] 海德格尔在塞尚和克利的作品中都看到了与技术的对抗,以及对技术的本质做出回应的尝试。[2] 按照冈瑟·塞博尔德(Günter Seubold)的说法:

　　[海德格尔]在《艺术作品的本源》一文中指出,要"历

---

　　① 约翰·萨利斯(John Sallis),《克利的哲学视角》(Klee's Philo-sophical Vision),见《保罗·克利的哲学视角:从自然到艺术》(*Paul Klee Philosophical Vision: From Nature to Art*),约翰·萨利斯编,Boston: McMullen Museum of Art,2012 年,第 20 页。
　　② 同上注,第 20—21 页。

史地思考"并关注"已经存在的作品"。未来的艺术"不再"以建立(setting up)世界和建出(setting forth)大地为任务,正如《艺术作品的本源》一文的主题所论述的,它的任务是"从嵌合的事件中产出关系"。①

[103]这种说法似乎表明,在 1936 年的《艺术作品的本源》和海德格尔从未付诸笔端的续篇之间,有一次重大的转变。也许他之后的艺术思想处理的不再是世界与大地的争执,而是着重于从它们的"嵌合的事件"或说 *Erbringen des ver-Hältnisses aus Ereignis der Fuge* 中,产生出二者的关系。但塞博尔德的这个说法到底是什么意思呢? 在海德格尔对艺术的思考中真的有重大变化吗,或者只是语词的变化? 海德格尔用**嵌合**(*Fug*)一词翻译希腊的 dikē,后者经常被译为"正义",但海德格尔建议把它翻译成"嵌合(juncture)"或"关头(joint)"。*Fuge* 是 *Fug* 的复数形式,它也是个音乐术语,所以在非德语中有歧义。但很明显海德格尔在这里想的是单数的**嵌合**(*Fug*),因为**嵌合**是他在《形而上学导论》、《阿那克西曼德断片》(*Fragments of Anaximander*)和《哲学贡献》等书中的重要概念,我们也可以在他后来的短论文《活着的兰波》(Rimbaud Vivant, 1972)中看到这一用法。海德格尔问: 什

① 冈瑟·塞博尔德,《艺术作为居有剥夺事件,海德格尔通往一种不再形而上学的艺术的道路》(*Kunst als Enteignis, Heideggers Weg zu einer nicht mehr metaphysischen Kunst*),Alfter: Denkmal Verlag,2005年,第55页,由我翻译。"Er [Heidegger] notiert, daß der Kunstwerk-Aufsatz „geschichtlich denke—die gewesen Werke," „nicht mehr" das Erstellen von Welt und das Herstellen der Erde, wie im Kunstwerkaufsatz thematisiert, sei der künftigen Kunst aufgegeben, sondern das „Erbringen des Ver-hältnisses aus Ereignis der Fuge"."

图 2

保罗·克利,《英雄玫瑰》,布面油画,68 × 52 cm, © 2021 Artists
Rights Society (ARS),纽约,照片来源:Kunstsammlung Nordrhein-
Westfalen/ HIP/Art Resource,纽约

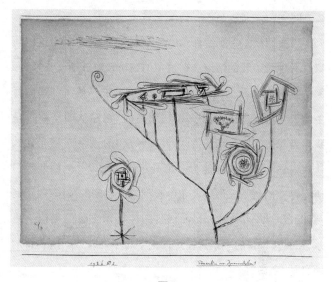

图 3

保罗·克利,《发电机放射虫的过度文化》,1926 年,墨水笔纸本裱于卡纸,23×30.5 cm。© 2021 Artists Rights Society (ARS),纽约。照片来源: bpk Bildagentur/Kunstsammlung Nordrhein-Westfalen/Art Resource,纽约

么是节奏？他回答说，是**关系**（*Ver-hältnis*）。① 另一方面，在我们讨论保罗·克利的语境下，它也可以指音乐意义上的"赋格"，因为克利也曾是个专业音乐家，人们可以在克利的作品中看出音乐构造，甚至是对位法绘画。② 我们也许可以先记下这个问题：如果确实有一个嵌合/关头，它会是在什么和什么之间呢？

当海德格尔看到塞尚画的圣维克多山，他感到与这位画家有一种兄弟般的情谊。据说在他到访普罗旺斯艾克斯（海德格尔奇怪地称这里是他的第二故乡）时，③他去到塞尚写生的视角看这座山，并说[104]塞尚的"道路从始至终也是我作为思想家以自己的方式回应（呼应）的道路"。④ 是什么让塞尚——德勒兹称他为一个画苹果的画家——如此吸引研究存在的哲学家海德格尔？看到塞尚后来的画作《园丁瓦利耶》（*Le Jardinier Vallier*）后，海德格尔在献给勒内·夏尔（René Char）的一系列简短评论中写了一首诗。这首诗的题目是"塞尚"：

----

① 对 *Ver-hältnis* 一词的分析见许煜，《节奏与技术——论海德格尔对兰波的评论》（Rhythm and Technics：On Heidegger's Commentary on Rimbaud），《现象学研究》（*Research in Phenomenology* 47. 1），2017 年，第 60—84 页。

② 见斯蒂芬妮·姆罗奇科夫斯基（Stéphane Mroczkowski），《保罗·克利（画家的时间）与蒙德里安，苏拉热，奇利达，斯特拉》（*Paul Klee*［*Temps du peintre*］*avec Mondrian*，*Soulages*，*Chillida*，*Stella*），Paris：L'Harmattan，2002 年；另见皮埃尔·布列兹（Pierre Boulez），《沃土，保罗·克利》（*Le pays fertile. Paul Klee*），Paris：Gallimard，1989 年。

③ 按照弗朗索瓦·菲迪（François Fédier）的说法；见朱利安·扬，《海德格尔的艺术哲学》（*Heidegger's Philosophy of Art*），Cambridge，UK：Cambridge University Press，2001 年，第 150 页。

④ 扬，《海德格尔的艺术哲学》，第 150—151 页，括号为原文。

图 4

《园丁瓦利耶》(1906),保罗·塞尚,布面油画,65.4 × 54.9 cm,
赠自 C. Frank Stoop,1933 年,照片来源© Tate

那沉思的宁静，迫切的静止——

老园丁瓦利耶的

身形，探向雷罗威小道的

不显眼处。

画家的晚期作品中，

呈现（present）与在场（presence）的双重性合二

为一，同时被"实现"和克服，转变

为神秘充盈的同一。

这里揭示的道路是否

通向诗与思的共属？①

当然，这里的"雷罗威小道"（*Chemin des Lauves*）呼应了海德格尔
20 世纪 40 年代末写的颇为优美的《田间路》（Der Feldweg）。"田
间路"是一条穿越历史、抵达其所属的**地方**（*Ort*）的路。它是实实
在在的，农民经过它走进田地，孩子们在这里摘下草丛边缘的第一
朵报春花。它也是来自**地方**的讯息——现代人不再把地方看作
一个场所，而仅仅看作全球中的一个点。它是现代人拒绝聆听的
讯息，这些人听数字信号就像聆听上帝的声音。②《雷罗威小道》
和《田间路》的相似之处在于，它们都向塞尚试图描绘的深度延伸。
深度是［107］这一讯息被传达给观者的地点。海德格尔的诗指出

———————

① 引自杨，同上注，第 152 页。

② 海德格尔，《田间路》（The Field Path），Berit Mexia 译，《中国哲
学期刊》（*Journal of Chinese Philosophy*），13，第 4 期，1986 年，第 455—
458、456—457 页。

了塞尚绘画中的一种有节奏的运动:*Anwesenden* 和 *Anwesenheit*,"呈现"和"在场"。在这里我们也可以联系起克利的 *Vorbildliche*(模型)与 *Urbildliche*(原形),或者"可见"和"不可见"。

海德格尔把这首诗作为圣诞节礼物给朋友传阅,这个版本里又加了一句话,这或许能揭示海德格尔克服现代性的计划与塞尚绘画的亲密关系:

> 塞尚所说的"实现(la réalisation)",是呈现者(*des Anwesenden*)在在场(des Anwesens)的开显(clearing)之中的显像——这样,这二者的二性(*Zwiefalt*)在他绘画的纯粹闪耀的一性(*Einfalt*)中被克服了。对思考来说,这涉及到克服存在与存在者的存在论差异的问题。①

我们在上面看到的呈现与在场这一对明确了一个区别,它首先意味着有两种存在模式。一种是持续的生成,另一种和形式相关。为了调和这个对立,塞尚将它们整合为一。如果把呈现与在场的区别翻译成海德格尔自己的哲学词汇,就是存在和存在者的存在论区别。如果我们认真对待圣诞礼物中的这句话,那么绘画就和思考一样,承担着克服这种存在论差异的任务。塞尚的绘画试图通过让非客观给定的东西呈现出来,以克服具象性。如果说这种"实现"是塞尚的任务,我们就能明白为什么海德格尔把他的《田间路》与塞尚的《雷罗威小道》联系起来。这种联系既是智识的也是个人的。

---

① 引自杨,《海德格尔的艺术哲学》,n24。"这是 1975 年在几位朋友之间私下传阅的礼物。"

如果如梅洛·庞蒂（Maurice Merleau-Ponty）在他的著名论文《塞尚的怀疑》（Le doute de Cézanne）中所写的，塞尚直到去世都认为他没有掌握描绘自然的技巧，我们可以看到这种[108]怀疑产生于超越具象性的抱负。但为了超越具象性，人们首先需要一场灾难（正如德勒兹所说）来清除（débarrasser）前图像（pre-pictorial），也就是陈词滥调和传统构图规则，或者是在绘画开始前就已被投射到画布上的对事物的天真理解。我们可以看到，每一位伟大的画家都有摧毁陈词滥调的意图，但使他们各异的是他们对图像的力量的诠释。在被认作现代艺术鼻祖的马奈身上，我们看到了一种平面化（flatness）的意图。在塞尚那里，我们注意到一种走向图像的深度的意图。① 我们岂不可以说，这正是作为对时代的回应的现代艺术的共同任务——它反对那种被机械化和工业化放大了的、在生活各个领域中都显而易见的破坏性的合理性？

正如我们从塞博尔德和佩采特那里看到的，海德格尔并不是欣赏包豪斯学派的所有作品。事实上，他认为现代艺术——无论是超现实主义的、抽象的还是客观的——从根本上说仍然是形而上学的，因为它仍然渴望把握存在。② 包豪斯的绘画本质上说是形而上学的，因为它们仍未能"克服存在论差异"。它们试图克服工业化，但仍然在替代性形式中挣扎而未能超越形

---

① 这不是说塞尚忽视了几何，相反，塞尚认为几何知识对绘画来说是不可或缺的。

② 在塞博尔德的《艺术与居有事件》（Kunst und Enteignis）中，我们读到关于无对象性（Gegenstandlos）的讨论；见坡格勒，《图像与技术》，第 149—150 页。在佩采特的《与马丁·海德格尔的相遇与对话》中，又有关于对象性（gegenständlich）的讨论，见坡格勒，第 146 页，这里海德格尔多半是在讨论客观艺术。

式本身。这些绘画仍然是局限于几何思维模式的机器，因此不仅不能克服形而上学，反而间接加强了形而上学的统治。

相反，古希腊的悲剧思想家已经是非形而上学的了，或是前形而上学的，因为他们尚未让思想屈从于形式的至高原则。我们生活在后形而上学时代，而不是前苏格拉底的非形而上学时代。因此，后形而上学思考不能等同于前苏格拉底思想家们的思考，他们只能[109]为我们寻找另一个开端提供启发。塞尚在画布上寻找非形而上学，他具体地体现了非形而上学思考的可能性。对海德格尔来说，塞尚就是这种可能性的一个开端，正如他在《遗作》(*Nachlass*)中所说："由塞尚准备好、并从克利开始的：带出[*Hervorbringen*]。"①

塞尚究竟准备了什么，克利又延续了什么？我们知道，从1870年的《沟渠与圣维克多山》(*La Tranchée*)开始，塞尚就试图在工业化的背景下调和人与自然。在这幅画中，房子与山互相观望，被一道有待愈合并让两方和解的裂口分开。塞尚在艾克斯度过了最后的时光，那段时间他画了 30 幅油画和 45 幅圣维克多山的水彩画，这一尝试把画家和这个地区、他对地质学的兴趣（通过地质学家安托尼-万福尔·马里昂[Antoine-Fortuné Marion]），以及他愿意活在自然中并让自然通过他的画作活在他之中的抱负紧密联系在一起。如果我们把这一尝试看作朝着非形而上学艺术的努力，那么克利便开启和延续了这个任务。在这里，海德格尔又回到了希腊的作为**带出**的**技艺**概念。

这种退回希腊的做法是否违背了海德格尔自己在 1935

---

① 海德格尔，《关于克利的笔记》(Notizen zu Klee / Notes on Klee)，《今日哲学》(*Philosophy Today*)61，第一期，2017 年冬，第 16 页。"Was sich in Cézanne vorbereitet und in Klee beginnt：Hervorbringen!"

图5

保罗·塞尚，《沟渠与圣维克多山》（ *La tranch e avec la montagne Sainte Victoire* ），1870年，布面油画，42.0 cm × 25.6 cm。图片来源：akg images / Andr Held

年指出的他想要避免的观点？"是否需要复兴希腊哲学？完全不需要。复兴，即便是这样一个不可能的复兴，也帮不到我们。"①或者，海德格尔在这里提的**带出**的意思，是否和希腊的"原初"含义有所不同？这是否并非一种前工业化和前物理学的思维模式，在大规模工业化和漫长的寒冬来临前，我们是否需要对它做出新的解读？在海德格尔的著作中这并不明确，我们必须进一步加以追问。目前我们应当先问：海德格尔在从塞尚到克利的连续性中感到很有启发的究竟是什么？是调和技术与自然的对立的努力吗？如果自然[110]在现代已不再是古希腊意义上的**自然**（*phusis*），那么这种和解就不能像在古希腊那样运作，那样做将永远无法达到容贯性平面。

现代自然同时被理解为可开发的资源，与庞大的有机体。尽管人把某种有机结构或能动性赋予了自然，人在放弃了对自然的机械理解之后，却又转而试图用有机的方式去理解和控制自然。早在 20 世纪 30 年代，在所谓的《黑色笔记本》中海德格尔就写道："或许人们还需要相当长的时间才能认识到，'有机体'和'有机的'就体现为现代性对于生长的领域——即'自然'——的机械—技术性'胜利'。"②海德格尔寻求的并不是一种组织自然与技术的有机方式，因为尽管这种方式呈现出的是一种不像 17 世纪机械论那么明显的**集置**形式，却依然是技术性的。在这里，海德格尔寻找的是一种**重新奠基**（*re-grounding*），一种新的对存在的合理化。

---

① 海德格尔，《艺术作品的本源》，第 28 页。

② 海德格尔，《GA94 思索 XII—X：黑色笔记本 1939—1941 年》（GA94 *Ponderings XII—X：Black Notebooks* 1939—1941），Richard Rojcewicz 译，Indianapolis：Indiana University Press，2017 年，第 143 页。

克利和塞尚都不是存在的思想家。但尽管伟大的思想家和艺术家使用不同的语言,却关注同样的问题。那么,海德格尔在克利那里认出的与"存在"相对应的是什么? 我们或许可以思考一下佩采特引述海德格尔对克利的看法的暗示:

> 还不清楚克利本人对他的作品的解释("宇宙的[cosmic]",等等)能否体现他创作中发生的全部。另外,整个斑点派(Tachism)——它源于一种(无意识的)误解——或许就是这种错误的自我解读的结果,这种误读发生在形而上学与即将到来之物的一个最危险的接触点上。①

约翰·萨利斯提出,海德格尔并不确定"克利的理论建构是否与他的艺术作品的原创性一致"。换句话说,克利的理论和实践之间也许存在差异。唉,没有什么比这更具[111]侮辱性了! 海德格尔的犹豫不决必须通过"宇宙的,等等"这些晦涩难懂的词语来理解。但是"宇宙的"是指克利对于作为塑形(forming)过程的绘画的坚持,而不是对形式的描绘。这种"塑形"并不是对形成过程的阐述,而是一种远超出形象本身的创生(genesis)过程,因为它还包括"走出自身"。②

---

① 佩采特,《与马丁·海德格尔的相遇与对话》,第 148—149 页。

② 保罗·克利,《论现代艺术》(On Modern Art),见《保罗·克利的哲学视角》,第 9—14:12 页。"在这种情况下,一种新的立场(posture)产生了,其姿态(gestures)极为生动,让立场从自身中走了出来。为什么不呢? 我已经承认了一个对象的概念的正当性就在于图像,这样我们就有了一个新的维度。现在,我已经分别指出了形式要素,以及在它们各自的语境下的形式要素。我也试图澄清了它们如何从已经确立的立场中走出来。我试图表明,它们是成群地走上前来的,它们起初是受限的,后来又在艺术建构中被扩展,变得更协同一些。"

§11　艺术与宇宙

为什么宇宙（cosmos）对海德格尔和克利来说都是个重要问题？海德格尔怀疑克利的艺术中的宇宙可能缺乏一贯性。但是为什么这种缺乏对他来说会是个问题呢？在这里，我们必须从海德格尔那里做一个"跳跃"，进入我所说的"宇宙技术"思维的讨论。①

在我看来，海德格尔回到**带出**、回到前苏格拉底时代，似乎是试图带着对希腊宇宙论的重新解读来理解技术和艺术的问题。我们把海德格尔的存在与克利的"宇宙"联系在一起，不仅是因为对存在的理解取决于希腊人居住的世界，也就是**宇宙**（kosmos）——宇宙至少意味着两样东西，"秩序"和"世界"——更是因为对克利来说，"宇宙"不能被化约进任何客观科学，宇宙是他的创造的出发点。宇宙生命充实着道德生命。中国人[112]和印度人体验他们的宇宙生命的方式或许是不同的，正如他们各异的神话和习俗所体现的，他们也可能不会按希腊人的方式进行合理化。《哲学贡献》（Beiträge）一书虽然没有用到"宇宙"一词，但我们也可以把它理解为对存在的不可计算性进行合理化的一次尝试。这一尝试展现为六种运动：共振、交互、跳跃、奠基、将来者，以及最后的神。这一合理化是由**对存在的拒绝**和**被存在遗弃**的认识（或共振）所引发

---

① 我并不打算主张海德格尔是个宇宙技术思想家，因为《论中国的技术问题》已经做出了相反的断言。我至多可以说，晚期海德格尔的思考呼应了我的提倡，因此我们或许可以和海德格尔一道思考，以便充分阐发这一课题。换句话说，我们会从海德格尔那里绕道经过。

的,同时也是对非客观、不可计算、不可阐明且非理性的存在的寻找。① 同时,这也是在哲学———一个漫长的历史进程,存在问题在这个过程中被遗忘了———终结后寻找另一个开端。

困难在于,对宇宙的解读如何才足以对抗现代技术巨大的形而上学力量。回归任何古老的宇宙概念,首先都会造成现代与传统的对立。这种对立要么来自基于自我与他者的直观的免疫行为,要么来自线性的否定。如果这个不同于西方形而上学的另一开端(我们试图通过艺术来思考),只是拒绝对存在的拒绝,那它便只是一种传统且脆弱的技术批判。传统与现代的对立可以通过第三者来解决,也就是悲剧思维。

为了让这种解决有效,存在和存在者不能被看作两个独立的领域,就像宇宙和自然不能再被当作与技术简单对立的东西。这种对立是为运动所做的必要准备。因此,有待重新发明的不是特定的某种更生态、更高效的技术,而是一种从整体性和多样性的角度思考技术的新方式。事后回顾,人们也许可以猜测克利的艺术创作能为这种思考的可能性提供一种新角度,[113]尽管正如海德格尔指出的,我们不清楚克利的轨迹有多一贯。那么,这个由塞尚做了准备又始于克利的开始是什么? 我们是否应当认为克利像塞尚一样,试图寻找事物尚不可见的深度? 在《创造性信条》(*Creative Credo*)中,克利称可见者只是"取自宇宙的一个孤例":

---

① 海德格尔,《诗人何为》,第 204 页。海德格尔通过把存在问题和敞开者(the Open)等同起来,哀叹道:"这就是存在的历史进程。如果我们真正开始这一进程,它将把思与诗一同带入关于存在的历史的对话。文学史研究者难免会把这场对话看作对他们心目中的事实的不够学术的冒犯。"

　　从前的艺术家描绘地上可以被看到的事物，描绘人们希望看到的、希望确实已经看到的东西。而现在，可见者的相对性变得显然了，一种信念表明，可见者只是取自宇宙的一个孤例，还有更多看不见的真理。事物似乎扩充了，成倍增加了，经常显得与以往的理性经验相矛盾。人们努力为偶然之物赋予具体的形式。①

正如克利所说，他的绘画主题是未被看见且偶然的东西。克利想让不可见者变得可见。为此，他必须发明一套新的绘画视觉语言，以便能仔细描绘不被看见的东西。如果人们在看克利的画的时候试图认出某样特定的物体，便无法理解他的语言。这种视觉语言描绘的是一种创生（genesis），而非一个固定的物体或图像。在克利的笔记本《思考的眼睛》的第一页，我们立刻就看到了一种宇宙创生和个体创生的新语言，它从一个灰点开始。灰点是宇宙的开端，也是他绘画的主题。它不是蓝点或者红点，不是黑点或白点，因为它介于存在与虚无之间。它不仅是一个点，而是一个蛋，在它里面我们可以看到两股相互作用的力量驱动着形式的产生，或者更准确地说，驱动着形态创生（morphogenesis）。在这里我们必须强调，克利感兴趣的不是形式和形象，而是形成过程，因此他称他的构形理论为"形成的学说（*Formungslehre*）"[114]而不是"形式的学说（*Formlehre*）"。这种形成始于一个灰点，灰点承载黑与白这两种对立的运动和力量：

----

　　① 保罗·克利，《笔记本第一册，思考的眼睛》（*Notebooks*, vol. 1, *The Thinking Eye*），Jürg Spiller 编，London：Lund Humphries，1961 年，第 78—79 页。

这个"非概念"的图像符号是点,但又不是真正的点(数学的点)。哪都不在的某物(nowhere-existent something)或在某处的无物(somewhere-existent nothing)是从对立而来的自由的非概念的概念。如果我们用可感的方式(就像是画一张关于混沌的资产表)来表达它,就有了灰的概念,位于产生和消逝之间的决定性的点:灰点。点是灰色的,因为它既不是白色也不是黑色,或者因为它同时是白色和黑色……它是灰色的,因为它既不向上也不向下,或者因为它既向上又向下。它是灰色的,因为它不冷也不热;它是灰色的,因为它是一个没有维度的点,一个介于维度之间的点。①

克利的灰点既非线也非面,而是一个能让宇宙创生由此开始的最小的平面。它是一个"从对立而来的自由的非概念的概念"——由于没有对立就没有自由,没有非概念就没有概念,这样的创生只能通过对立来发生。笔记的下一页克利又补充道:"当一个点被赋予核心的重要性,这是宇宙创生的时刻。这一事件对应着各种各样的开始(比如繁殖)的观念,或者更准确地说,对应着蛋的概念。"克利指出,一旦这一个点被确立,灰点就"跳跃至另一个秩序的领域中"。

一个汉学家也许会问:这不是阴和阳吗?人们或许乐意说克利受到了东方思想的影响,但这种呼应一定是内在于克利自己对力的想象和解释中的,因为对立只是起点。力的发展以及它们的关系还要被解释。我们需要提出一个更根本的

———————————

① 同上注,第3页。

问题：[115]为什么克利**必定**要从宇宙创生开始？他为什么不从自己那个时代的宇宙创生理论(热力学)出发？这种宇宙创生在多大程度上是**必然**的而不是任意的呢？

必然性的问题——**必须如此吗**(*Muss es sein*)？——是一个挑战，这也许是一个艺术家最难回答的问题，因为他或她常常被偶然事件缠扰；然而这个问题极为重要。我们也可以对那些试图克服具象绘画的克利的同代人提出同样的问题，比如他在包豪斯的同事康定斯基。根据现象学家米歇尔·亨利(Michel Henry)的说法，康定斯基把形象(figural)与图像(pictorial)对立起来。抽象绘画试图通过重组绘画的要素，点、线、面和颜色，来**揭示图像性**。每个画家都必须用点、线和平面作画，然而抽象绘画的图像组织也必须把那些尚未显露出形象的要素的使用合理化。比如在康定斯基那里，我们看到颜色不再揭露客观意义上的形式。相反，颜色从空间中解放出来，成为节奏性乃至音乐性的。在绘画中超越形象表现的画家必须说明他或她自己的形式理论为何是**必要的**。①

与艺术相比，科学是始于必然性的。作为科学的主题的自然法则要想被称为法则，就必须是必然的。科学假设宣称某种必然性的存在，然后进一步证实它。艺术则致力于另一种不同性质的必然性。艺术中的必然性不是对理性者的阐释(即演绎或归纳)，而是一种合理化过程，此过程并不一定需要

①　康定斯基用可以说是内在必然性的说法为他的创作实践辩护；见米歇尔·亨利，《观看不可见者：论康定斯基》(*Seeing the Invisible：On Kandinsky*)，Scott Davidson 译，London：Continuum，2009 年，第 8 页。"图像性活动不再试图再现世界及其对象，这时矛盾的是，它就不再是可见者的绘画了。那么，它能画什么呢？它画不可见者，或者用康定斯基的话说，画'内在'。"

公理基础。艺术不能完全建立在科学的基础上。和哲学一样，艺术与科学保持着密切的关系，但它不是也不应该是科学的示意图。相反，艺术必须试图改造[116]科学，先让科学的必然成为偶然，再让这偶然再次成为必然。艺术的这种功能让科学回到了一个更高的领域，对诺瓦利斯和尼采来说，这个领域就是生命。在这里，我们也许可以回顾一下尼采在1872年版的《悲剧的诞生》中的一段话：

> 然而在十六年后，我不想彻底掩藏它现在在我看来多么令人不快，多么陌生——在更年老，更挑剔百倍却绝没有更加冷酷的眼睛面前，在对这本大胆的书曾初次尝试的冒险任务一如既往地做好了充分准备的眼睛面前；这项任务就是：用艺术家的眼睛看科学，而用生命的眼睛看艺术。①

尼采让科学回归到一个名为艺术或艺术创作的更广的现实中，又进一步让艺术回归到另一个名为生活的更广的现实中。这里的生命指的不是生物学，而是像海德格尔所说，"在存在的基础上，以一种优越的理解方式对生物学做一种经过转变的解释"。② 这个提议和已有的生物艺术（bioart）实践——比如用机器学习算法分析某人的DNA来绘画——关系不大。抵制科学理性主义意味着转变它，而不只是服务于它。这意

---

① 引自海德格尔，《尼采 卷1，作为艺术的权力意志》（*Nietzsche, vol. 1, The Will to Power as Art*），San Francisco：Harper，1991年，第218页。

② 同上注，见第219页。

味着要让科学变得对自己陌生,让它必须回归自身以获得新的终极性。

我们在里尔克的诗歌中看到了同样的主题,特别是他在1925年11月13日的《慕佐书简》(Briefe aus Muzot)中所说的:"哀歌中的天使是这样一种造物,可见之物通过它变得不可见,我们正努力实现的这一转变在它那里已经完成……哀歌中的天使是这样一种存在,它肯定了对不可见者之中的更高层现实的认识。"①不可见者就是我们之前讲非理性时提到过的[117]更广的现实,或更高层的现实。我们在克利和康定斯基那里也能看到虽方向相反却类似的行动,如米歇尔·亨利所说,他们都试图让不可见的生命变得可见:

　　艺术不仅是对我们的存在之不可见且本质性的现实的理论证明:它不是把存在给定为一个可看作对象的东西,而是使用它:艺术是对存在的锻炼和发展。我们将它的确定性体验为一种必须如此的东西,很像一个人体验爱那样。这种确定性与我们的生命绝对地等同。②

生命与艺术不分离,尽管生物意义上的生命(始于30多亿年前)在有艺术之前(最早的史前绘画是从大约45000年前开始的)就存在。艺术是生命的表达,生命是艺术的表达。康定斯基的抽象绘画把生命与艺术等同起来,试图使生命成为艺术的内容,生命内在的必然性从他的绘画中得到了证明。但这

① 引自海德格尔,《诗人何为?》,第234页。
② 亨利,《观看不可见者》,第20页

种只是直观地存在的内在必然性是什么呢？亨利表明，康定斯基的观点是从他对宇宙的理解出发的：

> 一切"死物"都在颤动。每样东西都向我展示它的面孔，它最内在的存在，它秘密的灵魂，它更倾向于沉默而不是言说——不仅是诗人歌唱的星星、月亮、树林和花朵，就连躺在烟灰缸里的一个雪茄烟蒂、一个耐心的白色裤扣也从街上的水坑里抬头看着你；一片顺从的树皮被蚂蚁强壮的颚衔着穿过茂密的草丛，来到某个不确定的命定终点；日历的一页，被某只有意识地伸出的手从日历簿中剩余页面的温暖陪伴中用力撕扯下来。同样，每个静止的和运动的点（线）对我也都变得有生命，向我展现它的灵魂。①

[118]如果我们回顾康定斯基的"科隆讲座"（Cologne Lecture），艺术和宇宙的这种关系就变得更明显了，他在讲座中说："艺术作品的诞生具有宇宙性特征。"②换句话说，康定斯基想画出另一种宇宙，以抵抗 19 世纪遗留下来的伽利略主义自然。③ 这也是克利的主旨——克利不想从精确科学出发，而想从直观出发。直观的概念在这里还是很难理解，因为非哲学意义上的直观就等同于未经检验的知觉——幻觉、神秘主义、不理性，有时甚至只是杂音——也是黑格尔的精神为了走向绝对而必须克服的偶然。但是如果我们胶着于这种概念对

---

① 引自亨利，《观看不可见者》，第 133—134 页，出自康定斯基，《回忆》（Reminiscences），第 361 页。

② 引自亨利，《观看不可见者》，第 136 页。

③ 同上注，第 137 页。

立,我们就仍然陷于二元论中。

在《笔记本》中,克利的方法把精确的研究(即以数学为基础的科学)和直观结合在一起。或者换句话说,通过把精确研究刻写进直观中,就能感知到一种创生或生成。追求精确本身并不能呈现创生,因为精确在本质上是几何的,它只是生命和存在的一个维度。几何形式可以给我们静态或动态(递归)的**构形**(Gestalt),这却不一定是创生;但如果没有几何学知识,也就不可能理解创生。精确和不精确在艺术生活中得到了和解,正如席勒通过游戏驱力(艺术)调和了形式驱力(理性)和物质驱力(感性)。克利预见到,把不精确加入精确会遭来辱骂:"辱骂会像冰雹一样落下:浪漫主义! 宇宙主义! 神秘主义! 最后我们得请来一个哲学家,一个魔术师!"克利指出了现代科学中固有的对立,也就是直观和精确的对立。如果研究的精确性必然会遮蔽了直观,克利会优先考虑直观。

只有凭借这种直观,艺术家才能超越形象,因为艺术家不是"一台改良的相机",而是如克利在《研究自然的方法》(Ways to Study Nature,1923)中所说:"他更复杂、[119]更丰富、更广。他是大地上的造物,也是整体中的生物,换句话说,是群星中的一颗星球上的造物。"克利在这篇文章中展现世界和大地的示意图时,他的用词和海德格尔类似,但又有不同的意义和动力关系。按照克利的概括,视觉会沿着两个不同过程绕过两极,一个是非光学的宇宙共同体(cosmic community),另一个是非光学的大地根源(earthly rooting):

　　有一种非光学的密切物理接触的方式,它固着于大地,从下面抵达艺术家的眼睛,还有一种通过宇宙纽带、从上面降下的非光学接触。必须强调的是,我们在这里讨论的过程是由认真的研究经验概括和简化而来的。①

艺术家要想参与到与未知共同创造的过程中,他或她必须通过超越光学的观看方式,来超越形而上学——一种试图把握存在者本身以及作为整体的存在者的企图。这一过程重新发明了一种不受几何化限制,而是去感知生命之力的不断流动的"观看"方式。以这种方式呈现的对象不再是被相机凝固或捕捉到的对象,因为它首先涉及一种变形(deformation)——能让实在从感官中释放出来,并把感官肯定为实在。

我们可以把克利关于直观的讨论与柏格森的说法联系起来,在柏格森那里,直观通过把几何整合进绵延中,来消解几何。在这里,直观挑战并化解了理智的严苛性——或者更准确地说,它逆转了理智几何化的趋势——从而把它从形式中解放出来。对柏格森来说,直观既不神秘也不模糊,而是正如德勒兹正确指出的,它是一种精确的哲学方法。②

[120]这种化解会制造一个开口。它主要涉及问题化、怀疑、矛盾、和解、跳跃与克服。通过让感官暂停,克利让宇宙穿透他,通过他重新构建时间和空间。绘画比音乐更有韵律,因为它增加了视觉成分。它比任何对自然的模仿都更有视觉性,因为它整合了运动。③ 对海德格尔来说,塞尚和克利的绘

---

① 保罗·克利,《研究自然的方法》,《思考的眼睛》,第 66—67 页。

② 吉尔·德勒兹,《柏格森主义》(*Bergsonism*),Hugh Tomlinson 与 Barbara Habberiam 译,New York: Zone Bookss,1991 年,第 13 页。

③ 克利,《思考的眼睛》,第 85 页。"当自然节奏的各部分体现出一种超越了节奏性的特征,当平面重叠时,那么从比喻的意义上说,它们就成为真正的个体。"

画具有这种超越再现,也超越扭曲的再现形式(如立体主义)的力量,能够创造一个动摇作为再现的世界的开口。柏格森也同样问道:"如果直观是像本能一样的东西,我们的直观和科学之间怎么会有不和谐呢,我们的科学又怎么会让我们放弃直观呢?"①

> 直观和理智(*intelligence*)并不相互对立,除非直观拒绝通过接触被科学地研究的事实而变得更精确,除非智力不是限制在科学本身(也就是局限于能从事实中推断出,或能靠推理证明的东西),而是与这种无意识的、不一贯的、徒劳地称自己是科学的形而上学结合在一起。②

直观不仅不反对理智或理性,相反,它们应当是互补的。应当从更广的意义上理解"直观"一词,因为它不意味着缺乏绝对依据的简单臆测。相反,我们应该像理解背景和图形、艺术和科学一样理解直观和理智的关系。

再回到我们对技术的讨论,西蒙东(Gilbert Simondon)为了理解技术性的创生,追随了柏格森关于发展所谓[121]"哲学直观"的提议,这与技术决定论构成了巨大的张力。西蒙东把哲学直观与概念(concept)和观念(idea)并列起来:概念代表先天、先验和演绎的,观念代表后天、经验和归纳的。而直观既不是演绎也不是归纳,既非先验也非经验,而是感知创生

① 亨利·柏格森,《心灵—能量:讲座与论文》(*Mind-Energy: Lectures and Essays*),H. Wildon Carr 译,London: Greenwood,1920年,第34页。

② 同上注,第34—35页。

的可能性。西蒙东坚持认为,只通过对技术物的具体化(比如它们如何变得"有机")的分析,以及人与技术物的关系来理解技术还不够。相反,我们应当理解技术性(technicity)的生成,以及它在生成过程中与宗教、审美、哲学等其他思维形式的关系。[①] 为了把技术定位为生成,需要一种"哲学直观",这种直观不依赖观念或概念,而是一种以背景和图形的相互作用为特征的,用以重建过程的新方法。克利的画体现了这一点。但是我们还没有完全回答自己提出的问题:这种进路有何必然性?

§12   关于未知者的认识论

艺术作品可以言说。它对它的人民(people)言说,对一个认同于该作品唤起的感知性的共同体言说。这种感知性不一定是属于某个特定民族(nation)的,却往往被联结在一起,因为民族国家的**集置**(本雅明意义上的)为政治的美学化奠定了基础。作为基础或背景的直观会受到它自身的视角、特定文化和审美教育的局限。在日本文化中长大并会说日语的人可能与在德国文化中长大的人有不同的直观,因为每种文化都培养着不同的[122]感知性。感知性是直观的,而直观经常被假想为普遍的逻各斯中心主义和语音中心主义忽视和破坏。一个社群,就其社会关系不能被彻底描画和简化为计量公制而言,是基于感知性而非可计算性的。比如友谊就是不

_____

① 在《递归与偶然》中,我对《论技术物的存在模式》第三部分作了解读,讨论了哲学直观的问题如何能补充对技术具体化的分析,以及我们能在什么程度上把这种技术性分析理解为超越控制论的努力。

可计算的。

　　然而,不能把感知性同先天范畴混淆。感知性源于生活的"内在必然性",它必须被培养和唤起。感知性不能还原为可感者,也不等于可感者的总和。当一件艺术作品能产生作为对话(dialogue,由 *dia*[穿过]和 *logos*[逻各斯]构成)的认同,它便能唤起并调节感知性。认同不意味着 A＝A 或者 A＝B。相反,它把某人置于作品中,又把作品置于公共生活中。有时它是挑衅性的,以便打破刻板印象或者僵死的感知性,就像达达主义者和超现实主义者所做的那样。

　　对海德格尔来说,一件艺术品如希腊悲剧,展示了世界和大地的争执试图透过张力乃至矛盾表达自己。希腊悲剧的观众认同于故事的情节,认同于他们自己的共同体中的悲剧。就其公共性来说,世界总是个别的,如雅克·达米尼奥(Jacques Taminiaux)所说,它"从来不是任何人、每个人的世界,不是普遍人类的世界"。达米尼奥引用了海德格尔的观点,即世界是"一个民族的世界,是被分配给这个民族的任务"。①世界不是普遍的,因为它属于一个共享一种感知性的民族,这种感知性使世界和大地的争执得以被感知。人们或许在中国艺术中找不到相同的动态关系,因为中国艺术有不同的真理观念和获得它的方式。梵·高的绘画尽管受到多种源头的影响,却是对一个民族(它不是由国界或种族,而是由一种与语言和习俗紧密相关的可感性规定的)言说的。

———————

　　①　雅克·达米尼奥,《诗学,思辨,判断:从康德到现象学的艺术之影》(*Poetics, Speculation, and Judgment: The Shadow of the Work of Art from Kant to Phenomenology*),New York:SUNY Press,1993 年,第 167 页。

一件艺术品对一个民族言说意味着什么？如果一件艺术品真的有话可说，它想说的[123]是什么呢？艺术作品讲述真理。这个真理是无法被客观证明的。在 18、19 世纪的西方艺术中，这个真理被称为"美"，而在达达主义和超现实主义之后的一百年间，它被称为"崇高"。如果一个真理可以像几何学一样被演证，它就是个先天真理，因为它在一切情况下都为真。我们可以称它为理性真理，就像 1＋1＝2 或者直角三角形两边的平方和等于斜边的平方那样。有些真理不能被演证，但也无法被判断为不真。对一个虔信者来说，上帝是真理，但上帝的存在不能被成功演证。对一个画家来说，美是存在的，但不能被简化为一幅画中描绘的对象。

我们把这种东西称为非理性，必须把它和无理性及理性区分开来。无理性与理性对立，它可以被演证为错的，但非理性超出了可以演证的范围。在诗歌中，非理性可以通过非常规乃至矛盾的语言使用表现出来。文字游戏敞开了可供未知(*Unbekannte*)显现的新空间。诗人是呼唤未知到来的人。艺术作为一种宇宙技术是建立在非理性认识论基础上的，海德格尔有时称非理性为未知、不可计算者或最后的神。因此非理性是非二元的，它既不等同于理性也不等同于无理性。它是超越了现象的真理的第三项。

认识论是知识的科学，但非理性者(如莱布尼茨的**我不知道的什么** [*je ne sais quoi*])就其自身来说是不可被认识的。与现代科学不同的是，非理性真理既不能用几何演证也不能用数字或概率来表示。鲍姆嘉通(Alexander Baumgarten)试图把**我不知道的什么**整合进理性主义哲学的尝试和我们的做法有所呼应，但又不一样。那么，未知者的认识论如何可能呢？认识论需要一个根基，但在非理性中没有可以由之出发的绝对确定性。唯一的起点只能是假设有这样一个根基存在，这样的根基绝非自明，且拒绝被揭露出来。

[124]这种根基在多大程度上不是偶然和任意的？这个问题本身就已经假定了一种逻辑必然性。科学从可演证的根基出发，而艺术始于无根基的根基，并捍卫其开放性和不可测量性。当代科学也不得不处理许多未知因素，如暗物质、暗能量、生命的神秘起源等，但这些都还是以数学为基础的。数学的一贯性是科学中是否为真的标准，但对哲学和艺术来说这种一贯性既不是起点，也不是终点。按照康德对哲学的重新奠基，美和道德不能像数学概念一样被演证。美只能被消极地定义为"无目的的合目的性""无关利害的愉悦"。

如果我们说艺术基于一种非理性的认识论，这是因为艺术希望超越现象界，认识属于形式世界的终极现实，自柏拉图以来这被称为形而上学。这种权力意志（使人想起尼采的"作为艺术的权力意志"）赋予艺术一种作为超越了单纯模仿的创造性力量的含义。对尼采来说，狂喜（或醉，*Rausch*）是艺术的基本要素，因为狂喜首先指向一种超越。艺术家总是在他自己之外，处于一种持久的**绽出**（*ekstasis*）状态，处在与既不神秘也非神话，而是具体有效的非理性的关系中。这意味着一种通过感官达到超感性的认识方式——尼采式的反柏拉图主义。正如尼采本人说的：

> 对于我自己，以及所有被允许不带清教徒式良心的焦虑而生活的人来说，我希望有一种更大的精神化和感官的增强。是的，我们应该感激感官的微妙、充实和力

量;应该以我们所拥有的最棒的精神来回报它们。①

[125]通过艺术作品可以实现的**感官增强**,不一定是以虚拟或增强现实的形式(这种形式往往从量化领域出发,很少能脱离量化领域),而是要么在崇高的艺术中提升主体以理解超凡之物,要么通过让主体消融进一个既非存在也非虚无的位置中。观众只能回应以一声惊叹!正是通过艺术,非理性才能变得可感,并与观众的体验相一致。非理性只能以特定的方式和节奏被揭示给它的人民,因此古希腊和中国古代的审美体验在根本上是不同的,尽管它们或许都指向某种被称为非理性的东西。

塞尚和克利都在后形而上学世界中试图为非理性者寻找一个位置,我们能理解正是出于这个原因海德格尔对这两人着迷吗?在形而上学世界中,上帝已经离开了一切存在者。本体神学已被完成并表现为虚无主义——给生命赋予意义的至高价值,如上帝,最后也会变得无价值。在后形而上学的世界中,超验者沉入黑夜。上帝在夜曲中淡去,宗教的规范力量成了现代国家的一种治理手段。对上帝的替代物的寻找转向原始艺术、毒品、意识形态式的英雄崇拜,以及宗教和民族主义的复兴。但是据说即使在上帝已死的时代,未知也仍然存在。尽管浪漫主义对理性化的抵抗体现了现代性的内部对抗性,但在今天,只是回归自然似乎不能有效对抗现代技术的巨大力量。

考虑到人类有限的知识以及对其他非人存在者的感知

---

① 引自海德格尔,《尼采 1》,第一卷,第 219 页。

性，我们还需要反思在我们的时代，如何能让未知去神秘化、去人格化的同时还始终有效。思考必须认识到，后形而上学世界不再把想象力限制在任何定义明确、表达清晰的超验者上——如柏拉图的理型和基督教的上帝——但它也不会让想象力回归原始的狂野。相反，它利用并[126]通过技术建立起一种新的合理化。新的合理化并不局限于技术逻辑（techno-logos）或"西方理性"，而是通过把技术重新置于更广的现实中，来为技术重新奠基。

寻找失去的精神的尝试，仍然是对技术世界的一种反动，是针对技术对存在问题的无知与遗忘的补救。试图弥补工具理性的冷酷与残忍，只会以一种（黑格尔意义上的）苦恼意识告终，因为每当它相信自己找到了一种反作用力，总是已经太晚了。由于它的存在依赖于他者，就像在黑格尔的主奴辩证法中，一旦他者变化并带来反客为主的威胁，它就失去了根基。一种解决方案不仅需要调整位置，还需要彻底的**重新配置**。海德格尔或许也清楚地看到了，如果存在的问题独立于技术，他的哲学就将成为一种失败的主奴辩证法的牺牲品，因而成为苦恼意识。

一种可能的回应是，往技术中重新引入存在问题，也往存在中重新引入技术问题，这意味着存在与技术是不可分离，就像在《艺术作品的本源》中那样。海德格尔在《艺术作品的本源》和《论技术问题》中都强调了两者的关系，因为存在的遮蔽属于**技艺**的任务与可能性。尽管现代技术呈现出与希腊**技艺**的断裂，但它仍然有去蔽的可能性，尽管它的去蔽模式不是带出（*Hervorbringen*）而是逼促（*Herausforderung*）。无论逼促一词多么负面，它都不仅仅是一种封闭。对于现代人来说它甚至是一种可能性。然而，这种去蔽模式本质上是灾难性的，它有造成大规模破坏的风险，比如福岛核电站的熔毁以及最近的新冠疫情。

正因如此，我建议把海德格尔对宇宙论和对塞尚、克利的兴趣，解读为对一种"回归"**带出**（*Hervorbringen*）的技术未来的反思。非理性体现在塞尚对认识自然究竟是什么的怀疑中，体现在克利避开形而上学的努力中。控制论之后的现代技术还能有**带出**的功能吗？这并不意味着[127]回到希腊**技艺**或者拒绝用数字技术创造艺术，而是思考一种不仅是**逼促**的去蔽模式。如果非理性已经内嵌在机器的认识论和运作中（就像在塞尚和克利的绘画中那样），这就是可能的。

海德格尔把克利和塞尚与希腊人所谓的**创制**、**带出**联系起来的做法，回到了一种以名为存在（*Sein*）的非理性为核心的宇宙论。这种作为一个哲学基本问题提出的后撤，依然未被思考，因此对海德格尔来说，"思考从世界文明面前撤离，和它保持距离，远离世界文明，绝不是否认它，而是要处理在西方思想的开端处仍未被思考的事情"。① 在《何为思考》一书中，海德格尔分析了巴门尼德的哲学诗断片 VI，他表示："把 *ἐὸν ἔμμεναι*（存在者存在）译成拉丁语或德语其实是没有必要的。最后还是有必要把这些词译回希腊语。"②对海德格尔来说，为了思考技术问题，欧洲人必须变得比希腊人更希腊，必须克服进步与倒退的对立，并构想一种文化改革（在这个意义

---

① 海德格尔，《艺术的起源与思考的使命》，第 147 页。

② 引自马克·弗罗芒-默里斯（Marc Froment-Meurice），《这就是说：海德格尔诗学》（*That Is to Say：Heidegger's Poetics*），Stanford：Stanford University Press，1998 年，第 23 页。

上海德格尔继承了尼采),或者用海德格尔自己的话说,需要一种作为换位和跳跃的翻译(*Übersetzen*)。①

[128]只能通过从根本上重新解读艺术和技术的问题,另一个开端才能被思考。② 海德格尔想通过绕道古希腊哲学并重新解读它,来寻找隐藏在未被思考者中的出口。然而在今天我们不得不问,就艺术作品的起源来说,什么能构建起非欧洲式的思维呢? 绕道古希腊对非欧洲人来说是否足够充分、有效? 或许不是,因为古希腊只是众多文明中的一个,如海德格尔所写,哲学的终结意味着"基于西欧思考的世界文明的开始"——他也十分清楚这一点。哲学的终结是对思考的多样化的迫切呼唤,我在本书后半部分将称之为碎片化。碎片化并不意味着像博物学家对动物身体和植物进行分类那样,对思维进行分类。相反,碎片化是朝向**思考的重新构成**的必要步骤。

① 海德格尔,《何为思考》,Fred D. Wieck 与 J. Glenn Gray 译,New York: Harper & Row,1968 年,第 232 页。"如果我们能把自己置换到说出这些话的人的位置上,这种翻译就有可能实现。而这种换位只有通过跳跃才能实现。"翻译和换位都出自同一个德语词 *Übersetzung*。海德格尔分别强调了 *setzen*(设置)和 *über*(超出);德语原文为:"Dieses Über*setzen* ist nur moglich als *Über*setzen zu dem, was aus diesen Worten spricht. Dieses Übersetzen gelingt nur in einem Sprung."见海德格尔,《全集 8 何为思考?》(*GA 8 Was Heißt Denken*?),Frankfurt am Main: Vittorio Klostermann,2002 年,第 236 页。
② 因此我提出宇宙技术概念,作为对海德格尔 1953 年的论文《论技术问题》的批判与回应;这是为了表明,如果我们今天想要超越海德格尔对艺术和技术的解读,就必须发展出一种对技术的新解读——我愈发感到海德格尔也意识到了这一任务。

第二章 山与水

§13 可见与不可见:现象学笔记

[131]一件艺术品若配得上被称为伟大,它就要么通过精湛的技巧,要么通过否定来实现独特性。前者以连续性为特征,后者以断裂为特征。大师的画展现了几十年的修养和从前人那里传承下来的知识,再由个人的诠释和习得的技巧加以调整。这种高水平的技术理解是不会被一个业余爱好者轻易超越的。另一方面,不连续性则要求概念和范式上的突破,不仅是技巧上的突破,也是感知性上的突破。

在现代艺术中,艺术家通过让作品"拆解"自身来实现这种要求。拆解诚然也需要技术和技巧,但这是什么意思? 拆解意味着否定自己作为一件艺术品,也否定使它被定义为艺术品的条件。这是格林伯格(Clement Greenberg)对现代主义的定义,在他看来现代主义始于马奈,阿瑟·丹托则称,它终于安迪·沃霍尔。格林伯格写道,现代主义的本质"在我看来就在于用一门学科典型的方法来批评这门学科本身,不是为了颠覆它,而是为了在它的能力范围内更稳地加固它"。[1]

换句话说,现代主义的特点在于反身性,它通常采取自我批判的形式。它的语言必定是同义反复的。通过一个否定的迂回、一个逻辑矛盾,它强化了它否定的东西。这种姿态从根本上说是悲剧性的,因为它最初的否定或拒绝其实是为肯定做准备。[2] 马塞尔·杜尚的《泉》(1917)就是[132]最好的例子之一。[3] 它作为一件艺术品拆解了自身;它是一件艺术品,只是因为它不是艺术。《泉》拆解了自身及其社会文化条件,以便提出一种新的艺术作品的概念。它的自我否定是对艺术作品的传统、仪式和制度的破坏。这种逻辑不仅限于现代艺术或先锋派。

如果我们假设艺术对象是美的,那么我们必须承认,美不曾在客观意义上**作为它本身**(*as such*)呈现出来。美不是我们

---

① 格林伯格,《现代主义绘画》(Modernist Painting),见《克莱门特·格林伯格:论文和批判集,第四册,现代主义与复仇:1957—1969》(*Clement Greenberg: The Collected Essays and Criticism*, *vol.* 4, *Modernism with a Vengeance*: 1957—1969),John O'Brian 编,Chicago: University of Chicago Press,1993 年,第 85 页。

② 或许人们可以说,这种要求在观念艺术家那里更加明显,比如极简主义雕塑家唐纳德·贾德(Donald Judd)说:"雕塑所具有的一切我的作品都不具有。"或如理查德·塞拉(Richard Serra)所说:"我不做艺术。我从事一种活动;如果有人想叫它艺术,那是他的事情,但这不是我决定的。这都是事后定下来的。"

③ 对于杜尚相比于马奈和塞尚在定义现代艺术上的作用,约瑟夫·科苏斯(Joseph Kosuth)有一个很有意思的说法:"艺术作为一个问题的功能最早是由马塞尔·杜尚提出来的。事实上,在我们看来为艺术赋予身份的人正是杜尚。在从马奈和塞尚开始直到立体派的脉络中,人们的确能看到一种朝艺术的自我认同发展的趋向,但他们的作品和杜尚相比依然是胆小和含糊的。"见约瑟夫·科苏斯,《哲学后的艺术及之后:文集,1966—1990》(*Art After Philosophy and After*: *Collected Writings*, 1966—1990),Cambridge, MA: MIT Press,1993 年,第 18 页。

面前的一杯水或一个苹果这样的对象，相反，它作为观念的存在等同于它作为对象的不存在。缺席不同于根本不存在，它的意思是不会**作为它本身**存在——比如像我们面前的一杯水一样存在。

康德在《判断力批判》(1790)中试图定义美，他称美是必然和普遍的，但除此之外康德没有给出肯定的定义，而是给出两个否定的条件：无关利害的愉悦和无目的的合目的性。一种无关利害的愉悦包含着一种持续否定，直到没有东西能再被否定的地步，剩下的是未被定义的东西。无目的的合目的性也是这样，因为美的这种合目的性是我们无法客观认识的。从人类的角度来看，锤子是用来钉钉子的，勺子是用来盛食物的，而美却超越了一切与主体利害相关的功利解释。如果一个植物学家说一种植物是美的，只有当这个植物超越了他作为植物学家的利害时，才真的美。

对康德来说，自然是最伟大的艺术家，但如果我们问自然的合目的性是什么，不断运作着的反思性判断只能给出一个模糊的回答："就好像(als ob)。"我们可以反思美是什么、自然的目的是什么，但永远无法准确捕捉它，只是当成"就好像"。阐述[133]美的困难也同样适用于物自身、上帝、自由这些概念。因此，美的概念和自由概念一样，只能是一个否定性的概念。

在第一章中，我们勾勒了海德格尔之后对绘画的现象学解释，按这种说法，画笔描绘的形式试图让不在场的东西变得可见。在这个语境下，不可见者不再是基督教的神性，而是属于非理性的范畴——就像"敞开"和"存在"那样。不可见者是不在场的，不在场与在场相对，但不是非存在。相反，不可见的东西是存在的，但不能被把握为在场，正因为它不是形象的，不是对自然的模仿或镜像。

不可见者不是图形。在格式塔心理学中，背景不可见却无所不在。背景也使图形变得可见，而艺术试图让背景变得可感。克利在他的笔记《思考的眼睛》中题为"创造性信条"的章节中写道，"艺术不是再生产可见者，而是使事物变得可见"。[1] 艺术使不可见者变得可见。与克利不同的是，我们或许更倾向于用**可感**而不是**可见**的说法。可见性仅限于观看，它仍然认为视觉证明是优先的。在柏拉图主义的**理型**的支配下，只要还有一个形式世界在物理世界背后，可见性就总是形而上学的。但可感不同于可见。可见者会参与进可感者之中，但远非可感者的全部。

我们需要逃脱这种**观看的局限**，以把绘画理解为矛盾的视觉对象。画家希望我们"看到"画布上不可见的东西，这不只是隐藏的符号或典故。我们可以说画家画不可见者。但不可见者怎么被画下呢？或者我们可以通过以下例子来绕道思考。尽管当我看着爱人的眼睛时我感到了爱，但我并不**看见作为它本身的**爱。我们回忆一下新柏拉图主义者普罗提诺在《九章集》(*Enneads*)中所说的：只有当我们从可感的形式[134]转向无形式的东西时，爱才会出现。[2] 矛盾的是，普罗

---

[1]　保罗·克利，《笔记本》，第一册，《思考的眼睛》(*Notebooks*，vol. 1.，*The Thinking Eye*)，Jürg Spiller 编，London：Lund Humphries，1961年，第76页。

[2]　普罗提诺，《九章集》，Lloyd P. Gerson，Cambridge，UK：Cambridge University Press，2018年，VI. 7. 33。"爱人所处的状态可以证明这一点。如果这种情感存在于某个(只有)感性印象的人当中，就不会有爱。当某人自己在自己中、在他不可分的灵魂中，产生一种来自感性印象的非感性印象时，爱就增长。"也引自皮埃尔·阿多(Pierre Hadot)，《普罗提诺或注视的简单》(*Plotin ou la simplicité du regard*)，Paris：Gallimard，1977年，第75页。

提诺不是在爱者，而是在内在自我当中发现了这种体验，因为爱渴望的是善，善"通过给予恩典而产生爱，通过唤醒爱而使恩典显现"。[1] 普罗提诺作为柏拉图的追随者，把**理型**当作解释的基础。但作为一个基督徒，他又反对诺斯替主义，他不寻求远离大地的**理型**，而是通过回归内在自我来找到它。

我们也许想超越这种柏拉图主义和基督教的框架，因为它提出的只是沉思爱的许多方式之一。爱不是写下、说出或看到的东西，尽管它有可能变得可感，因而是可体验的。这种体验产生于主体间和客体间的关系，并使之结晶。主体间是指，我确信我感受到了来自他者的爱，**就好像**我在我的每个意图中都被要求考虑他者；客体间则是因为，我的凝视受到了环境，以及我们周围不断影响着我们的赋能（affordances）的对象的调节和引导——这一点市场营销理解得很透彻。

爱的感受揭示了一个更广的现实，我们可以在这里找到意义和忍受痛苦的勇气。正如梅洛·庞蒂关于知觉—感觉的说法：只有当背景存在，图形化才可能发生。红色不仅作为抽象和同质的东西存在，因为有不同的红色，每一种都是与分布在其环境中的其他红色并置着被感知并存储在我们记忆中的；因此感知既是主体间也是客体间的。绘画中的真理向来不在形象中，而是在形象与背景的相互作用中。[2] 背景[135]总倾向于从图形中撤回，因此真理是不可阐明的，因为它是从二者的关系中产生出来的。

---

① 阿多，《普罗提诺或注视的简单》，第 78 页。

② 西蒙东又进一步讨论了这种格式塔知觉，他把技术性思维的演进和其他思维放在一起分析，称之为技术性的创生；见西蒙东，《论技术对象的存在模式》，Minneapolis：Univocal，2017 年，第三部分，第一章。

尽管真理不能阐明，它却可以通过绘画**被体验**。绘画是达到目的的手段，而目的是在画布之外的。在海德格尔和梅洛-庞蒂那里，我们看到现象学的悬搁（*epochē*）并不是来自我思，而是来自世界，以工具（*Zeugsein*）或艺术作品的形式起作用。**悬搁**是个现象学术语，它指把我们对世界的天真的观点搁置起来，倾向于开启新的观看方式，回到事物本身——这正是现象学的口号。我们在各种对艺术的现象学讨论中——无论是梅洛-庞蒂对塞尚和克利的研究，米歇尔·亨利对康定斯基的研究，还是萨特对贾科梅蒂（Giacometti）的研究——都注意到这种试图搁置并让不可见者变得可感的尝试。所有这些进路都把我们带回科学、技术、艺术和生命的纠葛中。

康定斯基对形式的**外在必然性**的悬搁，使他能自由地使用点、线、面和色，以便根据一种可与生命等同的**内在必然性**来重新布置画布。贾科梅蒂的悬搁则体现在观者与雕塑之间不可分的距离。正如萨特告诉我们的，"通过在一开始就接受相对性"，贾科梅蒂"找到了绝对"。[①] 贾科梅蒂被空间的无限可分性困扰，这种无限可分性将绝对（Absolute）体现为古典雕塑实践中对细节的完美描绘。观者和雕塑之间的距离就是**悬搁**，它搁置了这种对作为完美形式的本质的直观理解，使人得以通过距离来趋近绝对。塞尚的绘画也达到了一种**悬搁**效果，因为它搁置了对被视为理所当然的事物的感知。塞尚想画出隐藏在传统几何视角之外的自然。

塞尚想在自己的身体里活出自然，通过画下受自然影响

---

① 萨特，《追寻绝对》（The Quest for the Absolute），见《战争的余波》（*The Aftermaths of War*），《情境 III》（*Situation III*），London：Seagull，2008 年，第 335 页。

的感觉来让自然通过他变得可见。[136]在这个意义上，身体对塞尚来说扮演的作用比对贾科梅蒂来说更加重要。塞尚在30幅油画和45幅水彩画中试图捕捉的圣维克多山，向我们展现了一种具体化的风景，它不是逼近摄影和几何效果，而是敞开了对人与风景的关系的探索："风景在我之中思考它自己，我是它的意识（Le paysage se pense en moi, et je suis sa conscience）。"① 与希望在色彩的流动中捕捉变换时刻的印象派画家不同，塞尚希望在变化中保存永恒，保存那个始终作为欲望对象（因为它的存在无法被彻底把捉）的无时间的自然。② 在某种程度上这或许也解释了为什么塞尚的画总是未完成的。

如前所述，塞尚在1870年画完《沟渠与圣维克多山》后，始终试图调和在工业化的背景下人与自然的关系。如果工业化的目的是把握可见之物以剥削它——用海德格尔的话说，就是把它当作"持存物（*Bestand*）"——塞尚则是想揭露尚不可见的、总是回避在场的东西。观看就是揭露被视觉本身遮蔽的深度。绘画是一种避开以科学和历史的方式建构的视觉的观看方式。绘画是对**存在**（*Sein*）的参与，画家呼唤存在，让观众得以接近它，或者说让存在在敞开中被揭露。我们可以借梅洛-庞蒂所谓的"深度"或"无限制地参与一个存在"来理解这一点：

---

① 引自梅洛-庞蒂，《塞尚的怀疑》（Cézanne's Doubt），见《梅洛-庞蒂美学读本：哲学与绘画》（*The Merleau-Ponty Aesthetics Reader：Philosophy and Painting*），Michael B. Smith 译，Evanston：Northwestern University Press，1993年，第67页。

② 哈乔·杜汀汀（Hajo Düchting），《保罗·塞尚 1839—1906：自然进入艺术》（*Paul Cézanne 1839—1906：Nature Into Art*），Cologne：Taschen，1994年，第110页。

图 6

保罗·塞尚,《圣维克多山》,约 1902—06 年。布面油画,57.24 × 97.2 cm。大都会美术馆,纽约

图 7

保罗·塞尚，《圣维克多山和阿尔克河谷的高架桥》(*Mont Sainte-Victoire and the Viaduct of the Arc River Valley*)，1882—85 年。布面油画，65.4 × 81.6 cm。大都会美术馆，纽约

事物重叠或者隐藏这一点,并不包含在它们的定义里,这只是我与其中一个事物(即我的身体)的不可理解的一致性的体现……我知道此时位于其他地方的另一个人,或者说无处不在的上帝,能够看穿事物的[138]"藏身之处",看到它们敞开着摆在那里。要么我所说的深度什么也不是,要么它是我对一个存在的无限制的参与,首先是对超越一切(特殊)视角的空间的参与。①

梅洛-庞蒂提醒我们,"一切绘画理论都是一种形而上学",他把塞尚的绘画理论与笛卡尔基于触觉的物质性的视觉理论加以对照。触觉对笛卡尔的机械论哲学很重要,这种机械论局限于从一个部分到另一个部分、从原因到结果的物理接触的线性因果,就像钟表的运行:一个齿轮带动下一个齿轮的运动,最终让整个集合体运动起来。如果一个齿轮坏了,整个机制就停止了。然而,世界并不是齿轮和滑轮组成的机械集合体,而是一个受制于形态创生和变异的关系矩阵,总是超出一切形式化。② 机械世界是线性的——它的现实与它在心灵中的再现必须是映射的关系,以避免思维与现实彼此矛盾。尽管桌子的边缘在现实和在再现中都是直的,塞尚的绘画却用由深度引起的变形打破了这种同构性。正如他在写给埃米尔·伯纳德(Émile Bernard)的一封信中所说:"对我们来说,自然存在于比表面更深的地方……太空中看到的一切物体都

---

①　梅洛-庞蒂,《眼睛与心灵》(Eye and Mind),Carleton Dallery 译,见《知觉的优先性》(*The Primacy of Perception*),James M. Edie 编,Evanston:Northwestern University Press,1964 年,第 173 页。

②　见海德格尔,《存在与时间》,John Macquarrie 和 Edward Robinson 译,Oxford:Blackwell,2001 年,§17—§18。

是凸的。"①或者,正如梅洛-庞蒂所观察到的:

> 他的古斯塔夫·格夫罗伊(Gustave Geffroy)画像中的工
> 作桌以违背透视法的样子延伸到画面的底部。塞尚在放弃轮
> 廓的同时,也让自己置身于感觉的混乱之中,这会扰乱[139]物
> 体并不断地造成幻觉,比如,如果没有我们的判断不断纠正那
> 些显像,当我们移动头部就会产生物体本身在移动的幻觉。②

梅洛-庞蒂在塞尚那里发现了一种被对科学再现的天真信念
掩盖的深度的探索。塞尚没有为了深度而牺牲秩序和稳固,
而是有技巧地扭曲细节,让深度自行显现。我们知道,无论我
们的视角如何,桌子的边缘都是直的,但我们的经验却是由我
们与世界的动态关系而非抽象规则决定的,这些抽象规则在
特定数量级、特定时刻有效,但不能在一切数量级、一切时刻
都得到确保。一杯水可以按其分子构成被分析,也可以作为
液体饮料被享用,这种享用在不同的情况下也都有所不同。
包括科学主义在内的基要主义(fundamentalism)倾向于从某
个数量级看待事物,并假设这个角度就是终极现实,却没有意
识到经验的多样性以及特定数量级获得意义的条件。换句话
说,塞尚重新发明了一个被体验的视角,它不是几何和摄影的
视角。③ 从这个角度来看的物体被赋予了生命,而这不是通

---

① 保罗·塞尚,《给埃米尔·伯纳德的信,1904 年 4 月 15 日》
(Letter to Emile Bernard [15 April 1904]),见《对话塞尚》,Michael Do-
ran 编,Berkeley:University of California Press,2001 年,第 29 页。

② 梅洛-庞蒂,《塞尚的怀疑》,第 63 页。

③ 同上注。

过泛灵论(animism),而是通过唯灵论(spiritualism)实现的。正如伯纳德在1904年写的:"保罗·塞尚是伟大画家之中的神秘主义者。他的艺术传达的信息是:他并不是按事物所是来看待它们,而是就它们与绘画的关系来看待它们,也就是说,把它们看作其美的具体表现。"①

我们或许可以得出结论说,对(20世纪主要的欧陆哲学家所写的)现代艺术的现象学研究有一个共同的意图,即阐明图形与背景、存在者与存在的关系。尽管塞尚、克利和康定斯基没有读过海德格尔,对不可见者或敞开者[140]进行追问、阐明的意图却是艺术与现象学共有的。我们可以把他们的工作看作对于在猖獗的现代化和工业化的拔除根基与毁灭之后,对另一个开端的探索。

§14　首论山水:逻辑

只有等到20世纪,西方艺术及其现象学解释才摸索到存在论的差异并且思量如何克服它,但这种寻找根基的努力从一开始就存在于中国风景画中。瑞士籍华裔画家赵无极曾说:"是塞尚教会了我如何观看中国的自然。"②但究竟是塞尚教会了他如何看待中国的自然,还是说塞尚在他身上唤起了一种观看的感觉——这位画家从早期接受的中国风景画教育

——————

①　引自杜汐汀,《保罗·塞尚》,第216页。

②　"赵无极说,毕加索教我画得像毕加索,而塞尚教会了我如何观看中国的自然。我曾经崇敬莫迪利亚尼(Modigliani)、雷诺阿(Renoir)和马蒂斯。但是塞尚帮助我找到了我自己,找到了作为一个中国画家的我自己。"见 https://hongkong. consulfrance. org/EXHIBITION-OF-ZAO-WOU-KI-A-CHINESE。

中获得了这种感觉,但在他 1974 年移居法国后,这种感觉就休眠了? 赵无极从保罗·克利绘画中看到的难道不是中国绘画的象征主义吗(这曾让他确信克利的象征世界受到了中国绘画的影响)? 塞尚对背景或深度的追求(梅洛-庞蒂从现象学角度对它进行了理论化)与中国风景画的追求究竟有何不同? 我们在画家荆浩(约 870—930)的理论著作《笔法记》中不是也看到了类似的说法吗——他借一个不为人知的大师之口表示,必须超出外表,才能表现事物的现实?

　　与其把梅洛-庞蒂的绘画理论一般化(尽管这在一开始也许是不可避免的),在这里我们希望敞开多样的艺术体验的问题,以便提出[141]思考的任务。在本章接下来的部分里我的重点将是中国风景画,更准确地说是山水画。在导论中我提出了一个很强的观点,即希腊悲剧和山水画体现了欧洲与中国的两种不同的主要美学(及哲学)思维模式,并阐明了我们所说的"悲剧"逻辑究竟是什么。在这一章里,我们将试图探索山水画的逻辑,即道家逻辑。

　　山水画体现了中国艺术中最精微的美学思想。与其重复许多理论家和艺术史学家已经说过的话,我想建议把山水理解为一种宇宙技术,它把人和技术世界重新安置在一个更广的宇宙现实中,让宇宙秩序和道德秩序能通过技术活动(在这里是绘画)获得统一。但是这种统一指的是什么? 它不仅意味着两种东西像两个苹果一样并列放在一起,而是说它们构成一种相互关系。我们需要根据我所说的对立的连续性和对立的统一,把这种相互性当作递归逻辑做进一步的探索。对这个话题的思考在很大程度上得益于魏晋时期(220—420)了不起的哲学家王弼的思想,他年仅 24 岁就去世了。

魏晋时期也是佛教在中国开始兴盛的时期,这时的知识分子试图通过道家来吸收佛教。与此同时,学者们也试图调和道家和儒家,这让魏晋成为一个基于一种名为"玄"的特有逻辑的大综合时期。山水画也是在这个时期出现的,因此有必要考虑一下山水画与这一逻辑的关系。① 为此,就需要对欧洲和中国美学思想的差异进行哲学解释。[142]尽管这听起来也许很奇异,但若是没有这种区分,我们便有可能陷入把各种模型混淆进一个仿佛具有普遍性的模型里去的风险——就像尼采把康德称为柯尼斯堡伟大的中国人那样。②

§14.1　象和形的概念

我们可以从法国汉学家弗朗索瓦·于连那里出发,过去几十年间,尤其是在他的几部关于美学差异的著作中,他探讨了中国与欧洲思想的间距(écart)。他在《不可能的裸体》(2000)中提出了一个颇为奇怪但十分有趣的问题:为什么中国古代没有我们在古代印欧文化中看到的裸体画? 于连表明,裸体与柏拉图主义的形式密切相关:裸体"趋于理想,并充当理念的'图像'(eikon)"。③ 裸体不仅赤裸,也代表了身体美

---

① 按照历史学家和哲学家汤用彤的观点,魏晋早期以肖像画为主,人的形象被画得和自然存在(比如鹤、悬崖)一样大;后来,画家注意到与其通过让肖像和自然存在类似的方式间接表达自然,更有效的办法是直接画山水。见汤用彤,《汤用彤全集·第四卷》,河北:河北人民出版社,2000年,第292—293页。

② 见尼采,《敌基督,瞧! 这个人,偶像的黄昏,以及其他作品》(*The Anti-Christ, Ecce Homo, Twilight of the Idols: And Other Writings*),Cambridge, UK: Cambridge University Press,2005年,§11。

③ 弗朗索瓦·于连,《不可能的裸体:中国艺术与西方美学》(*The Impossible Nude: Chinese Art and Western Aesthetics*),Chicago: University of Chicago Press,2007年,第7页。

的"原型(archetype)",是真正的形式(*eidos*)。① 裸体将自己
置于与存在的对抗中,"赢得它的投降,剥夺它的神秘"。② 在
《大象无形》(*The Great Image Has No Form*)中,于连称,相
比于"持续、强烈"和"激情地"区分在场与缺席的欧洲思想,中
国艺术展示了一种不同的思想形式。③ 中国艺术维持着在场
与缺席的连续关系:

> [143]正如马丁·海德格尔表明的,希腊人在他们自
> 己不知道的情况下,把本质的规定理解为在场,把**存在**
> (*ousia*)理解为剥削裂隙的生产力直至其变成深渊的**临
> 在**(*parousia*)。由此尽管希腊发展出了关于缺席的悲剧
> 艺术,它还是投身于对在场的幸福的崇拜。④

于连在中国思想中看到了对海德格尔提问——或者说是他就
理型在整个形而上学史中的主导性,对西方哲学提出的挑
战——的一种可能的回应。于连指出,在中国古代思想中没
有超越感性领域的理智形式。⑤ 与欧洲思想形成鲜明对比的
是,前者成为对在场的崇拜,中国思想却没有缺席与在场的明

---

① 同上注,第 33 页;于连在这里指的是普罗提诺的《九章集》(8.
5.3)。

② 同上注,第 37 页。

③ 弗朗索瓦·于连,《大象无形,或从绘画论非客体》(*The Great
Image Has No Form, or On the Nonobject through Painting*),Jane Ma-
rie Todd 译,Chicago:University of Chicago Press,2009 年,第 5 页。

④ 同上注,第 6 页。

⑤ 同上注。也见第 68 页:"中国思想不同于希腊,没有在可见与
不可见(也称感性和理智,后者是前者的'原则[arche]'和'原因[aitia]')
之间划出严格的分界。"之后我们会看到"原因"一词正如 *aitia* 所指的,
对希腊人来说意思是债;而中国人的"原因"却相反,是恩(kindness)。

确区分,如于连所说,存在论(ontology)对中国哲学来说从来不是问题。西方对掌控存在的渴望导致把在场优先化(如定格在照片里的裸体),在场的最高形式就是它的本质,即**理型**。

对柏拉图来说,**理型**的超验世界让我们得以理解存在者自身及其整体——这是形而上学的任务。我们或许可以称这种哲学倾向为柏拉图式的驱力。于连则表示,这种情态在中国意味不同,因为在这里缺失和在场仍然统一,这促成了一种**非存在论和非神学**的思维方式。五代十国时期的画家董源(934—962)开创了一种以江南风景为特色的新山水画风格,于连这样写道:

> [144]董源的风景,"浮现又隐没","介于有无之间",让我们远离(在场的)奇迹与(缺席的)悲怆。它们向远处敞开,或确切地说是向极乐与悲剧之外敞开……换句话说,我期望董源的画能打开一条非神学、非存在论的通路。①

我们在前面已经看到,至少在海德格尔关于"存在的遗忘"的挑衅说法之后,各种现象学的尝试如何重新思考存在与存在者、图形与背景的关系(也受到格式塔心理学的很大影响),不必说还有本质与存在的关系(这是经院传统中的一个永恒辩题)。② 但是我们也注意到,于连的表述似乎受海德格尔的影响很大,于连在他的书的开篇就承认了这一点。

---

① 于连,《大象无形》,第 7 页。
② 见艾蒂安·吉尔森(Étienne Gilson),《存在与本质》(*L'être et l'essence*),Paris: Vrin, 1994 年。

　　绘画的**终极目的**（*telos*）是揭露一个让一切形式都变得可能且无足轻重的背景。绘画似乎只是达到某个目的的一种手段，因而总是从属于**最终目的**。它至多是海德格尔说的**作出说明**（*logon didonai*）：一个寓言。但如果没有明确的目的，绘画就不会只是一种手段。绘画通过自我消解的画笔的痕迹来呈现一种缺失，这种缺失就其自身来说**永远无法被演证**。白纸上墨水的在场保留了画家精神的时间与空间体验：每一笔都表明了试图保留这种体验的时间顺序与空间配置。

　　但保留下来的东西并不是有待揭露的，它的在场有更高的目的（**最终目的**），也就是让缺席的东西变得可感——不是作为一种缺乏（lack），而是作为缺乏的对立面。绘画中形式的在场试图引起一个通过让自己变得无足轻重来自我消解的时间性过程。绘画的最终目的正是这种敞开，由于形象开创了一条通往缺席、通往一种可以[146]由在场揭露的缺席者的道路，这种敞开才得以可能。海德格尔在讨论禅宗艺术时做出了这样的观察：

　　　　对禅宗来说，一件艺术品的美在于无形者以某种方式在图画中变得在场（Anwesung）。如果已形成之物中没有无形本身的在场，禅宗艺术就是不可能的。①

---

　　① 引自朱利安·扬，《海德格尔的艺术哲学》（*Heidegger's Philosophy of Art*），Cambridge，UK：Cambridge University Press，2001年，第148页；出自海德格尔，《思考与艺术》（*Denken und Kunst*），见《日本与海德格尔——梅斯基希市纪念海德格尔诞辰一百周年》（*Japan und Heidegger-Gedenkschrift der Stadt Messkirch zum hundert-sten Geburtstag Martin Heideggers*），Sigmarinen：J. Thorbecke，1989年，第214页。

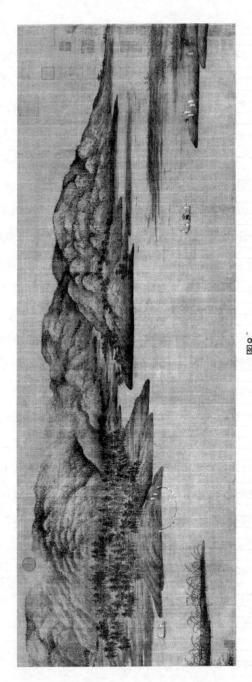

图8

董源，《潇湘图》，10世纪，卷轴，绢本设色，50 × 141.4 cm，故宫博物院，北京

在禅宗艺术中,我们看到存在从无而来又回归于无——无形者。真理并不在单纯的在场(*Anwesenheit*)中显现,而是在场(*Anwesend*)的"永不达至完满"。这里的**终极目的**是一种合目的性,它既不能被理解为形象化的简化,也不能被理解为形象的总和。或许这可以让我们以另一种方式理解康德的无目的的合目的性,因为每一笔触的目的都是为了揭露某种超越它自身及其把握范围而做的自我拆解。

这是否意味着我们应当把 20 世纪从存在现象学的角度对艺术做的重新思考理解为向中国哲学的回归,或者反之亦然?是否该说中国思想和现象学思想可以联盟,形成一种更"普遍"的思维方式? 那么,当我们把后海德格尔现象学的艺术思考和中国关于山水的美学思考等同起来的时候,是不是操之过急了?

于连把古希腊思想和"存在(本质)"联系起来,把中国思想和"过程"联系起来。确实,在从柏拉图到普罗提诺的古代文献中,我们注意到了一种对形式的强调,以及美与理想形式之间的亲缘性。但这种夸大的说法可能会把希腊思想简化为静态的,与动态的中国思想对立起来。考虑一下我们之前对悲剧逻辑精神的有机形式的描述吧,这和于连在《不可能的裸体》中描述的形式大相径庭。他在书中提到了[147]谢林的《艺术哲学》和温克尔曼(Winckelmann)、莱辛、赫尔德,却对作为谢林美学哲学核心的悲剧艺术和有机形式,以及谢林对作为西方诗歌艺术的最高形式的悲剧解释只字未提。①

让我们明确一点:希腊人并没有放弃生成,而是试图寻找一种关于存在与生成的统一理论。认为中国思想关注过程、

①　同上注,第 104 页。

西方思想自古以来就被形式(本质)主导的说法,即便不是错的,至少也是极具争议的。更重要的问题是:在今天的哲学景观中——尤其当过程哲学(process philosophy)正获得核心地位——该如何看待这种区别? 我们能因此说西方哲学和中国哲学通过过程哲学而统一吗? 希腊思想和中国思想一样是动态的,但它们的差异产生了不同的哲学秉性、艺术追求和对生活的理解。

我想提出这样一个主张:尽管我们描述的两种哲学话语中都有"根基"一词,但"根基"(或真理)的含义本身以及它被阐述和获取的方式在中国和在西方却各有不同;在西方,它出自柏拉图的肯定性否定以及《斐莱布篇》(*Philebus*)中的矛盾,这种矛盾把哲学的任务设定为在有限(*peras*)与无限(*apeiras*)的冲突中,探寻给无界者划定边界的形式。年轻的谢林把这一探寻的产物明确为有机形式。① 换句话说,不可见者从刻写于悲剧逻辑中的不可调和的张力与冲突中体现出来。② 这一悲剧逻辑是我们讨论艺术体验多样性的论题核心,因为它关注的与其说是形式,不如说是美学和哲学思考。接下来我将继续讨论道家逻辑,必须就一种相当不同的动态与运作来设想它。在道家逻辑中,一个运作过程的开端设定了在场和缺失这一类对立。但对立并不是作为不连续性被保持下来,[148]相反,这种逻辑运作试图让两个对立部分达到和谐,方法是肯定两者而不借助任何形式的暴力,无论是想象

① 见许煜,《递归与偶然》,第三章。
② 我们在18世纪的许多作品中都能看到类似的主题,比如康德的《判断力批判》(1790)、席勒的《审美教育书简》(1794)、谢林的《艺术哲学》(1805),等等。

的暴力还是理性的暴力。

和我们已经讨论过的现代艺术作品类似的是,在中国山水画中可见性从属于更高的目的,也就是让缺席者变得可感。这种缺席是道——"大道""大无",你也可以给它起各种名字。但这个过程的内部依然有待解释的是什么？在中国绘画中,确实有各种维度确立起绘画规范,如气(breath)、神(spirit)、形(form)、象(image, phenomenon)、意(meaning, sense)等。神似高于形似,写意高于写形。这些维度和道的关系是什么,这些关系的动态又是怎样的？

中国画里也有形象,那么难道没有形式吗？尽管这些形式听上去和亚里士多德所说的**形状**(*morphē*)以及柏拉图的**理型**(*eidos*)相似,但中国思想中形象的概念与此颇为不同。现代汉语用"形"一词翻译"form",但形不完全是现代意义上的"形式",从词源上看,形是象的同义词。① 象既指"大象",也指"现象""印象"和"相像"。牟宗三总结了象的三重含义,首先是"现象之象",其次是"法象之象",最后指通过观察自然现象而确立法则的类比方法,即"垂象取法"。② 在《易传》的《系辞》中,我们读到:

> 在天成象,在地成形
> [149]天生神物,圣人则之
> 天垂象,见吉凶,圣人象之③

---

① 按《说文解字》的说法,形和象是同义词:"形,象形也。从彡开声。"

② 牟宗三,《周易的自然哲学》,见《文集31》,台北:联经出版,2003年,第69—70页。

③ 《系辞·上传》,第一章,英译理雅各,https://ctext.org/book-of-changes/xi-ci-shang。

第一句话对应了象的前两种含义——"天上的天象、地上具体的形";第二、三句话对应了象的第三种含义,即对这些现象及其含义的解释;尤其是第三句话指出了天与人的微妙关联。具体来说,象位于现象与印象之间——它不是独立于感知者的现象,而是依据相似性被感知到的东西。这种相似性要求主体做出判断,因为主体是我们之后将要提到的**共振**(resonance)的中介;李约瑟用共振一词翻译"感应"。

《易经》基于物理现象与其精神对象的相似性。因此,文中第一个卦"乾"的卦辞为"见龙在田,利见大人"。人实际上不是在田里见到龙,而是见到龙的象。正如当庄子说"野马也,尘埃也,生物之以息相吹也",我们说的也不是真的野马,而是马的象。[①] 象有别于形,形是具体的。象介于形式与印象(impression)之间。[150]唐代历史学家张彦远(约 815—877 年)在《历代名画记》中写道:

> 夫象物必在于形似,形似须全其骨气(individuali-ty),骨气形似,皆本于立意而归乎用笔。[②]

象与形不可分离,但尽管从词源上看它们是同义词,象却不能被化简为形。因此当老子说"大象无形",我们最好像于连那

---

① 伯顿·沃森(Burton Watson)把这句话译为"摇曳的热气,尘埃颗粒,被风吹拂的活物",而没有提到马的象;见庄子,《庄子全集》(*The Complete Works of Zhuangzi*),伯顿·沃森译,New York:Columbia University Press,2013 年,第 1 页。

② 英文版由林语堂编译,《中国艺术理论》(*The Chinese Theory of Art*),New York:Putnam's Sons,1967 年,第 52 页。

样,把象翻译成"图像(image)",尤其是考虑到柏格森意义上
的图像概念是介于观念与事物之间的。① 这里我们要清楚,
象不仅是形式,它是中国绘画视觉语言的核心。

在北宋郭思托名其父画家郭熙(1000—1087 年)所写的
一篇题为《林泉高致》的山水画经典理论著作中,我们读到:

> 真山水之云气四时不同:春融怡,夏蓊郁,秋疏薄,冬
> 暗淡。画见其大象而不为斩刻之形,则云气之态度活矣。

[152]郭熙在这里告诉我们,在山水画中有必要避免雕琢形
式。相反,应该努力展现象,以便激活云的气。激活是指什
么? 是为了让我们看到它的运动,不只是它的形式。这些例
子恰恰表明,中国人认为绘画的基础不在于施加形式,而在于
一个不同的范畴,象。如果象与其轮廓(即形式)截然不同,那
么象展现出的就是一种无法被把握为确切的再现的"朦胧"。
换句话说,它不能被把握为它所再现之物的一个绝对概念。②
在绘画中这被称为氤氲,经常被称为"雾景"(a misty scene),
但它们最初指的是阴阳之气的交汇、笔墨的交融。它绝不能被
混同为混沌,因为混沌指的是氤和氲还尚未分开的状况。③

在《道德经》第 21 章中,老子称这种朦胧为恍惚,恍惚的

---

① 见柏格森,《物质与记忆》,New York:Zone Bookss,2005 年,第
9—10 页。

② 概念的德语为 *Begriff*,来自理解(*begreifen*),理解又来自 *grei-
fen*,即把握在手中。

③ 见石涛,《石涛画语录》,余建华注,北京:人民艺术出版社,1962
年,第 7 章"氤氲章":"笔与墨会,是为氤氲。氤氲不分,是为混沌。"英译
见林语堂,《中国艺术理论》,第 146 页。

图 9

郭熙,《早春图》,1072 年,卷轴,绢本设色,158.3 × 108.1 cm,台
北故宫博物院,中国台北

字面意思是"不可把捉且模糊的"：

> 道之为物，惟恍惟惚。惚兮恍兮，其中有象；恍兮惚
> 兮，其中有物；窈兮冥兮，其中有精，其精甚真，其中
> 有信。①

[153]道不能被把握为一个实体。即便人试图这样做，道也显得是不可把握且模糊的。然而它又体现了某种作为生活的基础的东西，是人可以信赖的东西。

我们可以把前面郭熙的一段话读作对老子"大象无形"的一种诠释。"大"或伟大在这里意味着什么？老子在《道德经》第41章中说："大方无隅，大器晚成，大音希声。"②道的另一个名字是大。"无形"指无法被人的视野容纳的大，而人活在这种不可把握的尺度下。庄子在《逍遥游》的开篇继续讨论尺度的问题，他坚持说人无法知道什么最大，因为一切尺度都是相对的。对尺度的追求总要受制于人对超越感知和想象力的尺度的无知。因此为了逍遥，即为了在生活中自由自在，就要认识到追求极端的徒劳。

然而，"大"总作为某种缺席的东西存在，规定着我们的存在模式。因此要想避免在无知和错误的自满中生活，就必须理解到人追逐的大总是相对的，因此人无法在追求至大中达

---

① 老子，《道德经》，香港：香港中文大学，2001年。我对刘殿爵(D. C. Lau)的翻译有所调整，尤其是我改动了"精"一字，刘殿爵原本把它译为"本质"。精左边是"米"右边是"青"，它指经过挑选的谷物，也指明亮的东西，如语文学家段玉裁(1735—1815年)所说："拨云雾而见青天亦曰精。"我把"精"译为"闪亮的东西"，与"窈冥"形成对照。

② 老子，《道德经》，§41。

到自由。这就是《齐物论》的哲学基础——不是说所有存在者都一样,而是说,由于没有哪个存在能与至大相提并论,因此一切存在都应对它们所是的感到满足。只有认识到这个,我们才能接近同时是至大也是至小的道。如庄子所说:"天地与我并生,而万物与我为一。"①山水画的目的也是揭示伟大与至大,表现远超出观众视野的大象,因为正是这种形象让自我的有限性朝无限,朝总是逃脱形式的限制的东西敞开。

[154]从这个意义上说,我们不可能通过亚里士多德的形质说(其中物理对象是由质料和形式结合而成)来理解中国的艺术和技术思想。四因——质料因、形式因、动力因和目的因——也是如此。尽管这四因是古希腊创制(*poiesis*)经验的基础,它们却无法对应到中国哲学。相反,我们应该大胆地进入另一种对艺术品的体验,它由我所说的非线性因果所激发。中国没有作为个体化原则的形质说,而是把阴阳和乾坤作为两种基本原因。阴阳是对立性的,却不是敌对的,因为阴中有阳,阳中有阴。它们的对立并不导向矛盾与和解,而是导向连续性。

§14.2　玄的逻辑:对立的连续性

山和水已经像阴阳一样,构成对立的连续性——山为阳,水为阴。我们不能说中国没有对立性思维。相反,这种思维无处不在,但它与西方的根本区别在于两个对立部分之间有连续性。山是坚硬、刚性的,水是柔软、灵活的。佛教徒画家王维(701—761)——从彩色山水画到水墨山水画的过渡中的

---

① 庄子,《全集》,第13页。

重要人物——描述了通过对立或矛盾产生连续性的技巧。如
当一个人画森林,"远者疏平,近者高密,有叶者枝嫩柔,无叶
者枝硬劲"。我们可以列出几组对立:

远 对 近

天 对 地

东 对 西

有 对 无

[155]清 对 浊

宾 对 主

多 对 少

虚 对 实

干 对 湿

浓 对 淡

疏平 对 高密

根长 对 茎直

节多 对 扶疏

嫩柔 对 硬劲

在王维之后约一千年的另一位画家石涛(1642—1707)的
一篇极具哲学性的论文中,对立的无处不在是给画作带来
动态所必需的。在题为"笔墨"(这个标题已经暗含了坚硬
的笔与流动的墨的对立)的一章中,我们可以看到如下这
些对立:

反 对 正

偏 对 侧

聚 对 散

近 对 远

内 对 外

虚 对 实

断 对 连

层次 对 剥落

丰致 对 缥缈

胎 对 骨

开 对 合

体 对 用

形 对 势

拱 对 立

蹲 对 跳

潜伏 对 冲霄

这种对立的连续性在《易经》里就已经体现在乾和坤的关系中了，乾坤是天地的象征。老子[156]在《道德经》中又做了进一步阐述，使其成为道的关键要素。对立无所不在，因为一切在场之物都是由一股消极的力和一股积极的力共同促成的，这一过程的实例被称为"在场"。《道德经》中写道："反者道之动。"道的动力是由一种对立性力量驱动的，其必要性主要不在于作为第一因，而在于它内在于一切运动和存在的一切模式中。我们也可以像罗列出王维那里的对立一样，罗列出《道德经》中几组对立的连续性：

道/德

有/无（第 2 章）

静/动（15）

黑/白（28）

雄/雌（28）

荣/辱（28）

强/弱（36）

歙/张（36）

废/兴（36）

彼/此（38）

阴/阳（42）

巧/拙（45）

盈/冲（45）

屈/直（45）

成/缺（45）

益/损（48）

祸/福（58）

奇/正（58）

善/妖（58）

大/小（61）

生/死（76）

刚/柔（78）

正/反（78）①

---

① 这些对子引自林光华，《〈老子〉之道及其当代诠释》，北京：人民大学出版社，2015 年，第 181 页。

[157]《道德经》第 2 章最清晰地解释了这种对立的连续性。
如老子所说：

> 天下皆知美之为美,斯恶已;
>
> 皆知善之为善,斯不善已。
>
> 故有无相生,
>
> 难易相成,
>
> 长短相较,
>
> 高下相倾,
>
> 音声相和,
>
> 前后相随。①

阴阳构成了一个类似的递归过程,其中形式没有被强加于物
质,而是一种创生。我们**暂时**可以把这个创生理解为图形和
背景的相互关系。② 如果形象完全脱离了背景,它就面临**耗
尽**自己的危险,也会产生一种作为恶的来源的先验的愚蠢。
悲剧逻辑也是递归逻辑的一种形式,与道家逻辑不同的是,它
始于不可调和的对立——即相互排斥的存在与虚无、生与死
之间的对立的不连续性。

　　我们能否把对立的连续性认定为中国思想中的个体化原则?
在《道德经》中我们读到:"天下万物生于有,有生于无。"之后第 42

---

① 老子,《道德经》,刘殿爵英译,第 2 章。
② 见许煜,《递归与偶然》,London:Rowman & Littlefield,2019
年。我用递归性一词描述了许多种过程,如控制论中的反馈、递回,现代
哲学与机械论的认识论断裂,还有重新奠基的原则。这里,我又把它拓
展至悲剧与道家的逻辑,这和我在导论中提及并在第三章中阐发的控制
论逻辑形成对照。

章中还有:"道生一,一生二,二生三,三生万物。"老子为什么止于
三而不是表示完成的四,或者止于五(即金木水火土五种元素、运
动的[159]数量)? 数字三究竟表示了古人对简洁的热爱,还是他
们在应对复杂性方面的无能? 如果说有(经常被翻译为 Being,即
存在、存有)对立于无(经常译为 Nothing, 即虚无),而有又出自
无,那么这种从出如何可能呢? 这种对立的本质在于什么?

　　这里,我们必须回到对道的基本理解,尤其是对魏晋时期
(220—430)出现的对道家的新解释上。在我看来,对这些思
想的流行的汉学解释似乎没能把握住道的逻辑结构。① 在这
里我想表明,魏晋时期的思想不仅实现了调和儒与道这项历
史任务,也阐明了一种名为玄的逻辑,这一逻辑在随后发展起
来的中国思想中扎下了根。

　　在《道德经》第 1 章中,我们得以窥视玄的逻辑及其意义。
我们知道老子在《道德经》开篇就表明,"道可道非常道,名可
名非常名"。在这里,可道与常道[160]被区分开。 能说清楚

---

① 袁保新,《老子哲学诠释与重建》,台北:文津出版社,1991 年,第
20—29 页。作者讨论了道在不同思想家那里的含糊性,如唐君毅从如下
六个方面对道做了十分全面的解释:1)道是一切存在者的普遍和必然的
原则;2)道是一种形而上学实体;3)"道相,道体对照有形万物所呈现的
各种面相";4)道是道德的;5)道是一种生活、行为、统治方式,也包括军
事策略;6)道是一种存在状态,如"人之心境"和"人格状态"。方东美
(Thomé H. Fang)的另一个说法把道定义为 1)"无限者"(从本体论上看
的"道体");2)"无处不在的功能",有无穷无尽的能量(从宇宙论上看的
"道用");3)"自然属性"和"偶然属性",如最大的、最小的(从现象学上看
的道相);4)"至上的完善",体现为自然属性(从特征学上看的"道征")。
见方东美,《中国哲学精神及其发展》(Chinese Philosophy: Its Spirit
and Its Development),台北:联经出版,1981 年,第 123—128 页。袁保
新本人想从价值论角度理解道,它给事物赋予价值以维系其秩序与和
谐,如道让有机主义价值得以可能。然而,道似乎恰恰是那种逃脱了把
握它的企图的东西,无论是本体论的把握还是价值论的把握。我的反本
质主义路径本身不同于上述这些对道的表述。

图10

许道宁，《秋江鱼艇图》，约1049年。卷轴，绢本设色，48.26 × 225.4 cm，纳尔逊艺术博物馆（Nelson Atkins Museum of Art），堪萨斯城

的不是常道。这一章又继续说：

> 无，名天地之始，有，名万物之母。故常无，欲以观其妙；常有，欲以观其徼。此两者，同出而异名，同谓之玄。玄之又玄，众妙之门。

由于古文中没有标点符号，含义可能根据译者把标点放在哪里而有所不同。前两句也可以翻译为"无名，天地之始；有名，万物之母"。无是无名的，有是有名的。有和无，存在与虚无，是两个基本范畴；尽管它们是对立的，却有一个共同的来源，即玄。玄在英文中经常被翻译成"神秘"（刘殿爵也是这样译的），但它也可以指黑色或史蒂芬·米切尔（Stephen Mitchell）译的"黑暗"。陈荣捷把玄译为"深且深刻"，他把玄之又玄译成"更深，更深刻"；而刘殿爵把它译成"神秘之上的神秘"，米切尔把它译成"黑暗中的黑暗"。陈荣捷的翻译主要基于魏晋学者王弼（226—249）的解释，王弼在《老子微旨例略》中写道，玄意为"深"，道意为"大"。我们有必要理解王弼的评论，以免错失玄一词的含义。

老子为什么说"玄之又玄"？在《道德经》的其他段落中，每当他给"道"起一个名字，就要立刻强调这个名字不能等同于道，而是出于[161]实用目的这样称呼它。① 玄经常被解释为一个名词或形容词（"神秘的""黑暗""深且深刻"），认为玄之又玄中两个玄（无论意思是"神秘的"还是"黑暗"）连用是为

---

① "字之曰道""强为之名曰大"，也见牟宗三，《才性与玄理》，台北：学生书局，1993年，第150—151页。

了强化其意义；但在北大汉简中，这句话的写法是"玄之有
（又）玄之"，末尾还有一个"之"，这就让玄成了一个动词而不
是形容词或名词。① 因此这个短语里的两个玄不仅起到加强
神秘或黑暗感的作用，实际上它也构成一个循环运动，我们或
许可以称之为一个递归过程。

　　玄实际上是无和有，虚无与存在的第三项。在这里，我
认为玄之又玄包含了一种化解对立、允许同一产生的递归
逻辑。然而在进行这种解读之前，我们有必要更详细地探讨
一下王弼的《老子微旨例略》，它首先说明了道的命名与玄
的关系：

　　　　名（name）也者，定彼者也；称（designation）也者，从
　　谓者也。名生乎彼，称出乎我。故涉之乎无物而不由，则
　　称之曰道；求之乎无妙而不出，则谓之曰玄。妙出乎玄，
　　众由乎道。故"生之畜之"，不壅不塞，通物之性，道之谓
　　也。"生而不有，为而不恃，[162]长而不宰"。有德而无
　　主，玄之德也。"玄"，谓之深者也；"道"，称之大者也。名
　　号生乎形状，称谓出乎涉求。名号不虚生，称谓不虚出。
　　故名号则大失其旨，称谓则未尽其极。是以谓玄则"玄之
　　又玄"，称道则"域中有四大"也。②

――――――――

　　① 林光华，《老子之道及其当代诠释》，第40页。
　　② 蒋丽梅，《王弼〈老子注〉研究》，北京：中国社科院出版社，2012
年，第71—72页，引自王弼，《老子微旨例略》。英译出自王弼，《道德经的
中文解读：王弼老子注及批判性文章及翻译》（*A Chinese Reading of the
Daodejing：Wang Bi's Commentary on the Laozi with Critical Text and
Translation*），Rudolf Wagner 译，New York：SUNY，2003年，第96页。

王弼区分了"命名(naming)"和"指称(designating)"。命名是客观的,一个专名是每个人共享的,而指称是主观的,可能只涉及一个人或一个小团体。这种区别也许可以通过弗雷格(Gottlob Frege)所说的"含义(*Sinn*)"和"指称(*Bedeutung*)"来更好地把握:我们既可以称作为指称的金星为"晨星",也可以称它为"昏星",它们各有其含义。[①] 成千上万的存在者由道而来,而它们的精妙处出自玄。但有一个限度,因为没有名字或称呼能完整表达道。

老子表示无和有出自同一个源头,而名字不同。但如果他们共享一个源头,为什么需要不同的名字呢? 首先是出于逻辑上的必然性。正如我们看到的,对立是必要的:为了有有,就必须有无。如果只有有,就会违背道的逻辑。王弼对《老子》和《周易》的解读就是从这个前提出发的。王弼根据一条对《系辞》的总结性评论写道:"夫无不可以[163]无明,必因于有。"[②]一旦无和有被设立为两个不同的极,我们就可以超越形式逻辑,看到它们如何在不同事物中共存:无是奠基的过程,有是显现的过程。一棵树有干、枝、叶,但它也需要根基/大地。

魏晋哲学史家汤用彤称,在王弼那里,人们可以看到从宇宙论向本体论的转变,一种朝更复杂的逻辑的转变。本体论是一种关于根基与显像的关系的理论。但在英语中把它译为

---

① 弗雷格,《论含义与指称》(Über Sinn und Bedeutung),《哲学与哲学批评杂志》(*Zeitschrift für Philosophie und philosophische Kritik*),100,1892 年,第 25—50 页。

② 王弼,《王弼集校释》,北京:中华书局,1980 年,第 547—548 页。这段总结来自韩康伯(332—380)对《系辞》的注释,他评论《系辞》第九段时引用了王弼,文中说:"演天地之数,所赖者五十也。其用四十有九,则其一不用也。……不用而用之以通,非数而数之以成。……夫无不可以无明,必因于有,故常于有物之极,而必明其所有之宗也。"

"ontology"，就模糊了我们试图在这里阐述的玄的逻辑的重
要性。[①] 只要这种逻辑是极性的（这是一种连续的极性，因此
是关系性的）它就已经把关系而不是实体放在其表述的核心
处。如果更仔细地看无和有的关系，人们也许会把无理解为
母，把有理解为子，因此无产生了有，但这并不是王弼的意
思。[②] 在王弼对《道德经》第一章的评论中，和母性联系在一
起的是有，玄是从这**两者**中产生的：

> 两者，始与母也。同出者，同出于玄也。异名，所施
> 不可同也。在首则谓之始，在终则谓之母。玄者，冥也，
> 默然无有也。始[164]母之所出也，不可得而名，故不可
> 言，同名曰玄，而言谓之玄者，取于不可得而谓之然也。
> 谓之然则不可以定乎一玄而已，则是名则失之远矣。故
> 曰，玄之又玄也。众妙皆从同而出，故曰众妙之门也。[③]

---

① 见鲁道夫·瓦格纳（Rudolf G Wagner），《中国的语言、本体论及
政治哲学：王弼对玄学的学术探究》(*Language, Ontology, and Political
Philosophy in China：Wang Bi's Scholarly Exploration of the Dark
[Xuanxue]*)，New York：SUNY，2003 年，第二章。鲁道夫·瓦格纳采
用了汤用彤的说法，试图完整剖析王弼的本体论，他也探讨了王弼所说
的"必"与"不能"、"寡"与"众"的二元关系，但没能达到玄的逻辑本质。
把玄翻译为"暗"本身就妨碍了理解。

② 楼宇烈（Lou Yulie），《王弼集校释》前言，iv。

③ 王弼，《王弼集校释》2。鲁道夫·瓦格纳的翻译如下："两者"指
"开端"与"母亲"。它们"同出"的意思是它们同样产生于暗。它们"异
名"的意思是它们带来的东西是不一样的。"暗"是晦暗的，沉默而没有
（任何）实体，是它让"开端"和"母亲"产生。不可能给（这种暗）以定义，
因此（老子）不能说"它们共同的（源头）被定义为暗"，而（只是）说"（我）
指称……为（暗）"。暗（的说法）被看作这样（最终原则的方面），即它不
能被指称为是如此这样（而不是别的样）。假使人指称它为如此这样（而
不是别的样），它就必定不允许被定义为一个（特定的）暗而不是别的。
如果人要把它定义为一个（特定的）暗而不是别的，这就是个（转下页注）

我调整了鲁道夫·瓦格纳对王弼的翻译（他把玄翻译为"暗"）。我们还要注意到，瓦格纳的翻译没有认真考虑"指称（谓）"和"命名（名）"的区别，尽管他在译文中强调了这一区别——是这个区别区分了玄之又玄和玄，支撑着有和无的双重过程。对王弼来说，玄之又玄并不意味着更神秘、更暗、更深或更深刻，而是说它包含了两个过程：起源的过程与发展的过程。它不会形成一个从无开始、[165]进展到有、再回到无的简单循环。相反，无每时每刻都在介入，要么作为支持着有的基础，要么作为一种引导有走出自我封闭和限制的剥夺的行动。无既是虚无之源，也是虚无的根基。无既非存在论（ontological）概念，也不是一种类似火或水那样的实体（这样它就已经是有了）。① 无也绝不是道，因为无只是和有并列属于玄的一部分。

在这里，我们可以提出一种对无和有的图示化理解，但必须摆脱西方存在论的框架，因为作为悲剧逻辑的条件的存在与虚无间的存在论不连续性，不能适用于有和无。相反，我们要说明道家逻辑是如何从对立的连续性出发的。无首先对立于有。它是一种根本的虚无，把自身与有分开，允许有发展起来。它之所以被称为无，是因为如果有的起源可以追溯回有，我们就会落入黑格尔所说的坏的无限性，即同质的无限重复。

（接上页注）定义，它和目标相距甚远。因此（老子）说"玄之又玄"。因为"众"与"妙"都从一个共同的（源头）而来，因此（老子）说："众妙之门也！"王弼，《道德经的中文解读：王弼老子注，批判性文章及翻译》，第122—123页。

① 我更赞同牟宗三的看法，他认识到无并非一个"存在论（ontological）概念"，而是生活和实践的概念。见牟宗三，《中国哲学十九讲》，台北：学生书局，1983年，第91页。

其次,无的否定性不是对有的否定,而是一种超出有的行动,因为它是有所不能拥有的。就无与有对立并超出有来说,无也使有得以可能。因此,无在其最不可思议的意义上就是有。

在这个运作中,否定与对立成了对基础的寻找。基础不是被直接给予的,也不会被如此给予。带着这种逻辑,我们就能理解老子和庄子关于"无用之用"的讨论。无用之物是无在有中的介入。它乍看上去否定了有。但如果我们不把它当成单纯的否定,我们就可以探讨无的另一种用途,即它允许有更好地实现其潜能。在《庄子》中,魏王给了惠子葫芦种子,但长出来的葫芦太重,不能盛水,又太大,不能做瓢。于是[166]惠子把它打碎了,觉得它没有用。庄子回答说:

> 今子有五石之瓠,何不虑以为大樽,而浮于江湖,而忧其瓠落无所容?①

无用是对用的否定,但这种否定也揭露了被原先的用途遮蔽的其他视角。有来自无,这不是从无中生有(creatio ex nihilo)的意义上说的,而是作为无的一种可能性。无本身并不包含宇宙的秘密,它只是整体的一部分。无发源并否定,但它并不发展。无作为对有的原初否定,产生了道的动态。正如老子所说,"反者道之动"。② 刘殿爵把这句话译为"回转(turning back)是道的运动方式"。"反"既是"对立"又是"回转"的双重含义,完美地体现了我们试图阐述的递归逻辑。

---

① 庄子,《全集》,第5—6页;作为循环运动的对立的连续性也是庄子《齐物论》的核心。
② 老子,《道德经》,第40章。

在这里我们应该为王弼辩护,反对那种对他的老子解读的刻板理解,即贵无论,这种刻板理解认为王弼用无的概念替换了道的概念,作为一切存在的基础。按照这种哲学史编纂传统,庄子的评论者郭象(252—312)处在王弼的对立面,持与无对立的崇有论。但后一种说法是不成立的,因为在王弼和郭象对道的理解中,最核心的都是一种可以表述为玄的逻辑的递归思维,它既不把无也不把有视为优先。① 他们的区别在于生成的因果性和[167]动力。王弼强调必然性,他说"物无妄然,必由其理"。这种必然性并不构成原因,也并不源于自然法则,而是生命的递归性质(反本/复)。郭象强调偶然性:经验规则并不必然说明生成;但不是说生成没有规则,而是说它向偶然性敞开("自然无因,不为而然")。② 这两位哲学家对老子的意见在本质上是一致的,只是它们强调了递归思维的不同阶段。王弼更强调无,郭象更强调有,因为郭象认为,仅当无

---

① 郭象和王弼一样,试图处理开端的问题;郭象问,在一切存在者之前是什么? 是阴和阳吗? 如果是,那么在阴阳之前是什么? 如果是道,而道是无,那无又从哪里来? 如果无可以成为存在,那它就不再是无而是有了。郭象对开端问题给出了肯定的回答:在他看来,开端是自然。也许我们想问,在自然之前是什么? 回答是,自然并不遵循一种线性因果;它已经包含了有和无的运动,正如"圣人可以游外以弘内,无心而顺有,独化于玄冥之境"。杨立华也提出过类似的评论,见《郭象〈庄子注〉研究》,北京:北京大学出版社,2010 年,第 98 页。但他的理由和我不同,见第 100 页:"郭象的本体思维并不是对王弼'源于无的'哲学的反对,而是对王弼哲学的深入发展。从表面上看,郭象似乎摧毁了作为'体'的无,但事实上,他只是想对无做出更具体、更哲学化的解读。"

② 见汤用彤,《合集》第 4 卷,第 279 页;汤用彤也把王弼的理论总结为"抽象一元论",把郭象的理论总结为"现象学的多元论"(第 364 页)。

的意思只是"自发性"或"自因"时,有才有可能出自无,郭象称这种自发性为自然。①

然而,既不能把无也不能把有等同为道。道是对立的连续性与同一性的动态。总的来说,可以把这动态理解为同时包含分离与统一的递归运动。如果没有"不那么大"的象,"大象"就不会存在,因为若没有不同尺度的存在,就不会有最大的象。排除"一般"的象也不意味着因此就能看到"大象"。王弼对这一点讲得很清楚:

> [168]故象而形者,非大象也。音而声者,非大音也。然而四象不形,则大象无以畅。五音不声,则大音无以至。四象形,而物无所主焉,则大象畅矣。五音声,则心无所适焉,则大音至矣。②

道并不表现为任何极端形式,而是尊重一切存在的本性,促进它们的成长,以免阻碍存在的自我实现或其本性的发展("不塞其原,不禁其性")。我们可以看到这种运动是如何构成宇宙的一般动力的,王弼就是根据这种动力来解释《易经》的。王弼在第二十四卦复卦的解说中说,静止不与运动对立,言说不与沉默对立,因为运动和静止只是一个更大的运动的部分。然而一切运

---

① 汤用彤,《魏晋玄学论稿》,上海:上海古籍出版社,2001 年,第 190 页:"然郭象虽不崇'无',亦常讲'无'与'玄冥'。他所谓之'无',并不是本体,乃是万物之原则(principle),万物以此原则为生,万物的原则就是'自生'、'自然'、'自尔',一切有(群有)都是独化。既没有'无'作其本体,也不能有另外的原则使其'自生',他自己也不能使其'自'生,而是突然而生,所以'独化'是最高原则。"

② 引自牟宗三,《才性与玄理》,第 142 页;英译出自鲁道夫·瓦格纳,《道德经的中文解读:王弼老子注》,第 84 页。

动迟早都会休止，正如一切有都会回归无，因为无是有的本：

> 复者，反本之谓也。天地以本（ground）为心者。凡
> 动息则静，静非对动者。语息则默，默非对语者也。然则
> 天地虽大，富有万[169]物，雷动风行，运动万变，寂然至
> 无，是其本矣。故动息地中，乃天地之心见也。若无以有
> 为心，则异类未获具存。①

动与静、语与默的对立使运动得以可能，但王弼强调，这些对
立既非绝对，也非不连续。相反，沉默和言说表面上的对立揭
示了语言的本质，二者都在语言的基础上获得了意义。从一
者到另一者的反转是由对立引起的，因为它们的对立要通过
反转来解除。

我们可以更进一步说，这个由对立和统一二者构成的运
动——老子称其为玄之又玄——也体现了魏晋时期知识分子
试图调和儒家和道家的一种思想形式。古典学者一致认为，
魏晋玄学试图调和名教与自然。儒家关注的是社会中的秩序
与名教，道家则提出摒弃仪式和秩序。② 哲学家必须处理这

---

① 王弼，《论变易：易经新译，王弼注释版》(*The Classic of Chan-*
ges：A New Translation of the I Ching as Interpreted by Wang Bi)，
Richard John Lynn 译，New York：Columbia University Press，2004 年，
第 286 页。我把"本"的翻译从"原初实体"改成了"根基"。根基（而非实
体）的概念对复的运动来说非常重要；这也把王弼对《易经》的理解与把
重点放在乾和坤上的其他老子解释者区别开来。

② 汤用彤在他于伯克利的讲座上，把名教一词翻译为"社会人"，
把自然翻译为"为其自身的人"。见汤用彤，《文集》卷 4，第 212 页；在前
面一点的地方（第 205 页），他又把名教描述为"通过道德教育把各种关
系维持在适当的秩序中"。他也称名教是民族主义的、传统的、保守的；
自然是世界主义的、自由思考和革命性的（第 225 页）。

个[170]显然的对立。解决这个显然的矛盾的方法是把对立展现为更大的统一运动的一个环节。

王弼提出了四种对立——无/有,本/末,体/用,道/器,并提出在递归运动中调和它们,就像他调和儒道对立那样。在王弼与学者裴徽的一次对话中,裴徽问王弼孔子和老子的关系:

> 问曰:夫无者诚万物之所资也,然圣人莫肯致言,而老子申之无已者何?
>
> 弼曰:圣人体无,无又不可以训,故不说也。老子是有者也,故恒言无,所不足。①

学者们经常引用这段对话,以证明对王弼来说孔子优于老子,但事实并非如此。这场对话的关键点是,**无**既非存在也非**虚无**,至少不是我们今天理解的存在或虚无。王弼指出,孔子体验并体现了无。然而无不能被完全表述出来。孔子选择不谈无,而老子谈无。在《论语》中,我们会发现[171]一些段落体现了孔子在表述某些东西,尤其是天道和人性时的犹豫。

> 子曰:予欲无言。
>
> 子贡曰:子如不言,则小子何述焉?
>
> 子曰:天何言哉? 四时行焉,百物生焉,天何言哉?②

---

① 见陈寿(233—297),《三国志·魏书二十八·钟会传》,https://ctext.org/text.pl? node＝603245&if＝en。

② 见《论语·阳货》。

　　　　子贡曰:夫子之文章可得而闻也,夫子之言性与天道
　　不可得而闻也。①

孔子未能阐明的天理与**无**同属于一个范畴。② 即使孔子没能
把它清楚地表述出来,他却能体验到它,因而知道它。我们必
定无法通过读孔子的心来找出他关于天道究竟知道什么、体
验到什么,但我们可以从他的著作中了解到这些。

　　讽刺的是,不是强调**名教**的代表孔子,而是强调自然的
(跟随事物的本性)老子在《道德经》中解释了无,尽管他的解
释不充分。但尽管不充分,这种解释依然是必要的。现在,**无**
(无法表述的体验)和**有**(表述)的对立被肯定为必然的。戏剧
性的是,现在老子变成了为孔子辩护的,因为他肯定了名教和
秩序的必要,因为只有这样无、本、体、道才能被每个人通达。
汤用彤帮我们概括了这一点,他说:

　　　　[172]玄学家主张儒经圣人,所体者虚无;道家之书,
　　所谈者象外。圣人体无,故儒经不言性命与天道;至道超
　　象,故老庄高唱玄之又玄。**儒圣所体本即道家所唱,玄儒**
　　之间,原无差别。③

正是通过玄的逻辑,儒道得以融合。魏晋时期是中国思想史
中最有趣、最重要的时期之一。这时汉代占主导地位的儒家

────────────

　　① 见《论语·公冶长》。
　　② 汤用彤,《魏晋玄学论稿》,第31—32页。汤用彤注意到汉儒以
各不相同的方式解释了这种"无法阐述",比如说它代表了孔子不愿意说
的东西。
　　③ 同上注,第33页,重点由我添加。

思想开始枯竭,道家开始与儒家思想和解。佛教也开始引起知识分子的兴趣,尤其是在鸠摩罗什(Kumārajīva,344—413)把几部佛教经典,尤其是龙树(Nāgārjuna,约 2 世纪)的中观学说(Mādhyamaka)翻译成中文之后。这也是山水画开始形成的时期。之后我们还会在宗炳(375—444,这一时期最早的绘画理论家之一)的作品中看到,不同的学派如何汇到一起。在我看来,在中国思想中几乎不可能把儒家、道家或佛教分隔开,因为在魏晋以后声称哪种中国思想是纯粹的,都难避虚伪。

　　山水画的核心是对立的连续性。6 世纪的理论家谢赫曾提出绘画的六大原则,其中最重要的(也是最难解读的)是"气韵生动",在英译中它经常被称为"生命力"或"生命能量"。[①]但这或许不是最[173]哲学性的解释,因为它只讲出了"生动"。历史学家徐复观(1904—1982)建议把气(能量)和韵(节奏)理解为一对,气是"艺术作品的阳刚之美",韵是"阴柔之美"。[②]徐复观通过把气和韵转译为阳和阴,也把生命力描述为两种对立的力量。

　　在荆浩的《笔法记》中我们已经读到"气者,心随笔运,取象不惑。韵者,隐迹立形,备仪不俗"。[③]气是象的轮廓,而韵

---

　　① 这六个原则包括:1. 气韵生动(Spirit Resonance, or vitality),2. 骨法用笔(Bone Method, or the way of using the brush),3. 应物象形(Correspondence to the Object, or the depicting of form),4. 随类赋彩(Suitability to Type, or the application of color),5. 经营位置(Division and Planning, or placing and arrangement),6. 传移模写(Transmission by Copying, or the copying of models)。英译采用维基百科的译法。

　　② 徐复观,《中国的艺术精神》,《徐复观文集》第 4 卷,湖北:湖北人民出版社,2009 年,第 151 页。

　　③ 英译出自林语堂,有所修改,见《中国艺术理论》,第 65 页。

把明显的线条隐藏起来。气和韵类似笔、墨，阳、阴。这组对立给基于玄的逻辑的运动做了准备。也正是在这里我们得以理解为什么艺术史学家和鉴赏家郭若虚（约 11 世纪）在他的《图画见闻志》中说，气韵不能作为技术来教授，因为它取决于画家的天赋。[1] 一个好的画家能创造气韵之间的动态，这种动态没有强加的形式，或可以说是无意。

无意不是"不集中注意力"。相反，它意味着人必须集中——不是集中于描绘形式，而是集中于促进能量、笔画和力量的流动。这是一种流动的、相互的动力；当下的意图是不断流变的。当人能控制流动而不是形式，就拥有了依据事物的倾向随机应变的能力。比如在[174]草书中，添到纸上的每一笔都取决于它的位置、纸张的纹理、墨水的湿度等，书法家必须即刻决定笔的下一个动作（中锋、偏锋、侧锋等）。[2] 不可能事先把形式投射到纸上。和其他风格相比，书法在很大程度上取决于无意的训练。然而为了达到无意，必须先从形式开始，因为人不能从无到无，而是必须按照意的流动协调身体。[3]

在这种最高形式的表达中，建立对立的矛盾在有和无的运动中得到了调和。画家和理论家恽寿平（1633—1690）说，最好的山水画应当是：

---

① 郭若虚，《图画见闻志》，上海：上海人民艺术出版社，1964 年，第17 页。

② 在书法中，中锋的字面意思是"笔尖居中"，指让笔尖居中、跟随笔画方向的握笔方法；与中锋相对的是偏锋，指用笔侧面，让笔尖与笔画运动呈直角；还有侧锋，或称"笔尖倾斜"，介于中锋和偏锋之间。

③ 这也是我练形意拳的体验。吾师陈正中师傅总是说，要想达意，必须从重视形式开始，不断重复，直至能够不假思索。

> 千树万树,无一笔是树。千山万山,无一笔是山。千
>
> 笔万笔,无一笔是笔。有处恰是无,无处恰是有,所以
>
> 为逸。

这就是绘画中玄的逻辑,我们也可以在石涛这样的画家那里
找到这种逻辑,石涛强调"不似之似"或者"无法之法",这同时
解放了画家与绘画,使之朝向无限。

§14.3 玄的递归性:对立的统一

[175]道不意味着在场,因为道是深且远的——玄远或幽
远的,幽在这里指宁静且深,远指有距离的、遥远的。① 玄和
幽经常被放在一起使用,如幽玄,这也是日本美学的关键概念
之一(日语为ゆうげん)。正如大西克礼在著作中系统描述
的,幽玄有许多含义,从隐藏、模糊的东西——如"遮盖月亮的
薄薄云层""积在秋叶上的山雾",到深刻性与完整性,对"某种
无限大的东西的把握,某种**内涵丰富的充盈性**(*inhaltss-
chwere Fülle*)的凝结"。②

程艾兰(Anne Cheng)在她的《中国思想史》中指出,"玄"
与"远"有紧密的关联:"玄"这个字在语义上接近"远"——既
远离此时此地的关切,也超出了人类的理解范围——它涉及

---

① 关于玄的理论,或玄学,也被称为"玄远之学",见汤一介,《郭象
与魏晋玄学》,北京:北京大学出版社,2000 年,第 11 页。

② 大西克礼,《幽玄》,见《日本哲学:资料集》(*Japanese Philoso-
phy:A Sourcebook*),James Heissig 编,Honolulu:University of Hawai'i
Press,2011 年,第 1216—1219 页。大西克礼给这个词找出了七种含义,
有意思的是他在末尾处说:"在我看来,就幽玄这个美学概念来说,我们
永远都只能得出一种部分的含义,因此过于倚赖这些含义要素会不可避
免地在某种程度上让这个概念整体发生扭曲。"

老子开篇所说的"玄之又玄"。[1] 道同时是最小和最大，最远和最近的。中国画并不遵循西方绘画的几何透视，因为山水的透视是由远的概念规定的。郭熙在《林泉高致》中写道，山有三远：

> [176]自山下仰山巅谓之高远，自山前而窥山后谓之深远，自近山而望远山谓之平远。

这里的远是一种表现手法，也是山水画想达到的目的，这又是通过玄的递归思维达到的。法国汉学家幽兰（Yolaine Escande）在她优秀的研究《山水文化》（*La Culture du Shanshui*）中也强调，山水画中的远往往和玄相伴。[2] 然而就我所知，历史学家还没有把玄充分阐明为一种逻辑。牟宗三或许是第一个把玄作为一种独特的逻辑进行讨论的人，可能是因为他早年学过形式逻辑，尽管他没有把玄与黑格尔、苏格拉底的辩证法区分开。[3] 而在这里我们感兴趣的正是它

---

① 程艾兰，《中国思想史》（*Histoire de la pensée chinoise*），Paris：Seuil，1997 年，第 309 页。

② 见幽兰，《山水文化》，Paris：Hermann，2005 年，第 127—129 页，她给《老子》和《世说新语》列出了一系列参考资料。

③ 见牟宗三，《中国哲学十九讲》，第 100 页，牟宗三表示："玄是个圆圈……是辩证的。一切辩证都是玄的。"事实上，刘笑敢表示张岱年是第一个把老子的思想视作辩证的哲学家；见刘笑敢，《老子》，台北：台北：东大图书公司，1997 年，第 148 页；刘笑敢进一步从四个方面探讨了道的逻辑（第 155—173 页）：1. 正反相依，2. 正反互转，3. 正反相彰，4. 以反求正。然而，他对辩证的表述基于一种对矛盾的颇为线性的理解，甚至没有达到黑格尔那样作为活的形式的辩证法的高度。可以说，刘笑敢的辩证法依然限于我们所说的对立的连续性，而不是一种递归逻辑，牟宗三对递归逻辑是更有洞察的。

们的区别。牟宗三对《道德经》的解读基于他对形式逻辑局限性的体验，这使他能通过玄来认识道的矛盾本质。牟宗三在关于《道德经》的讲座中明确说，玄是有和无的混化。只有理解了玄，我们才能理解道的本质。对牟宗三来说，有、无、玄是用于[177]分析道的三个术语，但只有在玄这里，道的表达才变得最具体和真实。

> 所以，玄是有、无的混化。有、无混而为一就是玄。玄才是真正恢复到道的本性，才恢复道之所以为道……玄是众妙之门，就是道是众妙之门。到玄的时候，这道就具体而真实，道的具体而真实的意义就充分表现出来。因为这个一、二、三是对道的展示。有、无、玄是对于道的分解的展示，这在《道德经》是很明显的。①

牟宗三强调了玄的逻辑中道的具体性和现实性，以回应历史上对于玄学过于抽象和神秘化的批评。在中国的早期现代化进程中（20世纪初），玄学也被用来诋毁形而上学，因其不科学且太过神秘。称某人的研究为玄学几乎是一种侮辱。牟宗三在另一场专门从亚里士多德的"四因说"解读中国哲学的讲座中，再次对玄的奇特逻辑进行了讨论。在他看来玄意味着一个循环，它也是两个对立要素（无和有）的第三项，这对应了老子"一生二，二生三，三生万物"的说法：

---

① 牟宗三，《〈道德经〉讲演录，8》，《鹅湖月刊》（当代宋明理学资料库），第304期，2003年，第2—9,8页。

　　我说道德经头一章的无是一，有是二，有、无混一，就是玄，玄就是三，到三的时候才是众妙之门，就是三生万[178]物。你光说无不是众妙之门，光说有，也不是众妙之门。一定是无而非无就是有，有而非有就是无，一定来回不能停下，停下就不玄。这就是曲线的思考，冲破形式逻辑的思路。……这就是来回回环的曲线玄谈。①

牟宗三在这里想强调的是一种超越形式逻辑的"曲线思维"，他称之为一种"来回回环的曲线玄谈"。牟宗三认为，这种逻辑在儒家那里不如在道家那里明显。玄学家提出的东西并非超越了人类经验，而是引入了一种让这种超越性变得内在的逻辑。可以以语言为例说明这一点。语言的符号是有限的，它取决于更有限的基本元素的排列组合，这些有限的排列组合又产生出无限的意义。现在我们就有了书写的有限性和意义的无限性之间的对立。如果用线性逻辑思考，我们会得出结论说书写是不充分的。在《系辞》中，孔子（或者以孔子的名义）说：

　　书不尽言，言不尽意，然则圣人之意，其不可见乎……圣人立象（emblematic symbols）以尽意，设卦以尽情伪，系辞以尽其言，变而通之以尽利，鼓之舞之以尽神。②

---

① 牟宗三，《周易哲学演讲录》，第102页。
② 《系辞》，英译出自理雅各。

[179]孔子给出的这个回答还是过于线性了，没有完全解答问题，因为这些符号（symbols）无法穷尽它们所能表达的意义总数，尽管符号数量是有限的。从逻辑上说，孔子说的话只是承认了这种失败。玄学则会回答说："尽而不尽"，或者更确切地用肯定的说法说："穷尽极限以实现无限。"有限和无限不再被设为矛盾，而是设为由玄的逻辑运动保障的连续性，玄也是第三项。

　　我想从递归逻辑而不是包含性逻辑（inclusive logic）的角度来理解玄。包含性逻辑指出，比如，一个有限的集合 A 必然在无限集合 B 之内，所以如果我们说集合 B 在集合 A 内，就会产生矛盾。递归逻辑则认为，集合 A 和 B 不是简单地由包含或排除关系维持的，而是由悖论维持的。想一想"无物无（nothing nothings）"这句话——按照包容/排斥的逻辑它毫无意义。但按递归的逻辑，一个悖论就带着新的思辨空间一起产生了。为了理解"尽而不尽"的关系以及语言，我们也许可以把它表述为二律背反的形式：

　　正题：书写用数量有限的符号充分表达世界。

　　反题：世界不能被书写充分表达，因为书写本身是有限的，世界是无限的。

解决这一二律背反的办法是穷尽语言的有限性，让它进入运动，这样它就能隐含地包含无法直接对应到其现有要素上的意义。这就是"尽而不尽"的含义。魏晋时期有一些关于"微言[180]尽意"和"妙象尽意"的讨论。[①] 在郭象对庄子的解读

---

① 有些作者把"尽而不尽"看作魏晋哲学的认识论，见王葆玹，《玄学通论》，台北：五南图书，1996 年，第 196、224 页。

中,又有"寄言出意"的说法。① 牟宗三认为曲线式的道家思想不同于儒家思维,后者以垂直线为特征,比如体现在孔子为文所做的辩护中。垂直的直线象征着人类和宇宙之间一条有活力、有能量的道路。相反,道家思维以曲线为特点,我们称之为玄。但我们想说的是,这种递归逻辑在中国思想里其实无处不在,它是对起源难题最精细的解决方案之一,任何线性因果都无法解决起源的难题,因为线性因果关系不能解释其"起源"之前的任何先决事件。

牟宗三也熟知这种思想,因为这是他的老师熊十力(1885—1968)思想的核心;熊十力将他的哲学总结为一场澄清体用论的探索。熊十力的体用论值得我们重新审视,它和我们所说的道/器关系类似。我们在前面已经看到,自魏晋起,四组连续性对立即体/用、道/器、无/有、本/末,就成了中国哲学的主要范畴。熊十力重新强调了体和用的统一,这既是对儒家的重新阐释,也是对佛教虚无主义倾向的反击——在回归儒家和《易经》之前,他一直是个佛教学者。在熊十力研究佛教数十年之后,他发现龙树《中论》(*Mūlamadhyamaka-kārikā*)的目标——通过打破一切法相达到法性或真如(*tathatā*)——在理论上是有问题的。在熊十力看来,以线性方式来看的对现象的不断打破,只会走向缺省的结局,也就是虚无。因此,龙树的理论从表面上看,最终会走向无根基的根基,也就是纯粹的虚无主义。

[181]熊十力正是在这里从佛教转向儒家,他在《易经》中重新发现了一种思考本体(ground)的丰富且具体的方式。换

---

① 汤一介,《郭象与魏晋玄学》,第197—213页。

句话说,他发现中国的本体论已经克服了线性推演。体和用构成了一种通向非线性思考的对立的连续性。① 如果说熊十力关于体用的说法适用于儒家思想,我们甚至可以说,这种递归性在中国思想中是无所不在的。

熊十力受到了儒家学者王夫之(1619—1692)的启发,王夫之强调道与器不可分。在《系辞》第 12 章中,我们读到"形而上者谓之道,形而下者谓之器"。乍一看,"形(form)"似乎把道和器拆分成了两个不同的领域。但王夫之坚持认为,把道和器分成两个实体是有误的,因为这两个名字只表示不同的指称,而不意味着两个不同的东西。形之上的指称不一定意味着某种无形之物,因为只有在已经有形的情况下,才能有"形而上"。②

确实,对王夫之来说,道是器寓于其中的现实;而器比道更根本,因为没有器就没有道。在王夫之对《系辞》的评注中我们读到:"天下惟器而已矣。**道者器之道,器者不可谓道之器也**。"③最后半句说只凭道不能产生器,也就是说道并不先于器,因为如果没有器,道就将不复存在。而就器来说,一旦它被产生,就已经有道了。

王夫之强调道和器的统一,但这种统一也可能被误当作一

①　见熊十力,《体用论》,上海:上海书店出版社,2009 年;但后来当熊十力再次回到龙树的作品时,他也意识到龙树已经指出了这种逻辑,而他过去没有注意到;见第 64 页:"中间上探大空之学,留意乎《中论》,读至《观四谛品》云'见一切法从众缘生则见法身',乃喟然曰,性相不二之理,龙树其早发之欤。"

②　王夫之,《周易外传》,见《船山全集》卷一,台北:华文书局,1964 年,卷五,第 1028 页:"形而上者,非无形之谓。既然有形矣,有形而后有形而上。"

③　同上注,第 1027—1028 页。

种天真的唯物主义,即把道[182]理解为位于器的物质基础中的现实。在今天,王夫之也许会被称为唯物主义者,但这种解读还没有达到我们所说的对立的连续性和递归性,这种连续性和递归性不能还原为唯灵论或者唯物主义。王夫之批评王弼的"得言忘象,得意忘言"(但其实王弼在《明象》里写的是"得象忘言,得意忘象");对于王夫之来说,王弼的思路试图摆脱器,却没有处理这样一个事实,即离开了器也将使道不复存在。①

王夫之对作为载体的物质的强调是正确的,尽管他的批判似乎忽略了王弼对道与器的递归关系的洞察。根据我们到目前为止的解读,这种递归并没有取消物质支持,而是强调了道与器不可还原的关系。同时很有意思的是,熊十力从王夫之的道器论中引申出一种递归式的解读,对他来说道和器之间的关系就是体和用之间的关系,这也是王弼哲学的核心逻辑。② 简而言之,体用从根本上说是一种非二元逻辑。体用代表两极,而非两种不同的实体,即体用不二。

熊十力提出了两种运动,辟和翕,以描述心与物的两种功能,它们的统一是通过其对立的性质而可能的:

> 功用的心、物两方,一名为辟,辟有刚健、开发、升进、绍明等等德性,《易》之所谓乾也。一名为翕。翕有固闭和下坠等性,《易》之所谓坤也。一翕一辟,是功用的两方面,心、物相反甚明。辟,即心也。翕,即物也。翕辟

---

① 王夫之,《周易外传》,第 1029 页:"'得言忘象,得意忘言',以辩虞翻之固陋则可矣,而于道则愈远矣。"

② 见汤一介,《郭象与魏晋玄学》,第 43 页:"王弼思想的核心观念是体和用的统一,本末的不二。"

[183]虽相反，而心实统御乎物，遂能转物而归合一，转者，转化之也。故相反所以相成。①

我们或许可以用熊十力给出的一个比喻来阐释这个递归逻辑。我其实对熊十力用以描述体用关系的比喻并不完全满意，因为它偏向于一种包含的逻辑，而不是更精致的递归逻辑。熊十力用了海和沤的比喻，海是沤的体，沤是海的用。沤如果不作为海的一部分就不能存在，海则允许沤的表现形式。这并不是说海包含了沤，而是说海使包括沤在内的许多事物**得以可能**，而沤作为海的表现形式之一，参与了海的构成。这种递归逻辑不是包含的形式逻辑，而是时间的逻辑——即运动的逻辑，其中时间是进行区分和延迟的递归的一个维度。作为一种思维方式，递归也适用于其他领域：

于宇宙论中，悟得**体用不二**。而推之人生论，则**天人为一**……天，谓本体，非天帝也……则天者乃吾人之真性，不是超越吾人而独也。故天人本来是一……推之治化论，则**道器为一**。器，谓物理世界。道者，万物之本体，故**道器不二**。②

[184]两极之间的这种递归就是我们所说的对立的连续性与统一性。四组范畴之间的对立的连续性与统一性，在魏晋时期就已确立起来，并在之后的中国思想中被进一步阐述。这种由道与器、

① 熊十力，《体用论》，第121页。
② 熊十力，《体用论》，第72页。

体与用、理与气的动态关系构成的递归思维,让我们得以瞥见中国思想中生成的问题。我们应该沿着历史脉落把这一论述向前追溯,直至我们所说的道与器的统一性。人们可能会怀疑,这种思维方式在中国现代化期间,也就是在鸦片战争战败后就消失了,但实际上它仍然是中国思想的核心。统一不是简单地把两样东西放在一起,或者让它们变得无差别,而是将其放入递归运动。

鸦片战争后,中国知识分子对身与心、西方技术和中国思想进行了笛卡尔式的区分,完全没有理解中国思想中存在的递归思维。所谓西方的器(科技)最终改变了中国思想,这使得单纯回归古代思想变得无效(如果不是完全不可能)。今天,当历史学家说中国思想用西方机械论取代了它的整体主义,这个说法依然是个不充分且教条的说法,因为中国思想的"整体主义"只是一种印象,还没有在哲学上得到澄清。

§14.4   宇宙与道德

在《递归与偶然》中,我运用递归与偶然这两个概念来重建一种有机主义理论。我试图描述从机械论到有机论的认识论转变,通过考察二者在西方哲学中的历史,质疑它们的简单对立,我尤其强调了控制论在 20 世纪上半叶如何使这种对立变得不堪一击。在这里,我会用同一个术语"递归性"来描述对立的连续性。这并非如李[185]约瑟所说,中国思想中存在一种 20 世纪在生物学中发现的有机主义的脉络。① 相反,我

① 见李约瑟,《文明的滴定:东西方的科学与社会》,London:Routledge,2013 年,第 21 页:"中国的长青哲学是一种有机唯物论。这可以从各个时期哲学家和科学思想家的声明中看出来。对世界的机械论视角在中国就是没有发展起来,而认为每个现象都按照一种等级秩序和一切其他现象相互关联的有机主义视角,在中国思想家当中是普遍的。"

会努力解释清楚悲剧逻辑、道家逻辑和控制论逻辑之间的细微差异,也正是这些差异造成了差异。

牟宗三也指出,把《易经》看作有机论是有误的,因为有机论或有机体在西方是与机械论对立的概念,而《易经》体现不出这种西方现代认识论的对立关系。① 牟宗三认为,在气化这一转化中可以看出机械论和有机论二者,但这样说还不充分,因为同样的认识论进化以及科学进步在中国没有发生。②

说中国思想已经同时包含了机械论和有机论,实际上没有任何意义。古代中国人可以在造出自动机的同时保持对身体的"整体论"观念,但他们不一定遵循了西方形而上学关于机械论和有机论的思维轨迹。"Metaphysics"(语意为"后物理")一词被日本哲学家用汉字翻译成"形而上学",不知不觉地(甚至是错误地)把西方哲学投射到了东方哲学上,把各个范畴都混淆了。正如我们想要澄清的,西方的"后物理"与物理二者的参与方式,与道和气的参与方式并不一样。

宇宙是天,道德是天的恩(译作 Grace[恩典]时就和基督教神学[186]混淆在一起),万物在天地之间找到了它们的位置,以各自的方式繁荣。天与德统一于器,即包括发明和使用在内的技术活动。牟宗三认为中国思想中的道德目的论是"天命不已"。对道德目的论的这种肯定是德,德也定义了人

---

① 牟宗三,《康德美学讲演录》,第四讲,《鹅湖月刊》(当代宋明理学资料库),第 410 页,2009 年:1—6,3。"有人说《易经》是有机论,那是不通的。因为《易经》思想不是 Organism,《易经》的思想不能用 Organism 的思想来表达。因为在西方,有机是对着无机而讲的。机械原则是用在无机物……《易传》讲阴阳五行、讲气化,并不是就着有机物而讲的。"

② 同上注。

类在宇宙中的角色。人作为工具的载体,有责任促进事物的生长,使事物按其本性发展(即参天地赞化育)。对牟宗三来说,这种宇宙目的论就是孔子说的"道",也是道家的道。①

牟宗三和熊十力都把《易经》看作儒家道德宇宙论的基础。这种道德宇宙论是以天的生成和地的保存为模型的,如这一过程表示的:元(beginning)→ 亨(expansion)→ 利(profit)→贞(rectitude)。② 牟宗三在道家那里发现了能够丰富儒家思想的递归思维,他指出,我们几乎不可能在中国思想中找到**形式因**和**质料因**,也就是说中国思想中没有形质说的位置。

牟宗三建议把儒家思想中的动力因和目的因看作乾和坤,因为天生成事物,地保存事物。在《象传》(对《易经》的七篇评注之一)中,我们读到:"大哉乾元,万物资始";"乾道变化,各正性命"。③ 乾是万物[187]由以开始的生成性力量,它也是化的原则,使万物得以按其本性发展。如果说乾产生事物,坤保存事物,那么就如《象传》所说:"至哉坤元,万物资生",且"坤厚载物,德合无疆"。④

牟宗三限于把**动力因**和**目的因**投射进中国哲学中,但这种智力活动是徒劳的。事实上它有可能会重复亚里士多德学派对上帝的推演,通过用乾坤取代第一推动来建立一种自然

———————

① 也正因此,牟宗三认为儒家关注"是什么"的问题,道家关注"如何"的问题。

② 我在英文版中采用了乔迪·格拉丁(Jodi Gladding)对弗朗索瓦·于连在《开端之书》(*The Book of Beginnings*,New Haven and London:Yale University Press,2015 年,第 29 页)中提到的这些词的翻译。

③ 《象传》,英译理雅各,https://ctext.org/book-of-changes/qian2。

④ 同上注。

神学。更遗憾的是,牟宗三太轻易地放过了"原因"一词的词源,在希腊语中,表示原因的 *aition* 一词的意思是"负责"或"有罪"。[①] 而在中国思想中几乎是相反的:导致事物出现的不是负债,而是恩。从词源上看,恩近似于惠,惠又来自仁。按照这样的梳理,我们会发现天地的恩在于它的"生生之德"。

在《论中国的技术问题》中,我把宇宙技术定义为通过技术活动实现的宇宙秩序和道德秩序的统一。这意味着在古代中国,一切人类技术活动都受制于道与器的关系,这一关系由不同时代的主流思想以不同的方式重新解释。我没有详细说明我所说的"统一"是什么,为了简单起见,我只是借助了格式塔心理学中图形—背景的比喻,这也受到了西蒙东技术起源理论的启发。西蒙东在他的《论技术物的存在模式》(*On the Mode of Existence of Technical Objects*)第三部分"技术性的本质"中,提出了[188]一种思辨的技术史。他的出发点是,他在第一部分"技术物的起源和演变"和第二部分"人与技术物"中做出的对技术物的研究还不足以理解技术性的起源,因为对技术物的这种理解(作为具体化过程的演化)没能充分处理技术性思想与宗教、审美、哲学思想等方面的关系。

在西蒙东的理论中,技术性的起源始于巫术相位(*phase magique*),在这里主体和客体之间没有区分。背景和图形已经区分开但依然不可分割,它们通过一个"关键点"网络被整

---

　　① 杰弗里·劳埃德(Geoffrey Lloyd)和南森·席文(Nathan Sivin),《道与言》(*The Way and the Word*),New Haven:Yale University Press,2002 年,第 162 页。"希腊表示原因一词的原本含义,*aition*,*aitia* 及其同源词,都明确地和法律背景有关,而不只是涉及一般意义上的人类活动。*Aition* 指对某物无责。阳性的 *aitios* 用来指有罪方,*Aitia* 指'指责或罪,及其认定,抑或归罪的指控。'"

合在一起——关键点是被看作超凡的特殊地点与时刻,如山顶、河流源头、节日日期。巫术相位的饱和导致了技术与宗教的分叉,它们进而又分叉为理论和实践、伦理和教条。每个分叉都产生一个试图从统一之上的角度(如宗教、科学)理解存在的理论部分,和一个试图从统一以下的角度(如技术、教条)把握存在的实践部分。

考虑到这种持续不断的分叉和差异化,西蒙东(少见地提到了海德格尔)提出要超越专业化和功利主义,设想一种类似于巫术相位的图形和背景的聚合(convergence)。它是巫术相位的类似物,因为回归古代的巫术相位是不可能的,但回到某种形式的聚合则是可以努力的;因此人至多能创造一个与巫术的统一相似但不完全相同的现实。在第一个断裂阶段(分裂为技术和宗教)之后,审美思维负责让两种思维模式聚合。在这一点上,我们也许可以把山水画看作对西蒙东的"关键点"之一的再创造,它暗示着自然世界和人类世界的统一。

西蒙东认为,在第二个断裂阶段(在技术方面分裂为理论与实践,在宗教方面分裂为伦理与教条)之后,审美思维已经不够了,由于它在表达和交流方面的局限性,哲学思维承担了[189]聚合的任务。对美学思维和哲学思维的这种比较很有启发性,但也很有争议。① 无论如何,西蒙东提出了一个重要的观点:在第二个断裂阶段之后,审美思维已经**不再**与实际的技术发展**同代**了,也就是说,它们不处在分叉的同一个阶段。因此,发明某种虚拟现实的技术美学或者机器学习(作为对技

---

① 如郭若虚在他的《图画见闻志》(第 7 页)中,提到了张彦远关于绘画的功能的说法:"文未见经纬,而书不能形容,然后继之于书也,所谓与六籍同功,四时并运,亦宜哉。"

术发展中的实际问题的解决方案)还不够。我们面临的挑战不在于放弃审美思维转向哲学思维,而在于更新二者的关系。在后面,我们将应对这个让美学思考与实际的技术发展同步的挑战。

我们可能要问,按照西蒙东的逻辑,山水画是不是一种试图让关键点网络显现、让绘画本身成为个体与社会生活的关键点的尝试。如果是这样,绘画就能参与到天的运行中,就像唐代鉴赏家张彦远对绘画的描述:"与六籍同功,四时并运"。绘画,尤其是山水画,是一种宇宙技术,因为为了作画,人必须首先理解宇宙及其起源,正如石涛所说:"得乾坤之理者山川之质。"①石涛的代表作《画语录》第一章的标题是"一画章",林语堂将其英译为"一笔法"(one stroke method),这一章开篇说:

> [190]太古无法,太朴(primeval chaos)不散,太朴一散而法(method/law)立矣,法于何立,立于一画。

太朴一词出自老子。在《道德经》第32章中我们读到,"道常无,名朴",在第28章中又有,"朴散为器"。"一笔"这个开篇确立了道和器的关系,把"一画"翻译成"一笔"似乎是不充分的,因为一画也可以是"一幅画"。人们也许可以说,画家能通过一笔把握宇宙与人的统一,观看者也可以通过凝望绘画把握这个统一。同样,画家比其他人都更理解"参天地赞化育"的必要性(以一画测之,即可参天地赞化育)。②

---

① 石涛,《画语录》,第八章,"山川章"。
② 同上注。

在《论中国的技术问题》中,我在道器统一和背景与图形的聚合之间做了一个类比。然而,我在那里的处理还没有达到这一对比该有的清晰度。在那本书中我还含糊地把中国宇宙技术思维与西蒙东受有机主义和控制论启发的技术哲学联系起来。哲学是一种不断阐述并修正自身的反思性思维。在这里借助对玄的含义的重新表述,我希望道器统一的逻辑能够得到更充分的讨论。

道德和宇宙相互贯穿,并在技术活动中结合。这并不完全是宗教的——正如熊十力谈《易经》时经常强调的。熊十力表明,我们可以在不同领域中找到这种统一的逻辑,如政治领域中宇宙秩序和道德秩序的统一(天人合一),还有技术中的器道合一。

§15   本体界

[191]我们现在必须要问:在艺术和哲学中被我们归结为**无**和**有**的递归运动的**终极目的**是什么? 它通向哪里? 它是否像以某个特定输出结束的控制论运作那样,有预定的目的地? 还是说它试图构建一个不可化约为任何数值的领域,即一个无法被计算、量化和穷尽的领域? 如果中国绘画和诗歌的大师们试图创造一种意境,那意境会是一个目的地吗? 或者我们可不可以说意境其实不是一个情境,而是一个持续运动的氛围?

我们在这里可以想到,康德用于理解自然和美二者的反思性判断并不引向任何具体的目的,而只是引向一种"就好像(als ob)"。我们或许也可以把美和自然目的这二者放在这样一个超出了客观演证的领域内,把这个领域和康德所说的"本

体"联系起来。张岱年(1909—2004)和牟宗三都是 20 世纪重
要的哲学家和中国哲学史家。张岱年在《中国哲学大纲》中
写道：

> 中国哲学家都承认本根不离事物。西洋哲学中常认
> 为本根在现象背后，现象现而不实，本根实而不现，现象
> 与本体是对立的两世界。这种"本根是虚幻现象之背后
> 实在"之观念，多数中国哲人，实不主持之。中国哲人决
> 不认为本根实而不现，事物现而不实，而以为事物亦实，
> 本根亦现；于现象即见本根，于本根即含现象。所以怀特
> 海(Whitehead)所反对的，西洋哲学中很普遍的"自然之
> 两分"，在中国哲学中是没有的。①

[192]认为本根在现象背后的信念，会引向对物理世界之外的
事物的探索，即形而上学。物理是显像的世界，形而上学是理
念世界，二者的分离体现了怀特海所说的"自然的分叉(bifur-
cation of nature)"。张岱年观察到，这种我们称之为"对立的
不连续性"(**悲剧**逻辑的基础)的分离在中国思想中并不占主
导地位。相反在中国思想中，我们只能看到对立的连续性。
牟宗三在《周易哲学演讲录》中也有类似的见解：

> 西方人在了解现象(phenomena)方面行，在本体
> (noumena)方面很不行。但了解现象很重要呀！现代中

---

① 张岱年，《中国哲学大纲》，南京：江苏教育出版社，2005 年，第
37 页。

国人既不了解现象,也没有本体的体悟,所以我们现在努力就是要恢复中国的传统智慧,同时恢复西方的正式传统,这样的中华民族的生命才能畅通。要不然民族生命永不能畅通,还要受罪。①

[193]牟宗三和张岱年都是经历过中国的巨大思想挑战和变革的哲学家,他们在试图解释东西方差异时得出了相同的结论:我前面阐述过的对立的连续性的逻辑,与西方思想形成鲜明的对比。两人都使用本体一词,我们在前面把它译成"基础"或"根基"(ground),而非实体(substance)。本体一词也被用来翻译康德所说的本体(noumenon,尽管这个译法是有问题的)。②

即使本体不是中国哲学的全部,也是它的重要主题;虽然我们**暂时**接受了约定俗成把 noumenon 译成本体,但必须记住,对康德来说现象和本体的对立至少在认知上是不连续的,而体与用、本与末的对立却不是这样。至于对艺术的讨论,我们可以回到本章开始时提出的问题:美在客观意义上总是不在场的,但它仍然存在。

在山水画中,试图显现在画布上的缺席究竟是什么?它不是一种现象,也不可能是现象,因为现象要么在场,要么可以按其自身被呈现出来。因此,试图在画布上显现出来的缺失就是无法被赋予形式的大象。它只能是非现象,按照康德的说法我们可以称它为本体。但如果真理是本体的、隐藏的,

---

① 牟宗三,《周易哲学讲演录》,第54页。
② 中文经常用"本体"翻译"noumenon",用"实体"翻译"substance",有时也互换从而造成混淆。

这是否意味着它是不可演证的？如果真理是隐藏的，我们还
能阐明它吗？

　　我们也许可以简要回到塞尚——回想起画家赵无极曾
说："是塞尚教会了我如何观看中国的自然。"我们在前面说
过，20世纪初欧洲现代绘画超越具象的努力类似于中国绘画
中超越形式的努力。这种相似性，尤其是在塞尚那里，还有待
加以限定说明。阿希姆·加斯奎特（Joachim Gasquet）重述
了塞尚在和他对谈时说的一段话：

> 　　[194]我希望——我这样对自己说——画出空间和
> 时间，让它们成为颜色的可感性（sensitivity）的形式，因
> 为我有时会把颜色想象成伟大的本体性实体（noumenal
> entities）、活生生的理念、我们可以与之呼应的纯粹理性
> 的存在。自然不是在表面上的，它在深处。颜色是这个
> 深度在表面的表达。它们从世界的根源处产生。它们是
> 生命，是理念的生命。①

塞尚想用颜色构建时间和空间的感知性，但他对"本体性实

---

　　①　见阿希姆·加斯奎特，《塞尚》（*Cézanne*），Paris：Les éditions
Bernheim-Jeune，1921/1926年。包含这段对话的摘录可见塞尚协会
（Cézanne Society）的网站，https://www. societe-Cézanne. fr/2016/07/
30/1898："je voudrais, me disais-je, peindre l'espace et le temps pour
qu'ils deviennent les formes de la sensibilité des couleurs, car j'imagine
parfois les couleurs comme de grandes entités nouménales, des idées vi-
vantes, des êtres de raison pure. Avec qui nous pourrions correspondre.
La nature n'est pas en surface; elle est en profondeur. Les couleurs sont
l'expression, à cette surface, de cette profondeur. Elles montent des
racines du monde. Elles en sont la vie, la vie des idées. "

体"一词的用法很令人吃惊。不仅因为这是康德主义的说法
（可能加斯奎特跟塞尚讨论了康德），值得注意的是，塞尚在绘
画中看到了触及本体，触及自然的深度的可能性。

在《纯粹理性批判》（1781年）中，康德通过把思辨理性带
离**狂热**（*Schwärmerei*）、将其封闭在"被广阔汹涌的大海包
围"的土地上，而给思辨理性划定了界限。这样，康德就区分
了两个领域。一个是和显像（即可能经验的对象）有关的现象
领域，①另一个是本体界，其中的事物仅仅是知性的对象，而
不是感性直观的对象。② 人类的感性直观不能穿透本体，也
就是说，我们无法积极地阐明物自身这样的本体性实体。即
使我们依据[195]颜色、气味、形状等逐个分离出事物的性状，
直到只剩下一个物自身，我们还是不能知道或感知这个东西，
尽管它也是我们去除的那些性状的原因。因此，本体是消极
的，除非能有一种对应于对它的知识的理智直观。③

在康德的伦理学中，本体也是实践理性的悬设（postu-
late），如绝对自由的意志、灵魂不朽和上帝。科学知识，就其
以客观有效性为目的而言，必须基于对现象的感性认识。所
以当塞尚说他把颜色看作本体实体，并且想要揭示某些深层
或奠基性的东西时，他想说的是一种通过颜色实现的本体的
经验吗？ 如果说在艺术中对本体的经验是可能的，我们是否
违反了康德给思辨划的界限，或者是至少提出了一种反康德
的艺术哲学？

---

① 康德，《纯粹理性批判》，Werner S. Pluhar 译，Indianapolis：
Hackett，1996年，A248，B305页："种种显像，就它们作为对象按照范畴
的统一性被思维而言，就叫作现象。"
② 同上注，A249，B307页。
③ 同上注，B307页。

　　为了回答这个问题,我们必须通过一种对康德《判断力批判》的非常规解读来考察美与本体的关系。要想概括康德在第一批判(1781)和第三批判(1790)中的尝试,我们可以说在第一批判中,康德建立了一个基于规定性判断的系统,让感性材料从属于纯概念(即范畴)。为了简单起见,我们可以把它看作一种把普遍应用于特殊的线性逻辑。这种从属关系遵循一个按直观、知性、理性的顺序系统地建构起来的建筑体系。在第三批判中当康德处理美的问题时,我们看到第一批判中描述的机制不够用了,因为我们找不到美的类型学。并没有一个普遍的美的概念被预先给定,能适用于绘画或雕塑等任意特定对象。

　　如果美不能由纯粹知性概念来规定,也就是说它不能通过从普遍到特殊的线性运动来获得,那么我们该如何接近美呢? 有人可能会问:如果美始终不可定义,是因为它是主观的,从而因人[196]而异吗? 这会把美的问题从根本上变成主观品味的问题。鲍姆嘉通(Alexander Baumgarten)建议我们把美学理解为一种认知(*Erkentnis*,或者更准确地说,理解为一种局限于感官和低级认知的科学,它之所以低级是相对于逻辑而言),因此他去寻找美学判断的基本原则,比如把美视为对完美的感知。康德反对鲍姆嘉通的理性主义进路,他指出,只要鉴赏判断涉及愉悦,它就只能是主观的;但康德也提出了一个表述为鉴赏的二律背反思辨的问题:有没有可能把美理解为普遍且在主观上客观的东西(从这个意义上说,美的存在不能被认作对象,只能被主观地推测),同时又无法被纯粹知性概念规定? 当我们说某物是客观的,比如一个三角形有三条边,它可以被质、量、关系和模态的范畴来规定。但是如果我们说某物是不可规定的，比如当我们无法明确它的性质时，它就不是客观的。但这并不意味着它不存在。

在《判断力批判》中，康德把他所说的"反思性判断"与"规定性判断"并置起来。后者遵循建构性原则，把普遍者（纯粹概念）施加于特殊者（感性材料）之上。反思性判断则遵循范导性原则，它从特殊者出发，通过自我立法（auto-legitimation）抵达普遍——它必须制定自己的法则，这些法则是无法预先规定的，因为它们不能提前给出。但尽管目的不能被提前给定，却可以通过反思过程实现出来，达到客观和普遍性，即美。如果我和我的邻居对艺术品或自然的美持不同意见，我们都无法说服彼此。这种情况下美还不是普遍的，因此它还无法交流。那么主观的反思性判断如何由此出发达到一种并非预先定义，并非先于经验地被给出的客观性呢？

当我们问"何为自然的目的论"，情况也是如此。我们不能说植物存在的目的就是供动物食用。但是自然界中有可能存在[197]一个我们无法预先得知的目的。康德把《判断力批判》分成两部分，"审美判断力批判"和"目的论判断力批判"，因为它们都指向同一个问题。在我们的日常使用中，"自然"始终是个空洞的概念，就像美本身那样。即使有人对地球上所有的人进行一次关于美的调查，也得不出统一的答案。对自然和美的存在的主观理解，确实只能用"就好像"一词来反思性地把握。

作为审美理念的美无法就其自身被把握（康德称之为**不可阐明的**[*inexponible*]，与不可演证的理性理念相对），但它依然可以被经验。但如果这种经验逃脱了我们的眼睛和手的把握，它就不能被化简为现象。如果它不是现象的，就只能是本体的；而如果美是本体的，我们就面临一个问题。说某物美的标准只能基于一种理智直观,但如果我们同意康德的观点,认为人类不能有理智直观,那么体验美的唯一方式就只能是"就好像"。这里有一片康德有意悬而未决的灰色地带。

艺术理论家蒂埃利·德·迪弗(Thierry de Duve)指出,20世纪"艺术"一词取代了19世纪的"美",但他的说法让美和艺术二者都面临唯名论的指责,由于美的存在方式是抽象和空洞的,这意味着它可以被任何其他抽象词语(如"艺术")取代。①把这场争论带回中世纪的唯名论和唯实论之争的做法,并不是一种理论进步,尤其康德已经把美和目的论揭示为**复杂而有逻辑的**,可以通过理性剖析来趋近的**动态过程**了。但如果我们说美不能就其自身被把握,却可以被经验,这个说法本身又怎么能被表述出来呢? 当我们听肖邦的浪漫主义作品或者看石涛的山水画时,声音和图像悬搁了我们的思维,使我们置身于另一个领域。就像梅洛-庞蒂对塞尚绘画的分析那样,我们可以[198]把这种中止与现象学的**悬搁**联系起来。这种**悬搁**敞开了一条通往对艺术家来说始终未知的"道"或"道路"。艺术家并不确切知道它,因为它不能**作为它自身**(as such),而只能"**就好像**(as if)"地被知晓。它的不可知是有待被经验的——不是作为神秘,而是作为**敞开性**(openness)被经验。

这种敞开性对艺术家来说既是个人的,也是时代性的(epochal),因为艺术家的工作方式既是回应他或她本人的思考,也是回应他们所处的时代的主流思想。艺术作品创造出的敞开也是一种跳跃(Springen)的可能性,对海德格尔来说,

---

① 见蒂埃利·德·迪弗,《杜尚之后的康德》(Kant After Duchamp),Cambridge, MA: MIT Press, 1993年。

这种跳跃构成了艺术作品的本源意义（正如我们在第一章看到的，本原[Ur-sprung]是原初的[Ur-]跳跃[Sprung]）。人们在中国山水画中经历的"跳跃"不同于希腊悲剧或者基督教艺术中的受难，更不同于形塑了现代艺术的达达主义和超现实主义者的实践的"震撼主义(shok doctrine)"。

　　一个有教养的欧洲观众在石涛的画前可能会赞叹："多美啊"，而一个有教养的中国观众或许会不自觉地超越图像，进入画家和诗人试图展示给我们的宇宙。"我"被消融了，这不是说它被化简为一个对象或者虚无，而是成为更广的现实的一部分，道德和宇宙在这一现实中被看作统一的经验领域。①山水画可以作为人类世界与宇宙相遇的场所。在这相遇中既没有悲剧性的暴力，也没有浪漫的崇高。相反，我们会发现一种并不像悲剧那样扩大或者激发情感的淡雅。淡雅不意味着僵硬或枯燥，因为它承载着对立和一种已经充满潜力的无为（或者我们可以称之为能发之未发）。[199]山水画家首先是哲学家，因为他们受到训练不画他们看到的，而是去构建起参与的形式，在这里山和水类似于西蒙东所说的"关键点"。

§16　感与应

　　对中国圣人来说，不可知者叫作道。在老子那里，我们看

---

　　①　见于连，《大象无形》，第 122 页。"在欧洲语义下，'风景'一词指的是一个统一体，它在与一个将其视角向外投射的接收功能的关系下布置世界。'山水'不仅完整地表达了这种关系，也消解了一切指导该关系的视点。不再是一个主体的主动性推进着风景，从它自己的位置上开创一个视域；任一意识都发现，它从一开始就参与进了那个环绕它的伟大的对立-补充运动中。"

到道是可以被阐明的,但从来不能作为它自身被阐明。老子用无、有、玄这一组说法一直讲下去。在关于这个主题最早的著作之一《画山水序》中,诗人和画家宗炳指出,山水画的任务是揭示道。宗炳首先把道与圣人联系起来,因为圣人承载道,并且看到道映在一切事物中。而另一种人,贤者(有德者),不同于圣人,因为人虽然接受道德教育却不一定能成为圣人。成为圣人需要实践和智慧,实践和智慧或许有朝一日会照亮道。

> 圣人含道映物,贤者澄怀味像……夫圣人以神法道,而贤者通。山水以形媚道,而仁者乐,不亦几乎?①

宗炳特意用了"含"这个字,而不是"知",因为道是无所不在却不可知的。贤者或者有教养的人可以理解道的精微之处,却不是如圣人那样遵循它。只有当一个人是敏感的(sensitive,或具有某种感知性),[200]他才可能在伦理上与他人共存——在这里,我把通常被译为"benevolent"的仁译作"sensitive",因为敏感意味着一个人能与其他人类以及非人类"感应"。我们在这里概括的这种感知性对于理解道来说是必不可少的,因为若是没有这种感性,道就很容易被简化为"自然法则"或"事物的原则"(正如今天人们通常的看法)。然而感知性的概念并不限于康德描述的感性。我们会想起康德区分了两种直观,感性直观和理智直观——一种属于人,另一种属于神。康德把感性的问题限于现象,但他也希望阐明一种共通感(*sensus commu-*

① 见宗炳,《画山水序》,见《中国历代画论选—上》,潘运告编,长沙:湖南艺术出版社,2007年,第12页。

nis）——它是普遍的,却不是先天给予的。

从解构主义的角度来看,共通感只有通过书写以及其他的交流手段才可能。正如让-皮埃尔·韦尔南所说,希腊城邦是在字母书写发明之后,在共通感可以由律法(也是一种书写)确立起来之后才出现的。我们在这里感兴趣的不是解构的问题,而是感知性如何能超越感性,超越我们感官所能感知的事物。在中国哲学中这是心的问题,有时也被称为"大心",以区别于感觉器官——它们只能为我们提供宋代理学家张载(1020—1077)所说的"小知"。从这个意义上来说,科学和技术只不过是小知,只有用心才能知道的才是"大知"。① 心是感觉器官的补充,后者和有限形式的知识与理性相对应。

[201]牟宗三在阅读康德的《纯粹理性批判》时,惊讶而又受启发地发现康德想要限制的思辨理性恰恰是中国哲学想培养的。在构成中国思想的儒、释、道的统一中,最突出的就是培养一种超越现象并使之与本体重新结合的认识方式。然而,牟宗三理解的理智直观不是先天的。一个人无法不经教养就成为圣人、佛陀或真人,因为理智直观只有通过不断的训练才能发展起来。这也是牟宗三和谢林(以及费希特)的区别所在:理智直观是需要发展的,因为它不是从一开始就作为知识的基础被给予的。因此,牟宗三的理智直观既不是纯先天也不是后天的:它不像在物种内遗传下来的感性直观(先天),也不是单纯由经验发展起来的(后天),因为是理智直观把人

---

① 引自牟宗三,《智的直觉与中国哲学》,台北:台湾商务印书馆,2006 年,第 184 页;出自张载,《正蒙》,第七章,"大心篇":"天之明莫大于日,故有目接之,不知其几万里之高也。天之声莫大于雷霆,故有耳属之,莫知其几万里之远也,天之不御莫大于太虚,故心知廓之,莫究其极也。"

同动物区分开。在宗炳的《画山水序》中，我们已经能看到心与眼的对比，这两种器官产生了不同形式的认识，却又彼此呼应(应)、交汇(会)：

> 夫以应目会心为理者，类之成巧，则目亦同应，心亦俱会。应会感神，神超理得。虽复虚求幽岩，何以加焉？又神本亡端，栖形感类，理入影迹，诚能妙写，亦诚尽矣。

[202]有两个关于翻译的问题值得强调。上面引文的最后一句话中，诚的意思还不完全清楚。诚是宋代理学及其道德宇宙论最重要的术语。作为一个副词，诚的字面意思是"真诚地"，但我把它模糊地翻译成"真的(really)"，即一种对程度的描述。人们也可以把最后一句话的意思解释为，诚使道得以被表达和体验。在《中庸》中我们读到：

> 诚(sincerity)者天之道也，诚之者，人之道也；自诚明(intelligence)，谓之性。自明诚，谓之教。诚则明矣，明则诚矣。①

诚和明是息息相关的。没有诚，也就无法明道。张载是一位了不起的《中庸》读者和注解者，他在《中庸》的基础上提出了"大心"的概念。

---

① 《中庸》，英译出自理雅各，http://www. esperer-isshoni. info/spip. php? article66，1893。翻译有所修改。

图 11

石涛,山阁,《山水十二帧册》11,1703 年,纸本设色,47.5 × 31.3 cm。波士顿美术馆

其次，我想请人们注意"感应"（resonate）一词；不属于五感，却建立在五感之上，它让人与天地间的一切其他存在共情，也和天地本身共情。当人达到无思（non-thinking）、无为（non-doing）的境界，感应就被扩大了。无思和无为区别于不思（not-thinking）、不为（not-doing）：虽然人无法停止思考和行动，却能中止习惯性的行为模式。

我们可以借用古代占卜中的一个比喻。以前的人可以根据《易经》中的卦，用龟壳和蓍草来解释现象中如何体现易——即无为[204]和无思。《系辞》说："易无思也，无为也，寂然不动，感而遂通天下之故。"牟宗三在评论这段话时写道：

> 它们本身虽然是无思、无为的龟壳、蓍草，但你藉着它做工夫，你一问，你有问的感应的时候，它一通就通天下之故。……所以感而遂通天下之故，这个等于一通全通，感通全宇宙。**感通全宇宙这种观念先秦儒家最有实感，这个就是康德所说的 Intellectual intuition（理智直观）。**①

这个大胆的说法引出了许多问题。牟宗三把心——或者王阳明（1472—1529）所说的良知——等同于康德说的"理智直观"。② 首先，我们能在多大程度上让良知与康德的理智直观相一致？其次，这种朝感觉的回归岂不是一种向神秘主义的倒退？这确实还需要进一步的详细定义和讨论。牟宗三有

---

① 牟宗三，《周易哲学讲演录》，第 137 页，重点由我添加。

② 同上注，第 141 页。"寂然不动，感而遂通天下之故这个就卜筮讲，把这个观念用在我们的本心上来，譬如说用在王阳明所讲的'良知'，用在孟子所讲的四端之心，这个寂然不动的'寂'就指良知的明觉讲。寂然就等于良知本心的明觉，寂然不动的'寂'就指良知的明觉讲。"

这样一种直觉,即有办法让认知超越现象,培养这种认知就是成为圣人的方式。① 这种认知方式的存在及其具体性也是道德的来源,因为它建立在对天地之恩的欣赏与对生命的理解上。牟宗三在科学知识[205]和道德哲学的区分方面,受到康德很大的启发,但他没有求助于康德的定言令式。他们都认为我们不应将道德视为公理(axioms)的应用,因为公理有强加一种机械论的风险。

我们必须说明人类在宇宙中的角色,努力远离人类中心主义,而不是把道德公理化。中国传统的占卜和绘画已经体现了一种破除了人类中心主义的观看与相信的方式,因为人类只是一种促成天地的实现的技术性媒介。我们在天地中找到的交流模式是递归性的,因为宇宙(天地)体现在道德中,道德通过人类的技术性活动反映着宇宙。

人们当然可以问:现代科学不是已经给了我们更多关于宇宙的信息,向我们表明宇宙和道德没什么关系吗? 一种直观的思维方式到底有多大的价值呢? 回顾地说,我们知道现代科学的诞生与对直观的放弃是同步的,正如汉斯·布鲁门伯格(Hans Blumenberg)观察到的:

> **直观**的放弃是现代科学的前提;直观的丧失是一切
> 将自身系统化的理论的必然结果,这种理论以这样一种

---

① 关于认知和修成圣人的关系,支道林(314—366)有一段很有意思的评论,他是一个僧人,评注过一部分《庄子》。他的评注意在批评郭象和向秀(竹林七贤之一),向秀认为逍遥的意思是一切存在都满足于自己的本性,自足。支道林则认为自足还不够,圣人要达到至足。只有这样,圣人才能"览通群妙,凝神玄冥,灵虚响应,感通无方"。见汤用彤,《文集》第 4 卷,第 373 页。

方式巩固和安排其结果：它们凭各式各样的秩序，把自己放置在通达原始现象的道路上，并最终取代了这些现象。①

[206]对科学的一切批评都有被指责为认识论相对主义的风险。但这种相对主义可能正是我们今天需要重温的。它让我们回到了艺术与科学的关系。山水画是对山和水的再现，它意在让我们的眼与心向道，向"本体"领域敞开。保罗·克利提出他关于直观的理论时，比任何人都更早地预料到这一点：

　　这将引发一场革命。惊喜与困惑。愤慨与驱逐。综合主义者滚出去！全体化的人滚出去！我们反对！侮辱会像冰雹一样落下：浪漫主义！宇宙主义！神秘主义！最后我们只好请来一个哲学家，一个魔术师！②

如果所有关于直观和未知的讨论都要被指控为神秘主义，就让我们接受这一指控吧，因为它可能正是我们的时代所呼唤的。对处理未知的无能为力只是暴露了各种形式的理性主义的局限性。这种理性主义始终是线性和机械的，由于没能真正认识到递归性，它诉诸复杂性理论以隐藏这一弱点，挽救自己。绘画不是要把当下神秘化或盲目崇拜无理性，而是要使缺席（也就是**非理性**）呈现出来。因此，绘画成了一种通过在

① 汉斯·布鲁门伯格，《哥白尼世界的起源》(*Genesis of the Copernican World*)，Robert M. Wallace 译，Cambridge, MA: MIT Press，1988 年，第 47 页。
② 保罗·克利，《笔记本》第一册，第 70 页。

画布上构建一个容贯性平面来把未知**合理化**的努力。

　　讨论山水画的这一章节,旨在澄清一个在中国思想中虽模糊却在场的逻辑,它对于分析风景画来说也是不可避免的。我希望我能开启一种新理解,它始于于连对本质和过程的区分。我也希望讲清楚了玄的逻辑——它和悲剧逻辑一样是递归的,但又在根本上不同。我们还须带着西蒙东对美学思维的批判更进一步:尤其当我们面对控制论的递归逻辑时,把山水重新表述为宇宙技术的意义是什么?

第三章　艺术与自动化

[209]从根本上说,本书意在从宇宙技术的角度重新思考艺术,以及它的宇宙技术性未来。这种重新概念化可以揭示什么?我避开了艺术史学家追问技术如何决定艺术的形式与内容的这种思考路径,而是提出这样一个问题:艺术的视角如何能让我们重新思考技术? 我先是在导论中提出,要通过道家和悲剧主义的宇宙技术(这是艺术中两种不同的非线性思维方式)阐述艺术经验的多样性。第一章追问了在现代技术终结并完成了西方哲学之后,艺术能扮演什么角色。通过海德格尔的《艺术作品的本源》《哲学贡献》,以及他之后评论塞尚和克利的片段,我们试图在他的思想中构建一条宇宙技术脉络,这可能会被海德格尔学者当作一种"不够学术的冒犯"或者"迷糊地陷入神秘主义"。

第二章阐述了中国的艺术体验。我们没有采用汉学家的历史进路,而是在艺术和哲学领域中追溯了山水画的玄的逻辑。艺术体验的多样性不仅体现在风格和技术上,也体现在不同的非线性逻辑及其建立的不同的真理之路上。但逻辑的问题还没有得到充分的讨论,很大程度上这是因为"非线性逻辑"这个说法可以被模糊地归到悲剧主义、道家思想和控制论三者上。

然而，这种连续性意味着美学思维、哲学思维和技术思维之间的复杂而密切的关系，这不同于西蒙东关于哲学思维已经优先于美学思维的主张。西蒙东认为，美学思维的形成早于现代技术（及其分叉）的形成，技术性的起源是从巫术相位开始的。这种时间上的区别使哲学思维成为构想关键点的聚合——类似巫术相位的原初统一，那时主客体还未分离，图形和背景还处在相互关系中——唯一的候选。

[210]在《论技术物的存在模式》一书的结尾处，西蒙东提出哲学直观——它必须区别于巫术直观和审美直观——对于构想技术的起源来说至关重要。对西蒙东来说，直观既不使用概念（概念是演绎的、**先天**的），也不是归纳性的、**后天**的观念（idea）。直观使一个既非归纳也非演绎，既非纯先验也非纯经验的过程得以可能。但是，求助于直观岂不是也使他赋予哲学思维相对于审美思维的优先性显得成问题吗？

西蒙东似乎让审美思维从属于哲学，因为后者是一种反身的思维形式；然而，他也意识到控制论正在作为反身性思维取代哲学。这一呈现为起源过程的从美学到哲学和控制论思维的线性过程，是耐人寻味、值得进一步研究的。当西蒙东在20世纪50年代写下《论技术物的存在模式》时，哲学和控制论的关系还未确定，也没有得到充分阐述，虽然在今天可能仍然是这样。如果我们想"挽救"审美思维，让它不再过时，就必须重建美学、哲学和控制论的关系。本章首先会在前几章的基础上反思审美思维和技术，尤其是与控制论和人工智能的关系，接着将在讨论玄的逻辑后继续思考山水。我们将着重讨论知识型问题——在前面我们把它定义为知识得以产生的感知性条件。

　　从笛卡尔机械论到控制论先驱罗斯·阿什比（W. Ross Ashby）的稳态的发展，又经过今天的神经科学和生物技术，哲学家和科学家长期以来一直在试图理解何为人，却也把人的存在转化为一套基本原则的公理集合。科技进步带来了对自然的新理解，也产生了让世界变得可预测、透明、可计算和可控制的愿望。现代技术是解剖工具——它们就像外科器械，毫不留情地切开身体。一切洞察都源于对[211]透明性的渴望。但试图实现这种在现在和将来都不会存在的绝对透明的努力，会产生一种谵妄或狂热，这也是困惑的来源。如果科技发展找不到一面用来审视自身，从认为自己注定能征服宇宙的幻想中醒悟过来的镜子，它便只能加速神秘化。围绕地球旋转的卫星还不是镜子，因为它们只是从远处提供地球的整体视角。根据盖亚理论，它们的视角增强了观看的欲望，并试图把地球变成一个控制论系统，仿佛这样就能解决全球生态灾难。

§17　当今机器智能的现状

　　我在导论中提议说，有必要阐明当今机器的现状。如果不理解这些机器，我们就无法提供任何洞见，只能给出模糊的政治经济学批判，或是基于技术与自然、有机和无机、人与神的经典对立的含糊批判。事实是，我们已经不是在和19世纪蒸汽机那样的机械存在打交道，而是和正在成为有机的技术系统打交道。这种成为有机以及反思性，是基于反馈和信息的概念的，诺伯特·维纳在1948年就已经为此奠定了理论基础。我们已经不处在重复性的机械再生产时代了，而是处在递归的数字再生产时代。后者采取了一种非常不同的形式,它越来越类似植物和动物的有机再生产模式,但突变的能力和速度都强得多。

在这个有机(或者更准确地说,成为有机)机器的时代,艺术扮演怎样的角色?海德格尔确实认真研读了控制论,他在1967年的论文《艺术的起源与思考的使命》中,对基于控制论的未来主义做出了回应。艺术必须找到它在科学世界中的位置,打开科学所遮蔽的东西。自17世纪以来,[212]科学的主导地位主要不是由于它的知识形式,而是由于科学方法的胜利,我们在开普勒、伽利略和牛顿等人身上都发现了这一点。在20世纪,控制论又作为另一种科学方法取得了胜利。《艺术的起源与思考的使命》和他那篇著名的《明镜》采访《只有一个神才能拯救我们》出自同一时期,文中已经指明了控制论的统治地位,并提出艺术必须通过一种**重新定位**(reorientation)来寻找它的起源。海德格尔在面对控制论时比他同代的大多数哲学家更清醒,因为他试图同时理解控制论的意义及其局限性:

> 过程相互关系的相互调节以循环运动的方式进行。因此按控制论设计的世界的基本原理是控制回路。它基于自我调节,也就是基于运行中的系统的自动化的可能性。在控制论世界中,自动机器和生物的区别消失了。①

---

① 海德格尔,《艺术的起源与思考的使命》。"Die hin- und herlaufende Regelung der Vorgänge in ihrer Wechselbeziehung vollzieht sich demnach in einer Kreisbewegung. Darum gilt als der Grundzug der kybernetisch entworfenen Welt der Regelkreis. Auf ihm beruht die Möglichkeit der Selbstregelung, die Automation eines Bewegungssystems. In der kybernetisch vorgestellten Welt verschwindet der Unterschied zwischen den automatischen Maschinen und den Lebewesen."

确实,维纳本人声称有可能制造出一种生活在伯格森所说的生物性、创造性且不可逆的时间中的控制论机器。控制论方法的胜利似乎已经消除了让生机论和机械论对立的二元思维,它也以一种机械有机论向二元主义哲学思维提出了挑战。正如海德格尔本人指出的,根据控制论,人和世界被理解为由反馈回路维系的统一体。然而这个反馈回路也创造了一个输入[213]和输出、需求和供应的封闭世界,它由工业世界实现,存在于工业世界之中。这种基于还原主义(reductionist)控制论的世界注定是封闭的。

> 最广的控制回路包含了人与世界的相互关系。这个封闭的范围里发生了什么?人的世界关系及其整个社会存在,都包含在控制论科学的领域中。未来学也体现了同一种封闭,同一种囚禁……因此显然:工业社会是在它自身力量的封闭范围的基础上存在的。①

在今天的计算机科学中已经很少听到"控制论"这个词了,但它把自己的灵晕(aura)转移给了人工智能,而后者完全是基于控制论所明确下来的范式的。② 在今天,当人们认为控制

---

① 同上注,第 145 页。"Der weiteste Regelkreis umschließt die Wechselbeziehung von Mensch und Welt. Was waltet in dieser Umschließung? Die Weltbezüge des Menschen und mit ihnen die gesamte gesellschaftliche Exisenz des Menschen sind in den Herrschaftsbezirk der kybernetischen Wissenschaft eingeschlossen. Die selbe Eingeschlossenheit, d. h. die selbe Gefangenschaft, zeigt sich in der Futurologie ... So zeigt sich: Die Industriegesellschaft existiert auf dem Grunde der Eingeschlossenheit in ihr eigenes Gemächte."

② 见我的《递归与偶然》,第二章。

论把有机体还原成了机器,把生命还原为计算,海德格尔的问题对我们依然成立。对海德格尔来说,寻找艺术的起源,就是在希腊思想(或者说它对存在的体验)中为今天的工业和技术世界找寻一个不同的开端。然而,这另一个开端并不是自明的,它需要从已经选定的第一个开端出发并重新定向,以便通过过去重新配置未来,通过未来重新挪用过去。

这种对思考的另一个开端的探索拒绝了现代进步的正反馈循环,敞开了一条超越还原主义控制论的思考之路。它是为阐明一种地域性(Ortschaft)所做的准备。海德格尔称之为定向(Erörterung),也就是确定人所归属的地方。我们应当超越科学的单纯的理性,因为它还不够理性。因此这不是否认或拒绝理性,[214]而是要把科学和技术融入一种既不会对探索和发明构成障碍,又能为现代科技提供新的框架的思维方式。

但首先我们要问:人工智能对于今天的艺术来说有什么意义?人工智能,就它是人工的而言,很容易发生变异,也就是说它具有偏离一切规范的可能性。而智能,我们无法说它是什么,因为一切对智能的定义都矛盾地倾向于限制智能本身。以这种方式理解人工智能,未来会在**形式上**和**存在论上**都对我们保持开放。

我们今天对技术发展持负面看法,是因为我们习惯了用一种明确而狭隘的眼光看待技术。比如,超人类主义的意识形态排除了对技术的其他想象和理解,鼓吹一个新的人类增强的社会阶层以及资本主义对持存的持续征服。这种看待技术的视角未能认识到技术多样性的必要性和紧迫性——这种多样性并非那种基于同质技术主义(**集置**)的自由市场所承诺的多样性。自由市场的支持者代表了一种热力学意识形态，他们主张拥抱多样性，但只是在能让市场合法的特定体系内拥抱多样性。而我们想探讨的是艺术体验多样性的讨论如何能有助于我们超越**集置**来思考。

当代控制论机器承载着一种新的认识论和组织形式，它日益规定着社会、政治和经济结构。机器悄无声息地被从机械决定论中解放了出来，在整个社会中自由传播。正如利奥塔自 20 世纪 70 年代末（尤其是在《后现代状况》一书中）所做的那样，我们必须不断追问当天空被无人机覆盖、地球被无人驾驶汽车占据、展览由人工智能和机器学习软件策划时，我们的感知性会发生什么变化。这种未来主义真的对我们有吸引力吗？还是说它恰恰落入海德格尔对控制论和现代性的批判？

机器可以像人类一样学习绘画，它的优势是能记住所有的模式，且能比人类更多样地运用它们。一种新的复杂的组合用不了[215]几秒就能产生。我们可以用开源机器学习软件 TensorFlow 把任意图像转换成塞尚或者克利的风格，也可以训练机器人画出印象派典型的笔触。在这种情况下，每幅画在被画下之前就已经完成了，因为画布已经被计算为一组有限的可能性。

这些算法运行良好，因为它们基于我们提供的数据，递归式地提高它们自己的性能。换句话说，没有数据——以及主要依赖于廉价劳动力和廉价自然资源的不断增长的运算能力——就没有这样的"智能"。如果我们只把智能理解为对数据的分析，那么人与机器的区别就会不断缩小，我们很可能很快就会发现人类被机器超越了，因为后者将拥有远高于我们的信息存储和计算能力。如果有一天人工智能成为科学知识的唯一生产者，它将要求一个完全基于感知数据分析和模式分析的科学世界。但让我们不要低估机器智能和运算的力量。我们要穷尽人类的有机极限和机器计算的极限，以反思并打开它们的可能性。

目前人类与机器的关系由替代（replacement）的逻辑支配着，它寻找能让机器智能替代人类智能的**等价性**。这首先是一种资本逻辑。① 然而，这种替代的逻辑往往忽略了这样一点——只要这种等价性只是功能性的，它就无法从器官上理解人与机器的关系，因为它忽略了人机复合物的生理及心理（这也是西蒙东［216］对马克思的批判）。② 其次——尤其是当我们期待机器的功能等价能把人类从工作中解放出来、结束资本主义——这种至多是幼稚的替代逻辑忽略了未来将会产生的新经济模型，剥削还可以以工资关系以外的形式持续。

替代逻辑最根本的缺陷，在于它忽视了人和机器的相互作用。机器和人类被视为两个彼此分离却可以互换的现实。马克思对机器的作用的理解和分析，来自他对他那个时代的工厂里孤立、专业化的工业机器的观察。那时机器和劳动被看作与其他领域隔绝的实体，于是我们就可以理解马克思为什么把替

---

① 马克思在《政治经济学批判大纲》中用这一逻辑分析了资本以及解放的可能性。马克思表示，资本被投入机器以降低必要劳动时间，是因为机器能完成之前由工人完成的工作。必要劳动时间的降低导致剩余劳动时间的提高，这也意味着剩余价值的提高。如果机器能替代全部的人类活动（现在人们称之为自动化），这也就意味着工人可以从工作中解放出来，成为自由人。

② 见许煜，《论自动化与自由时间》（On Automation and Free Time），https://www.e-flux.com/architecture/superhumanity/179224/on-automation-and-free-time/。

代逻辑同时看作资本主义的必要性(剩余劳动时间)和扬弃的可能性(自由时间)。如今,这种替代逻辑在左右翼加速主义者和新自由主义者当中都非常普遍,他们争着要实现同一种完全的自动化。即使在艺术领域,替代逻辑也在那些想要发明出伟大的机器画家、书法家和策展人的人群中引起了共鸣。

或许有人会反驳本书第一、二章的分析,称绘画试图使其变得可见的东西现在可以通过算法和数字技术来实现。现代运算机器比人脑拥有更大量的数据,可以进行更精确的分析。此外,机器内部发生的事情似乎只对机器本身是"可见的",且由于它的复杂性,它对人类观察者来说仍然不透明,经常被称为"黑盒"。机器比人类更能成为未知的引领人。那么,人工智能能如何向我们展示尚不可感且永远不能按自身在场的东西呢?

有了模型和数据,就可能表明一些经常被忽略或不显著的**事实**;比如"亚洲男性是不讨好西方女性的种族群体",或者"曼谷 70% 的人口穿白色 T 恤"。这种资讯不属于我们说的未知,因为[219]这些仍然是事实。这些没有被人类记录的事实有可能告诉我们关于未知的事情吗? 有了传感器和算法,我们可以增补自己的感官,它们也能改变我们理解世界的方式,正如望远镜和显微镜可以使超出我们感官知觉的数量级变得可见。但这些数据也还是事实。为了探究未知,我们必须追问未知从何而来、如何确定。

几年前 AlphaGo 击败围棋世界冠军,证明了计算机在计算某个**特定**棋盘上的可能布局方面,优于从小就专注于围棋的选手的大脑。AlphaGo 是大脑玩围棋的能力的**功能等价物**(*functional equivalence*),尽管它的能力现在超过了后者。在特定的技能上,机器将能够逐渐接替人。即使在手工方面,人

黄公望，《富春山居图》局部，1348—1420年。卷轴，水墨纸本，33 × 639.9 cm。台北故宫博物院，中国台北

图12

图13

黄淩东,《山,水》*,2018。计算机软件。由艺术家本人提供

图 14

Obvious,《爱德蒙·贝拉米》(Edmond de Belamy),2018 年,生成
对抗网络(GANs)布面印刷,70 × 70 cm

工智能也可以模仿不同画家的笔触。这幅名为《爱德蒙·贝拉米》的画是由生成对抗网络(GAN)创作的,署名为"min G max D ×[log(D(x))]+z[log(1—D(G(z)))]", 2018 年在佳士得拍卖行(auction house Christie)以 43.25 万美元的价格售出。基于本真性和原创性的艺术市场为机器绘画赋予了灵晕。这次拍卖事件标志着艺术家和机器的冲突,以及他们在未来的对抗。从另一个角度来看,这也标志着一个回归艺术创作任务的时刻。

人们可以质疑它究竟是不是艺术,从而把机器绘画置之不顾。但这样提问或许不大有效,因为它拒绝了艺术与工具的器官学冲突。此外,这个问题也否认了艺术和技术的密切关系。正如本雅明在《机械复制时代的艺术品》中提出的:与其问摄影和电影是否是艺术,更该问的是它们如何改变了艺术。[①] 这一系列问题及其解决方案是悲剧式的——欲望和好奇心如此[220]失控地猛冲向深渊,它们只能通过把错误转化为新的可能性来回应潘多拉之盒的意外打开。

存在(existence)令人疲惫。它是重复的,其基本形式是一连串的危机的循环。本雅明的文章试图阐明把毁灭转化为新的可能性的任务。他以技术复制性为例,因为技术复制性必然会摧毁灵晕的概念,灵晕是对古代缺乏大规模复制技术的补偿;比如,古希腊人的复制技术只有铸造和冲压,所以他们只能复制类似钱币的东西。[②] 在本雅明的文章中,电影和

---

① 瓦尔特·本雅明,《机械复制时代的艺术品》,见《启迪:论文与反思》(*Illuminations: Essays and Reflections*),Harry Zohn 译,New York: Schocken Books,2007 年,第 217—252 页。

② 同上注,见第 218 页。

其他可复制的技术可以成为走向革命政治的手段。法西斯政治和革命政治的区别在于，前者从没有试图改变社会关系，而只是通过宣扬传统来操纵情感和情绪，没有触及阶级矛盾。因此在文末，本雅明指出了共产主义和法西斯主义对待艺术的根本区别：共产主义把艺术政治化，法西斯主义只是把政治美学化。

在本雅明的文章发表近一百年后，我们看到文化产业和新自由主义能够让技术和美学为资本积累做贡献。本雅明《机械复制时代的艺术品》一文中的乐观情绪已转变为一种由当代艺术市场和艺术/设计融合所酝酿起的热情。本雅明的文章是那个时代的一个提示：悲剧思维曾经为技术状况提供了一种可能的回应。从这个角度来看，他的方法并不全然与海德格尔的对立，尽管人们经常把这两篇关于艺术作品的文章相互比较，因为它们对传统的态度显然相反。

从本雅明的机械复制性到今天的人工智能的发展，经历了一段艺术与技术动态关系的历史，也经历了艺术创作的危机。机械复制首先解放了双手，由于相机把[221]艺术家的手从画布上解放出来，对艺术家的技能要求降低了。正如 19 世纪 90 年代柯达公司的一则广告承诺的："你按按钮，剩下的交给我们。"①一幅现实主义绘画无论与对象如何相似，在捕捉细节的能力方面都比不上照片。手被从画笔上解放出来，同时也被赋予了一项新的任务：捕捉不可见之物。一个只对光敏感的相机，如何能捕捉到不在光里出现的东西？除了照片

---

① 刘易斯·芒福德（Lewis Mumford），《艺术与技术》（*Art and Technics*），New York：Columbia University Press，1952 年，第 92 页。

中显现的各种物体之外,有没有什么是无法被逐个像素地识别,或者由机器学习算法检查的?

在今天,我们可以很容易地模拟云和水的运动,已经不再需要用静态媒体来产生运动,不再需要视错画法(*trompe l'œil*)来产生 3D 效果。但这是否意味着我们可以说绘画已死?所有用来重新表述绘画的意义的努力,岂不都是对绘画日益过时的反动抵抗吗?黑格尔试图表明(尽管是含蓄地),精神是被它的媒介规定的:希腊艺术、基督教和哲学思想有各自特定的媒介,无论是雕像和寺庙,绘画和教堂,还是现代国家。如果我们同意黑格尔的观点,那么我们岂不是也可以说,作为媒介的山水画已经完成了它的历史任务吗?按照这一观点,我们或许也可以宣布山水画的终结,就像许多评论家宣布一切绘画的死亡那样。试图用越来越多的展览在当代中国复兴山水是为了表达一种"民族自信",这或许只是证明了相反的一点,即他们没能让山水变得当代。

在这里,让我们回忆一下之前说的海德格尔如何把他的立场同黑格尔的艺术终结论断区分开。海德格尔坚持,艺术和技术共享一种作为历史动态的密切关系。艺术是由它的技术规定的,但艺术也有可能改变技术,尤其是通过让技术回归存在的原初问题来改变它。这[222]与本雅明的唯物主义进路相反:海德格尔考虑的不是艺术如何被媒介技术改变,而是问,艺术如何能改变技术。存在(Sein)一词在其他文化和历史背景下,也可以替换成未知、非理性、无,或者道。这不是说每个艺术家都必须开始用人工智能,正如现代画家也没有义务用机器创造艺术。现代艺术想要超越单纯的**集置**,以及机械主义和工业主义固有的几何理性,通过让它们回归"生命"

来改造它们。如柏格森的《创造进化论》(*Creative Evolution*)和康吉莱姆(Georges Canguilhem)的《生命的知识》(*Knowledge of Life*)都提出通过从生机论的角度看待技术,来让机械论回到它在生命中的位置上。① 一个更有成效的问题似乎是:有没有可能通过重新理解艺术与技术来**重构集置**(*reframe* the *enframing*)?

§18 有机主义的局限

我们仍处在这种探寻的开端。但在柏格森的《创造进化论》(1917)出版一百年之后,考虑到当代的技术发展及其相应的生活形式,我们必须采取另一种进路。在康德于18世纪末开启了哲学化的有机条件之后,机器的有机化构成了新的条件。康德的《判断力批判》提出的哲学化的有机条件,之后被后康德时代的观念论者和生物学家接受下来。康德在笛卡尔机械论和适于哲学的有机思维模式之间划出一道界限,但近来,控制论却用有机主义取消了机械论和生机论的对立(海德格尔[223]早在30年代就指出了这一点),②这似乎实现了由康德铺垫并由黑格尔(比他那个时代的其他人都更详尽地)阐述的有机逻辑。

人们倾向于把山水画(或一般意义上的绘画)与手艺联系

---

① 康吉莱姆,《生命的知识》,New York:Fordham University Press,2008年,第73页;关于柏格森和康吉莱姆的生命概念和器官学,见许煜,《递归与偶然》,第三章。

② 见海德格尔,《思索 XII—XV:黑色笔记本 1939—1941》(*Ponderings XII—XV:Black Notebooks 1939—1941*),Richard Rojcewicz译,Indianapolis:Indiana University Press,2017年,第143页。"或许人们还需要相当长的时间才能认识到,'有机体'和'有机的'就体现为现代性对于生长的领域——即'自然'——的机械—技术性'胜利'。"

起来,与机器的"非人类"理性加以对照。按照这一说法,人类是有机的/有机体的,机器是机械的,所以机器无法达到人类技能的完美水平。事实上,许多西方思想家尤其是李约瑟,都把中国思想概括为一种有机体的整体思维。这些作者认为,这种有机主义不仅表现在中国哲学中,也更一般性地表现在中国艺术和生活方式中。这一论点在 20 世纪上半叶出现时,是有道理的,因为从不同的思想来源出发,人们可以对进化、自然、技术和多种物种的共存有非常不同的看法。

正如唐娜·哈拉维(Donna Haraway)所问:"如果西方的进化和生态科学是从佛教内部,而不是从新教的世界化出发发展起来的,会怎么样?"[1]哈拉维是一位有机主义思想家和历史学家,在她看来人类纪的科学还不够有机,因为它破坏了共存的共生性。[2] 哈拉维有充分的理由提出这样的主张,因为人类纪的话语从根本上是人类中心的,甚至是对人类主导的庆祝。但我们在这里关心的是自 18 世纪以来一直作为哲学核心的有机论和机械论的对立——因此有机体和生态的[224]解决方案,作为西方现代性和人类中心主义出路,需要根据机器的有机化来进行重新评估,因为机械论和有机论的对立必须受到质疑。[3]

---

① 唐娜·哈拉维,《与忧患并存:在克苏鲁纪制造亲缘》(*Staying with the Trouble Making Kin in the Chthulucene*),Durham and London:Duke University Press,2016 年,第 176 页,n12。

② 同上注,第 49 页。"人类纪的科学太受限于限制性系统论,以及被称为'现代综合'(Modern Synthesis)的进化理论,它们尽管格外重要,却已被证明无法很好地思考共同生发(sympoiesis)、共生、共生起源(symbiogenesis)、发展、网络化生态学(webbed ecologies)和微生物。"

③ 见许煜,《机器与生态学》(Machine and Ecology),*Angelaki* 25,第四期,第 54—66 页;在那里我解释了控制论如何提供了一种非二元逻辑,以及为什么它依然不能克服现代性。

有机主义曾经是对19、20世纪工业化带来的问题的补救措施，也是黑格尔国家概念的基础，而它在21世纪不再是理想的。不只是因为机器已经超越了控制论的"有机化"——最近发明的由青蛙细胞和人工智能制成的机器人就体现了这一点①——也因为现代技术已经渗透进不同的数量级。从微观到宏观物理层面，技术如今形成了一股巨大的"组织化的无机（organizing inorganic）"的力量。② 无机物不再像简单的工具那样由人的身体进行组织，而是构成了一个巨大的技术系统，我们只能生活在其中，服从它的规则。

鉴于新的技术条件，我们有必要重新考虑20世纪被赋予艺术的有机体功能。系统论（即路德维希·冯·贝塔朗菲的理论）被看作是对工业主义的回应，艺术则被看作工业技术的反面。也正因如此，在20世纪人们需要强调艺术的有机体方面，把它看作对工业主义和机械主义的补救。历史学家芒福德在他的系列讲座《艺术与技术》（*Art and Technology*）——这也是本书书名的灵感来源——中，根据象征和图像的生产提出了辩证的艺术史观点。对芒福德来说，机械论产生于逃避宗教中象征的过度决定（overdetermination）的需要——尽管是象征让人类区别于其他动物，[225]让精神发展。芒福德认为，希腊神话中发明技术的不是普罗米修斯，而是象征之

---

① 明迪·韦斯伯格（Mindy Weisberger），《用青蛙细胞和人工智能制成的世界上第一个"活机器"》（World's First 'Living Machine' Created Using Frog Cells and Artificial Intelligence），《生命科学》（*Live Science*），2020年1月14日，https://www.livescience.com/frogbots-living-robots.html。

② 见许煜，《递归与偶然》，第四章。

神,弹奏里拉琴的俄耳甫斯。① 芒福德的观点是,象征对于人类生活与智力的构成来说是必要的,以至于它们可以被过度生产为统治的手段,导致(例如)文艺复兴之前的暴力:

> 就公元前4世纪的希腊城市或者15世纪的意大利城市来说,我甚至会说对纯艺术本身的过度关注使人们失去了现实感,并把他们的自由交给了服装、绘画以及公共典礼和仪式的以象征性为主的诱惑。②

芒福德提出了一个很有趣的论断,正是象征的过度生产使机械主义——或者更准确地说,使得作为真实基础的理性——变得必要。在这里,弥补公共生活缺失的象征有了必须被克服的负面价值,因此理性必须高过神话象征并恢复秩序。③正是在这个时刻,理性和机械思维成了克服现实丧失的必要条件。对芒福德来说,机械主义把欧洲人从象征的过度生产中解救出来,但在接下来的几个世纪里,它也导向了一个"图像过剩的世界(image-glutted world)":

> 还有一件事。图形象征激增的总体效果是,艺术本身的影响力减小了。这个结果可能会挫败最初发明新的

---

① 芒福德,《艺术与技术》,第35页。
② 同上注,第52页。
③ 同上注。"我相信,我们现在处在这样一个位置上,要理解为什么前几个世纪里西方人对机器的专注不仅增强了他可用的身体力量,实际上也给了他很大的主观的解放感。"之后(第57页)他又写道:"那时,基督教会在欧洲——在教条、哲学、意识和日常行为模式中——创造了一个强制的象征结构。"

再生产方式的人,如果他们能够预见到[226]这种后果⋯⋯为了在这个图像过剩的世界中生存,我们就必须贬低象征,拒绝它的各个方面,只留下纯感性的方面。①

"图像过剩的世界"不仅是对公元前 4 世纪的希腊城市或者 15 世纪的意大利城市的描述,它更适用于描述机械复制时代。这是个工业技术(它在本质上是机械的)主导艺术生产的时代——无论是在摄影、电影还是绘画中。现代艺术希望通过为艺术和技术提供另一个框架来克服图像的过剩。芒福德认为,立体主义和建构主义无法提供一个充分的哲学框架,以吸收机械主义,因为"它们按自己的方式,必须压抑情感、感觉、情绪等更偏形式的有机丰富性的倾向"。②

换言之,立体主义和建构主义通过排除有机主义的主要特征,来反对有机主义。毕加索本人对弗朗索瓦·吉洛(Françoise Gilot)说的话最能说明这一点:立体主义者"抛弃了色彩、情感、感觉以及印象派画家引入绘画的一切"。③ 对芒福德来说,一个足够充分的艺术的哲学框架,应当是一种能容纳机械技术并将其整合进生命中,让它指向人性的完善的有机思维。芒福德在弗兰克·劳埃德·赖特(Frank Lloyd Wright)的"有机建筑"中发现了这一点:

人,不仅没有感到被机器的成就排斥或贬低,反而会

---

① 同上注,第 98 页。

② 同上注,第 53 页。

③ 引自阿瑟·丹托(Authur Danto),《艺术终结之后》(*After the End of Art*),Princeton:Princeton University Press,1998 年,第 28 页。

日益感到被机器解放了；因此我们所有的机械操作都不
是为了能与利润相适的最大生产，而是为了能与个人及
社区发展相适的最大生产……这种改变不亚于[227]对
整个有机体和整个人格方向的兴趣改变。价值观的转
变、新的哲学框架、新的生活习惯。①

当然，芒福德并不是第一个提出这种观点的人。浪漫主义者，
尤其是诺瓦利斯和施莱格尔兄弟，都曾被有机的概念吸引，将
其视为文学、艺术和政治的解决方案。事实上，席勒在他的
《审美教育书简》——一本深受康德《判断力批判》启发的著
作——中已经对艺术提出了类似的主张。在席勒看来，艺术
是游戏驱力，它能有机地承载形式驱力（理性）和质料驱力（情
感与情绪）这一对。正如芒福德本人所说，"在 1951 年我们知
道——而 1851 年的人们还不知道——机器只是人类精神的
一种有限的表达"；②我们或许可以说，我们处在一个对于上
一代思想家（他们或隐含或直接地受到机械论与有机论的对
立的滋养）来说不可想象的时代。

　　自 20 世纪中叶控制论兴起以来，基于二元论的批评似乎
显得越来越可疑。技术物与人类的关系——我们可以称之为
被组织的无机（organized inorganic），因为是人类组织了无机
物并将其整合为其器官——成了组织化的无机，也就是说不
再是人类整合工具，而是人类被整合进有全体化的倾向与能
力的技术系统中。组织无机的有机体（通过发明工具——对

---

① 芒福德，《艺术与技术》，第 155—156 页。
② 同上注，第 123 页。

柏格森来说发明工具也区分了智能[或理智]和本能)似乎在技术系统面前失去了它的重要性。

与认为理智只属于头脑的观点不同的是，身体也部分地定义了理智。只有通过身体，工具才能被发明和整合。身体也是装载和操作着其延伸的基础。身体是自动化的载体，正如狄德罗（Denis Diderot）在《表演的悖论》（*The Paradox of Acting*）中说，一个伟大的喜剧演员在能在台上即兴表演之前，需要先练习到成为[228]一个自动机的程度。[①] 这一点其实也适用于控制论时代之前的一切艺术领域。无论是在艺术还是运动中，通过重复练习让身体自动化，都是自由地使用有机和无机肢体的先决条件。[②]

在西蒙东的"技术个体"概念中，我们也可以看到对有机人类身体的批判；"技术个体"是他 1958 年《论技术物的存在模式》一书的核心。按西蒙东的观点，我们可以说技术物的存在方式有三种：作为元素（如齿轮、二极管等零件）、作为个体（如一个能自动调节的自动机）、作为组合（如一个包含了多台机器和仪器的实验室）。技术个体与被动、可移动的元素不同，它具有采取"循环因果"（西蒙东用 *causalité*

---

① 狄德罗，《表演的悖论》，Walter Herries Pollock 译，London：Chatto & Windus，1883 年，第 30—31 页。在一个脚注中，狄德罗引用了弗朗索瓦-勒内·摩尔（François-RenéMolé）谈论自己的表演经历的说法："我对自己不满。我对自己太放任了；我对情境的感触太深了；我成了那个角色而不是扮演它的演员；我失去了自控。我就像私底下一样忠于自然；而舞台的视角要求另一种状态。几天后要再次上演的这部戏先是演得像**自动机**（automata），后来就成了精妙的演员。"（重点由我添加。）

② 这在非人类生物那里也成立，比如大象也可以通过一个动作一个动作地模仿训练者学会画画，做的正确的每个动作都会被奖励一个香蕉。大象和人类一样，可以把鼻子完全自动化，让鼻子自己画画。

récurrente、*résonance interne*［内部共振］来翻译维纳的"反馈"）的"缔合环境（associated milieu）"，可以让技术对象获得自我调节的能力，以达到稳态。工业时代以技术个体为标志；工匠时代以简单工具为标志，简单工具要靠人类身体有机地在工作室里构建一个缔合环境，也就是要依赖身体把工具整合起来一起运作。工业机器则有它们自己的缔合环境，也就是说它们正"成为有机"，因此在工匠时代作为"自我调节"的来源的身体如今变得多余了；在自动机跟前，工人只需重复同样的动作，就像卓别林的《摩登时代》（*Modern Times*，1936）里展示的那样。

[229]狄德罗在《表演的悖论》里关于重复的说法，体现的依然是一种非技术性的自动化概念。狄德罗首先是一个怀着技术与道德乐观主义的百科全书主义者，这种乐观主义表现为技术元素无限改进的可能性。在技术元素（它是18世纪进步的乐观主义的象征）之后出现的技术个体，让机器和人体的关系变得复杂了。艺术家可能是延续得最久的一类工匠，也是抵抗机械自动化的最后一波力量。这种抵抗是用悲剧主义的方式改造机器，把它融入艺术生产中，而且不仅是把机器当作一种工具，而是把艺术形式转化为机器。

这在杜尚著名的《下楼梯的裸女二号》（*Nude Descending a Staircase*，No. 2，1912年）中已经很明显了：这幅画试图把连续摄影法融入绘画。这种倾向在观念艺术中变得更为明确，在观念艺术中，人们发现一种要求：要通过不断把机器和机器隐喻整合进一种超越工业机械限制的艺术的尝试，来处理人类/机器的关系。1963年，在芒福德评论艺术的有机主义之后又过了十多年，安迪·沃霍尔（Andy Warhol)在接受《艺术新闻》(*Art News*)采访时说:"我想成为一台机器。"①

在一个机器和工业主义都被贬低(因为它们被认为是在哲学上不充分,在生态上不可持续的)的时代,成为一台机器意味着什么? 沃霍尔不是说他想变得机械,而是他的"达达/花花公子虚无主义(Dadaist [dandyist] nihilism)"想把自己从艺术以及强加给艺术的意义中解放出来。② 在这里,机器和有机人体对立,而有机人体是传统艺术制作中真实性的来源。机器还没有占主导地位,但有机体已经不再占统治地位,它必须[230]通过"成为机器"或假装成为机器来超越人机对立。我们可以把这种"成为机器"称为悲剧姿态,就像悲剧英雄为了自由而肯定自己的命运一样;这也是"机器"这种客观观念为何会在观念艺术中获得自律性的核心。

在他的《关于观念艺术的段落》(Sentences on Conceptual Art)中,极简主义和观念艺术家索尔·勒维特(Sol LeWitt)写道:"艺术家的意志比起他从产生一个理念到完成的过程来说是次要的。他的意志可能只是自我(ego)。"③这个理念——作

---

① "我这样画画的原因是我想成为一台机器,我感觉无论我做什么,我想的都是要做得像机器。"见安迪·沃霍尔,《〈艺术故事〉榜单前十:第一次谈波普》(Top Ten ARTnews Stories: The First Word on Pop),《艺术新闻》,2007 年 11 月 1 日;https://www. artnews. com/art-news/news/top-ten-art-news-stories-the-first-word-on-pop-183/27。

② 这个词借自邵志飞(Jeffrey Shaw)在我们的邮件通信中的说法。

③ 索尔·勒维特,《关于观念艺术的段落》,见《当代艺术理论与文档:艺术家写作资料集》(*Theories and Documents of Contemporary Art: A Sourcebook of Artists' Writings*),Kristine Stiles 与 Peter Selz 编,Berkeley, Los Angeles and London: University of California Press, 2012 年,第 991 页。

为观念的生命——绝不能从属于受有机身体规定的艺术家的意志。相反，它应该被置于有机身体和无机机器之上。这一点在勒维特的《观念艺术的段落》中体现得更明显，他写道：

> 理念变成了一架创造艺术的机器。这种艺术不是理论的，也不是对理论的说明；它是直观的，它涉及各类心理过程，它是无目的的。①

我们可以说，1963 年后的观念艺术标志着无机工业机器与有机人体的**第一个**辩证法的终结。通过"成为机器"，一种机械有机主义的姿态也矛盾地成为艺术家有机身体的最后一道防线。通过观念艺术家，一个理念变得可见，并以递归或同义反复的方式（例如约瑟夫·科苏斯［Joseph Kosuth］的作品）通过拒绝艺术而成为艺术。让我们回忆一下当黑格尔被他同时代的威廉·特劳格特·克鲁格（Wilhelm Traugott Krug）刺激——他问观念论者能不能从思维中推导出一支笔——后，是多么愤怒。② 克鲁格看到了［231］观念/形式与物质的对立，黑格尔则坚持概念（*Begriff*）是具体、真实的。观念艺术也许可以成为黑格尔那里变得具体且真实的概念的物质例证。现在，随着我们进入 21 世纪的第三个十年，技术条件和机器的意义已经发生了变化。控制论和现在的人工智能已经

---

① 索尔·勒维特，《当代艺术理论与文档：艺术家写作资料集》，第 987 页。

② 黑格尔在 1802 年对克鲁格作品的评论文章、他发表在《批判哲学期刊》（*Kritischer Journal der Philosophie*）上的一篇文章，以及之后《精神现象学》的脚注、《百科全书》第 250 节的一条附注里都激烈回应了克鲁格。

让概念变得更有效(*wirklich*)和理性(*vernünftig*)。

与此同时,控制论机器迫使身体在至少两个不同的数量级秩序上面对自己的极限。一个秩序是生物技术,它在纳米水平上深入人体,修改基因,比如在胚胎中重新编辑眼睛的颜色和身高。另一个秩序是庞大的技术系统,它把身体整合为它的功能的一个部分。在霍布斯的《利维坦》(*Leviathan*)中,国家管理被看作一种机械机器,在黑格尔的《法哲学原理》(*Philosophy of Right*)中,国家管理是实现有机国家和真正的伦理生活的一个阶段。但只有到了今天,连接着身体的社会契约才以更加物质化的方式,通过数据、网络协议、算法、传感器、手机和服务器实现出来,这样,命令和执行可以通过电子信号直接实施。

芒福德对有机性的渴望担起了一项共通的哲学任务:不再是像康德那样在概念层面回应机械论,而是试图克服机械论在工业主义中的物质体现。因此,无须指责芒福德和他的同时代人(怀特海、李约瑟、赫尔穆特·普莱斯纳[Helmut Plessner]等人)借助有机的组织形式来反对工业主义和机械论。而是说,我们必须认识到超越机械与有机的对立的必要性。这也是构想艺术和哲学未来所需要的条件。

§19　不可运算与不可计算

[232]尽管控制论承诺了一种可以在机器中实现的有机主义,这种运作却要受到计算的限制,或者更准确地说,要受到可运算性的限制。李约瑟只是给他的读者提供了作为有机主义——这是他转向汉学之前所属的哲学流派——的中国思

想的印象式观念。他没有讲明基于数学的有机主义和中国"有机"思维的区别。印象对于比较一些观念来说可能有帮助，但我们也要小心不要太急于概括。人们甚至可以说，自由放任的新自由主义是道家的，但因为道家没有提出任何形式的累积，所以不可能产生以累积为本质的资本主义。第二章对玄的探讨就是试图阐明它的逻辑如何必须区别于模糊的整体主义、有机主义和新自由主义观念。

我在悲剧和山水中探讨的逻辑，是基于计算的极限和对不可计算的可能经验的，或者说是基于我在第一章中说的"非理性"。在此我必须澄清两个术语："不可运算（incomputable）"和"不可计算（incalculable）"。"不可运算"指一个不可**递归枚举**（*recursively enumerable*）的数，也就是说它不能化简为一个以有限步骤执行的算法。"不可计算"指完全不能交由计算的东西，如爱情、友谊、欲望或幸福。不可计算者不仅发挥精神和宗教作用，也是一切超越可计算性的经济和政治的核心。比如它可以在精神经济或力比多经济中，以及在阿马蒂亚·森（Amartya Sen）的能力经济中发挥具体作用。①

在《递归与偶然》中，我试图通过重构以递归为核心的现代西方哲学史，来把递归的概念从运算和[233]控制论扩展到不限于机器的运作的一般性逻辑；我们在人与机器、技术与环境、有机与无机的关系中也能发现它。在本书中，我们考察了在世界和大地、山和水之间运作的递归的概念，而控制论只是一段更长的历史中的递归思维和逻辑的一种类型。

---

① 见斯蒂格勒，《自动化社会》（*The Automatic Society*），Dan Ross 译，London：Polity，2018 年。

在所谓的一阶控制论中,"反馈"的说法描述的是自我调节的机制。在二阶控制论中,"递归"一词更经常被扩展到机器操作以外的其他社会和政治领域。比如,尼克拉斯·卢曼把洪贝尔托·梅图拉纳(Huberto Maturana)和弗朗西斯科·瓦雷拉(Francesco Varela)的自生(autopoiesis)概念用到了对社会运作的研究上,发展出了被称为系统理论(systems theory)的社会学领域。递归是自动化的关键,这种形式的自动化基于可计算性的原则。在详细解释不可运算与不可计算的区别之前,让我们先来看看递归和可计算性的关系。

在计算机科学中,递归函数指一个函数"在执行过程中调用自己"。比如一个给一年级计算机科学学生举例的简单递归函数,可以产生有限的斐波那契数列:0,1,1,2,3,5,8,13,21,34,……,数列中后面的数字是前面两个数字之和。如果要我们列出数字 n 之前的所有斐波那契数(n 可以是任何数字),一个简单的做法是创建一个计数到 n 的迭代(循环)。尽管它被称为循环,我们还是可以把这种循环方式理解为线性重复。递归的版本就没有这么直观了。它指一个函数调用自己,比如 $f(n) = f(n-1) + a$。我们设 $n = 5$,或许能更清楚地看到它每次展开是如何调用自己的:

$$fib(5)$$
$$fib(4) \quad + \quad fib(3)$$
$$fib(3) \quad + \quad fib(2) \quad fib(2) \quad + \quad fib(1)$$

[234]递归产生了超出迭代(iteration,只是重复)的复杂性,因为它由许多个螺旋式循环而不只是一个机械的重复循环构

成。迭代听起来像是环性的，但它其实是一种线性逻辑，因为它只是重复同一个过程。因此，计算机科学家经常把食谱和算法类比——如果这种说法不只是误导——其实并不成立。从运算的角度来看，递归可以让运算时间（也就是抵达输出的时间）大大减少。但这不只是单纯效率的问题。递归可枚举（recursively enumerable）也意味着可运算，也就是说，人们可以找到一种能在有限的步骤中产生这个数字的算法。如果一个数字不是递归可枚举的，它就是不可运算或不可判定的。例如，库尔特·哥德尔（Kurt Gödel）否定地证明了戴维·希尔伯特（David Hilbert）在1928年所说的**判定性问题**（*Entscheidungsproblem*）——即一种算法，它能在给定一组公理和一个数学命题的情况下，判断这个命题能否由公理证明。哥德尔的创见主要可以从两个方面来理解。首先，哥德尔用数字——如今这种方法被称为哥德尔配数法（Gödel numbering）——把逻辑命题转换为数字，如下表所示：

符号	配数	符号	配数
0	1	x	9
s	2	1	10
+	3	$\mid=$	11
X	4	$\land$	12
=	5	$\exists$	13
(	6	$\forall$	14
)	7	$\rightarrow$	15
.	8		

通过用数字取代限定词，哥德尔可以把符号命题转化为算术，这样人们就可以着眼于计算而不是不同命题的形式逻辑推演。其次，哥德尔还开发了一个递归函数以执行数学证明。在哥德

尔之前,托拉尔夫·斯科伦(Thoralf Skolem)已经提出用数字取代逻辑限定词,以递归地证明一个逻辑命题的有效性:

> [235]如果我们认为算数的基本定理是功能性的断言,并把思维的递归模式看作基本,那么科学就可以严格地建立起来,而用不着罗素和怀特海的"总是"(always)和"有时"(sometimes)的概念。换句话说:能为运算提供逻辑基础,而无须直接使用逻辑变量。①

哥德尔在 1934 年发展了现在人们说的一般递归函数。它在数学上等价于通用图灵机和阿隆佐·邱奇(Alonzo Church)的 λ 演算(lambda calculus)。这也是现代运算理论的基础。当我们讨论一个运算世界,就是说这个世界中的一切在有限步骤内都是可枚举的。即使说递归是运算的基础,这也不意味着所有用编程语言实现的思想都是递归的。比如我们可以写一个简单的程序,输出"你好,世界(Hello,World)"

```
1. intmain()
2. {
3. printf("Hello, World");
4. return 0;
5. }
```

① 引自罗德·亚当(Rod Adams),《递归函数与可运算性的早期历史:从哥德尔到图灵》(*An Early History of Recursive Functions and Computability: From Gödel to Turing*),Boston:Docent Press,2011 年,第 22 页;另见许煜,《论数码物的存在》(*On the Existence of Digital Objects*,Minnesota:University of Minnesota Press,2016),第 6 章。

即便这个执行在硬件层面上是递归的,程序的逻辑也只是过程式或机械性的。当我们根据不同**数量级**而不只是抽象的普遍意义来分析递归性的概念时,必须记住这一点。递归不只是运算性的思维,它更是一种与机械论对立的认识论。然而我们不能简单地抛弃机械认识论,因为尽管它不够充分,但在特定情况下依然有解释力。只要有可运算者,就会有不可运算者,也就是不可决定者(undecidable);[236]但是不可运算者并不是不可计算的,恰恰是因为按照定义,不可计算性不能是一个数学概念。我们可以说存在是不可计算的,因为它不是数学概念。但当我们说上帝是不可运算的,上帝就沦为一个数学概念,因为不可运算性仍然是一个数学概念,换句话说,它要通过与可运算性的对立才有意义。

　　为了阐明我们的论点,让我们先提出这样一个初步主张:世界是不可计算的;接着我们要问,人工智能的发展是如何阐释这一点的——因为智能首先意味着理解世界。在此之后,我们也许能更准确地理解:一、人类主义的理性概念——它被用来严格区分人类智能和机器智能——是如何被机器改造和重新配置的;二、不可计算性的概念如何在智能建模中被削弱了,从而导致了智能自身的局限性。正如许多理论家主张的,这种建模不只是对理性的置换或者归类。① 这要求我们探究理性本身,并思考如何在根本上重构理性之外的,对合理化过

————————

　　① 见辛德雷·邦斯塔德(Sindre Bangstad)和托尔比约恩·图米尔·尼尔森(Torbjørn Tumyr Nilsen),《关于全星球的思考:与阿席勒·穆班布的采访》(Thoughts on the Planetary: An Interview with Achille Mbembe),*New Frame* 杂志,2019 年 9 月 5 号,https://www.new-frame.com/thoughts-on-the-planetary-an-interview-with-achille-mbembe/。

程至关重要的其他概念。

20 世纪 70 年代,美国哲学家休伯特·德莱弗斯(Hubert Dreyfus)发表了一系列关于人工智能的限度的著作,尤其是他的《计算机不能做什么? 人工理性批判》(*What Computers Cannot Do? A Critique of Artificial Reason*)。在书中,他指责人工智能科学家,尤其是马文·明斯基(Marvin Minsky)把认知局限在"特定的知识或模型结构"。作为人工智能奠基者之一的明斯基似乎一早就预计到了这种批判,他在 1961 年的论文《走向人工智能》(Steps Towards Artificial Intelligence)中承认道:"当然,有关'智能'并不存在一种被普遍接受的理论;这里的分析是我们自己的版本,也许很有争议。"①这段话是说,大概找不到对智能的"客观"或"普遍"定义,智能究竟是什么是向各种解读开放的。

[237]可以把德莱弗斯的批判理解为对海德格尔《存在与时间》第一部分,尤其是第 17 节"指示与符号(Reference and signs)"和第 18 节"关联与意义:世界的世界性(Involvement and significance: the worldhood of the world)"的实用主义解读。海德格尔在这两章确立了分析工具和符号(即指示[reference, *Verweisungen*])的存在论基础,以及关联(involvement, *Bewandtnis*)如何规定了指示的结构,比如工具与人的此在的相遇。德莱弗斯借海德格尔来批评明斯基等人对认知的存在论假设从根本上说是笛卡尔式的。或者用海德格尔的话说,笛卡尔式的智能把它面前的对象简单地看作在手之物

———————

① 马文·明斯基,《走向人工智能》,《IRE 报告》(*Proceedings of the IRE*),第 49 卷,第一期,1961 年 1 月,第 8—30 页,第 8 页。

(Vorhandene)，必须把它思考为区别于主体的属性的承载者。这种在手性预设了笛卡尔式的机械论逻辑。

德莱弗斯提出应思考一种对应着海德格尔所说的"上手(Zuhandene)"的具体化的认知，这意味着我面前的事物不仅作为属性的承载者出现。相反，它的存在方式会受到世界的制约——世界是一种时间结构，它把认知和遭遇的对象联系在一起。比如在使用锤子时，我们并不思索锤子的形状和颜色，因为一个呈现为关系之网或指示之全体的世界已经内嵌于认知之中。德莱弗斯总结道：

> 从任何事实组或者"知识要素"的角度出发，就连一把椅子都不可理解。比如，把一个物体识别为椅子，就意味着理解它与其他对象以及人类的关系。这涉及人类活动的整个背景，我们身体的形状、家具的构造、难免的疲劳都只是其中的一小部分……明斯基把给定的一切都假定为事实，只是重复了自柏拉图以来就开始发展的一种观点，它现在已经根深蒂固到了**显得**不言而喻的地步。①

[238]我们可以把德莱弗斯的说法解读为对按照线性机械思维（而非递归的有机思维）理解认知的批判。他的结论是，人工智能的困境也是西方形而上学的困境，海德格尔思想作为超越形而上学的尝试，则提供了一种替代方向。我们可以设想一个海德格尔式的人工智能——尽管讽刺的是，一个海德

---

① 德莱弗斯，《计算机不能做什么？人工理性批判》(What Computers Cannot Do? A Critique of Artificial Reason)，New York：Harper & Row，1972 年，第 122—123 页。

格尔式的人工智能恰恰意味着海德格尔试图摧毁的形而上学的延续。尽管把弱人工智能与从柏拉图到莱布尼茨的哲学史等同起来的做法有时略欠精细，德莱弗斯依然有力地指明了人们必须考察运算的存在论、认识论和心理学假设，质疑它们的局限性和合法性。

这种试图超越对感知和推理的形式化再现的努力被称为联结主义（connectionism）。它既是认知科学领域的重要理论（它用人工神经网络来解释认知能力），同时也呼应了 20 世纪试图超越再现的哲学努力。再现要求按某个特定数量级对现象进行描述，比如视觉再现由形状、颜色和透视构成。非再现性的描述会利用不同的数量级；比如同一个对象可以被解释为一张强度分布图，或者一个可以动态自我更新的信号网络。机器学习使用的神经网络是由沃伦·麦卡洛克（Warren S. McCulloch）和沃尔特·皮茨（Walter H. Pitts）于 1943 年首次提出的。他们把神经元设想为布尔函数（Boolean functions），把网络想象为多层神经元，它们的运作可以实现逻辑推论。神经网络的进一步发展使明斯基在 1967 做出了这样的声明："具有布尔神经元的神经网络可以模拟任意有限自动机"，以及之后海基·海蒂涅米（Heikki Hyötyniemi，1996）的声明："神经网络可以模拟任意图灵机。"[1]

前馈神经网络（feedforward neural networks，神经网络最简单的形式，节点之间的联结不形成循环）的发展在 20 世纪 60 年代遇到了瓶颈，这导致了现在所说的反向传播算法

---

[1]　马克·布尔金（Mark Burgin），《超递归算法》（*Super Recursive Algorithm*），New York：Springer，2005 年，第 66 页。

(backpropagation algorithm)的发展：

> [239]保罗·沃伯斯(Paul Werbos)在1974年发展
> 出了解决信用分配问题(credit assignment problem)的
> 算法。这种算法实现了所谓"反向误差传播(back error
> propagation)"或简称**反向传播**的方法。反向传播网络在
> 1982年又被帕克(Parker)重新发现，后来又被鲁姆哈特
> (Rumelhart)、辛顿(Hinton)和威廉姆斯(Whilliams)于
> 1986再次发现并流行起来。从本质上说，反向传播神经
> 网络是一种先进的多层感知器(perceptron)，是人工神经
> 元中一种不同的阈值函数(threshold function)，以及一
> 种更强劲、更胜任的学习规则。在今天，反向传播网络或
> 许是最有名、应用最广泛的神经网络。①

联结主义提供的替代再现的方案，也促使德莱弗斯沿着类似的
方向探索实现海德格尔式人工智能的可能性，比如瓦尔特·弗
里曼(Walter Freeman)的神经动力学研究。弗里曼研究了活
动者与环境耦合的方式，包括对警觉和运动的兔子的嗅觉、视
觉、触觉和听觉的多年研究。弗里曼赞同德莱弗斯的反再现主
义(anti-representationalism)观点："大脑不只是抽取特征……
它把感官信息和过去的经验结合在一起……识别刺激以及它
对个体的特殊意义。"弗里曼批评了再现主义，他说：

> 谁需要它们［再现］? 功能主义哲学家、计算机科学家和

---

① 同上注，第65页。

认知心理学家往往迫切地需要它们,但生理学家不需要,那些希望找到并应用生物大脑算法的人也应该避免它们。①

[240]弗里曼的神经动力学涉及复杂的过程。可以根据我们的考察目的把它加以简化并总结说:神经动力学认为动物的知觉(它已经选取了有意义的东西)及其对外部环境的反应是由**模式**(*pattern*)而非具有特殊再现的**概念**规定的。

当兔子闻到某种特殊气味,兔子的嗅球(位于额叶内)中神经元的振荡模式就会增强。人们认为这种联结的配置形成了细胞集群(cell assemblies)。当经验重复,细胞集群就会重新配置起来,结果将遵循对经验给予的奖励。比如当兔子闻到胡萝卜并吃掉它,嗅觉和进食的关系就加强了。② 因此,大脑的情境反应永远是过去的同种输入经验的积累。局部的输入会影响全局的输出,比如由胡萝卜激发的信号会影响吸引域(basins of attraction)的全局配置。吸引子(attractors)的模式是可变的,它带着对过去相似刺激的记忆存储输入。正如德莱弗斯所说:

> 意义既不是作为意义再现,也不是作为关联被存储的。相反,对意义的记忆位于一整套作为对可能回应的分类的吸引子之中——吸引子本身是过去经验的产物。③

---

① 瓦尔特·弗里曼,《知觉的生理学》(The Physiology of Perception),《科学美国人》(*Scientific American*),第 242 页,1991 年 2 月。

② 这被普遍理解为赫布定律(Hebb's rule)。

③ 德莱弗斯,《为什么海德格尔式 AI 失败了,以及为什么让它成立就需要让它变得更海德格尔式》(Why Heideggerian AI Failed and How Fixing It Would Require Making It More Heideggerian),《人工智能》(*Artificial Intelligence*)171,第 18 期,2007 年 12 月,第 1127—1160,1155 页。

德莱弗斯强调世界的诠释学——一个决定着现在的意义的**前**结构（*vor*-structure）——以及错误如何能反过来改变世界本身。与早期人工智能的笛卡尔机械论相比，他强调了人类解释或者思维的递归性质。他没有讨论现代运算的递归性，但他最后把这种运算与联结主义等同起来。

[241]人工智能不仅在程序结构上是递归的，它在认知理解方式上也是递归的。认知不是机械的，而是递归的——它总是回到自身以便认识自身。认知对误差保持开放，以便从中学习并纠正它们。机器学习借鉴了认知科学，但它不是完全依赖于神经科学的模型，而是也必须为这门学科产生出认识论，这种认识论也成为阐释智能的模型。如今，运算模型越来越不再只是模拟，而是成为从事科学实验的工具。人类智能和机器智能的分界线已经模糊。正是在这个意义上我们可以理解阿席勒·穆班布（Achille Mbembe）的说法：理性"很可能已经达到了它的最终极限。或者无论如何，理性正在接受试炼"。①

然而，关于两种智能的区分的记忆在今天仍然存在，成了一个尚未被完全跨过的门槛。加拿大认知科学家布莱恩·坎特威尔·史密斯（Brian Cantwell Smith）和他同辈的人工智能科学家一样，很可能都受到了约翰·豪格兰（John Haugeland）和德莱弗斯的影响；他在 2019 年的著作《人工智能的前景：推算与判断》（*The Promise of Artificial Intelligence*：

---

① 邦斯塔德和图米尔·尼尔森，《关于全星球的思考：与阿席勒·穆班布的采访》。

Reckoning and Judgment）中对人工智能的发展做出了新的讨论。[①] 他指出，如果人工智能想变得智能，就必须开发一种不同的方案来与世界互动。智能能动者必须能把自己定位在世界中，为此，它也必须递归地与世界互动并调节世界。能动者和世界必须构成一种不仅是生物性的，也是语义性的结构耦合。

人类的智能是内嵌在世界中的，它借助人工器官（如作为身体器官之延伸的边缘系统和神经系统）体现世界。史密斯的论点可以和我在《递归与偶然》中提出的论点联系在一起，即递归是思考智能与其环境[242]在生物、语义、系统等不同数量级上的关系的基本模型。按照史密斯的说法，智能的基本标准是：

> 一个系统要能操心，它对世界的适应就必须以一个复杂的规范承诺建构网络为支撑。系统（知道者，knower）首先必须致力于**被知者**（*the known*）。[②]

对被知者的承诺意味着首先把对象认作对象——不只是一堆再现（史密斯称之为**显像**[*appearance*]），[③]而是被智能行动者看作在世存在并与他物共存的（史密斯称之为**现实**）。机器

---

① 我在《论数码物的存在》第二章中处理过布莱恩·坎特威尔·史密斯更早的著作《论对象的起源》（*On the Origin of Objects*），Cambridge, MA: MIT Press, 1996 年。

② 布莱恩·坎特威尔·史密斯，《人工智能的前景：推算与判断》，Cambridge, MA: MIT Press, 2019 年，第 92 页。

③ 我们或许也可以把它和康德关于现象作为显象的说法联系起来思考。

的计算能力是一种推算（reckoning），而把自己置身于对象世界的能力就是史密斯所说的判断。知道自己在说什么的能力——即递归地返回自身以规定自身——可以在一切递归算法中作为推算被形式地实现出来。但是世界的运作不能只被再现为一种推算。①

史密斯强调，我们不能用与理性截然相对的情感来理解这种对对象及其世界的承诺。这一点我也可以同意，因为情感只是和某种同质化的理性相对的一个反题。情感还没能把被这一同质化定义排除的东西合理化。合理化是一个让主体和世界的关系变得容贯的递归过程。② 这一点，尤其是在艺术方面，是我们与史密斯的论证的根本区别。世界的整体是[243]不可计算的，它超出了推算的能力。要想让任何智能产生艺术，它的对象就不能是已知的，而要是未知的。未知或许神秘（mystical），但不是神秘化的（mysterious），也不是神话的（mythological）；神秘（如维特根斯坦所说）或者迷的（enigmatic，阿多诺偏爱的说法）指的是不能被彻底把握和客观地阐释——比如通过把它还原为显像和再现——的东西。海德格尔可以说"世界世界化（*die Welt weltet*）"，因为在世界背后没有一个第一推动——史密斯意义上的形而上学一元论，即可以从已知者那里线性推导出的终极现实，并不存在。未知必须通过已知递归地合理化，如我们在第一章（§12 关于未

---

① 史密斯说："无论它们在其他方面多么惊人，我依然认为一切现存的人工智能系统（包括当代的第二波系统）都不知道自己在说什么。"（第 76 页。）

② 史密斯对智能的描述和对世界的强调，延续了德莱弗斯已经提出的论证，特里·威诺格拉德（Terry Winograd）和菲利普·阿格雷（Philip Agre）等计算机科学家又从技术角度更好地表达了这个论点。

知者的认识论)讨论过的。

比如,保罗·克利的《吱吱叫的机器》(*Twittering Machine*)里的鸟不仅活在生物世界里。它们也对解读保持开放,这种开放性使它们能进入精神领域中,正如阿瑟·丹托解读这幅画时说:

> 克利强调了机器的无用性,他几乎把机器贬低为无需对它有多大的期待或者恐惧的东西,这里,通过一个用机械手段带出自然总会充分提供的东西的愚蠢方案,无用性被强调了出来。[①]

姑且勿论丹托的解读是否深刻,即使一个机器学习算法能用克利的风格产出一幅画,即使它能"识别"出这些是鸟,它也丝毫没有接近克利的绘画所强调的"不可见"世界。在艺术和哲学中,未知是理智的对象,也是理智发展的条件。这是为人类行动者执行计算任务的智能机器和以未知为主题的另一种智能之间的一个重要分界。

[244]除了布莱恩·坎特威尔·史密斯所说的"推算"和"判断",我们也必须认识到另一种与世界的接触。沿着我们在第一章的讨论,可以说史密斯的判断概念仍然属于海德格尔在《存在与时间》中勾勒的"对世界的现象学理解"的范围内。而海德格尔转向存在及其历史(标志着他的哲学**转向**),则超出了史密斯(以及德莱弗斯)对人工智能的解读。海德格尔在《哲学

---

① 阿瑟·丹托,《相遇与反思:历史当下的艺术》(*Encounters and Reflections: Art in the Historical Present*),Berkeley:Univeristy of California Press,1997 年,第 84 页。

贡献》一书中指出,《存在与时间》是朝**转向**的过渡;这一过渡也是从对世界的现象学解释到对未知(在这里是存在、敞开性、最后的神)的合理化的转变。如果以这种方式解读《存在与时间》,我们就能明白:所有想要完全模仿人类智能的机器,都不能只限于两种活动,如推算和判断,因为这样就忽略了这一点:意义并非存在者的属性,其深度来自无根基之物。

我们可以用一个切实的说法"语境"来重新表述史密斯的世界概念,即,在进入一个新环境时,一个智能可以判断发生的事情及其与自身的关联。语境依赖于在场的对象,比如一个房间里的诸多对象,但语境总体不是对这些对象描述的总和。环境中的每个对象都有助于世界的显现(如海德格尔所说的"世界世界化"),语境也是由智能能动者及其对象的相遇决定的。比如为什么一进教室,就会很自然地坐到第三排左数第六张椅子上去? 对象的世界与智能能动者的意向性递归地体现在彼此中,才构成一个确定的语境。

史密斯提出了他所谓的"语境感知性(context-sensibility)",他写道:"世界需要承诺将其保持在视野中。情境性的意识必须以这样的承诺为基础。对语境的察觉(awareness)本身要求判断,它只靠推算是永远无法实现的。"①就感知性的问题来说,我们同样必须把它拓展到推算和判断的范围之外;也就是说,[246]我们必须超越现象的感知性(把客体简化为感觉与料)和语境感知性(根据主客体的相互关系来构建语境),以达到一种哲学的感知性,这种感知性类似于牟宗三把康德的理智直观吸收到他自己对于"心"(作为对整个宇宙的感觉)的定义中。

————————

① 史密斯,《人工智能的前景:推算与判断》,第140页。

图 15

保罗·克利,《吱吱叫的机器》(*Die Zwitscher-Maschine*),1922
年。油彩转移绘制,纸本水彩和墨水,周围用水粉和墨水画在木
板上。64.1 × 48.3 cm。© 2020 Artists Rights Society (ARS),
纽约。数码图片来源 © The Museum of Modern Art/Licensed by
SCALA/Art Resource,纽约

§20 理智，理性与直观

我们已经看到，尽管递归是运算的基础，世界也是递归的，却并不意味着世界是可运算的。在海德格尔的意义上说，当我们的环境变成运算性的、可运算的，世界就被抛弃了。在德莱弗斯之后，我们必须超越海德格尔的意图——不仅因为《存在与时间》写于控制论和人工智能发明之前的 1927 年，也因为必须根据我们的时代正在发生的事情重新思考它的哲学概念。

从一开始，海德格尔的世界指的就不是认知（它不能被简化为认知），相反，认知要通过世界才可能。在格式塔理论中，我们可以用背景和图形的关系来看待世界和认知。世界由一个复杂的参照物总体构成，认知则依赖这些参照物进行推理。换句话说，认知是世界整体的一部分。然而——这也是重新解读《存在与时间》第 17、18 节的关键——世界已不再是海德格尔描述的现象学世界，而是一个日益被移动设备和传感器捕捉和重构的世界（这也意味着现象学**悬搁**的意义发生了重大变化，从对世界的悬搁变成了对技术的悬搁）。① 世界很大程度上是在屏幕上的，尤其是考虑到今天的人们几乎可以用手机应用做一切事情。智能城市、传感器和平台预设了一个[247]完全基于可分析、可建模的数据的世界。

物质的偶然性体现在，比如一个人可以以设计师完全没

---

① 我在《论数码物的存在》中开始进行这种重新解读，尤其是第 3、4 章。

有预料到的方式使用产品。一切设计逻辑的外化总是超出逻辑本身，理论与实践的差异是偶然的，也是灵感的来源。这种对偶然性的开放是由于一种不可还原为形式的物质性而可能的，而这种开放性在一个总体化的技术系统中被最小化了。可以说，随着世界成为一个技术系统，海德格尔称之为（**去蔽**的意义上的）真理的根基的世界，就被还原成了可在逻辑上分析的数据集。

正因此，我们认为今天的人工智能正日渐强大，而海德格尔和德莱弗斯都强调的世界问题却变得无关紧要。我们生活在一个数字化的世界，一个**集置**的世界，人工智能的力量建立在把世界简化为运算模型的基础上。我们为了机器的"存在论尊严"，或者只是出于市场目的，把做梦和思考这样的词赋予机器，尽管我们都知道谷歌的深度梦境（Deep Dream）与做梦无关。这不是说还原论完全是坏的，而是说当它被当作现实的总体时是坏的，机械论的错误也是同一个道理。

随着运算环境取代了世界，世界的不可计算性进一步远离我们，直到问题本身消失或者灾难出现。我们只能听到肯定性的技术加速、人类增强和地球工程。世界的消失开启了一种注意力的生态学，因为作为现象的显像的基础不再是世界。数字时代的注意力经济不仅是眼球和屏幕经济，更重要的是，它是相关性被计算和数据提取决定的经济。从社交媒体的推荐到政治选举中的选票操纵，随着世界变得更加可预测，注意力经济变得日益重要。当运算环境**取代**世界，这不是说世界消失了，它只是变得沉默了。它仍然在起作用——就像康德所说的[248]"物自身"，位于现象背后而不再可感。或许当计算的世界崩溃，它还会显露出来。

运算性的递归为自然的起源结构提供了**认识论证明**,就像浪漫主义者和康德、费希特、谢林、黑格尔这些观念论者曾试图构建的那样。理念,就它能自我设定、自我调节来说,拥有巨大的潜力,这也是过往观念论者和观念艺术家探讨的。今天的递归算法中对观念的"机械论证明"会带来什么? 一些观察者正在考虑这样一种设想:宇宙是一个完美的、递归地生成的整体,其中每个生命都是同一个起源过程的独特实例。我们或许可以称之为柏拉图式的证明——柏拉图在《蒂迈欧篇》(*Timaeus*)中谈到造物主对世界的数学设计,其中实存的东西只是对理念世界的模仿。康德试图给知识划定界限并为形而上学重新奠基的做法,可以说是柏拉图的证明的现代形式,在康德那里,是**物自身**产生了对象的显像。

我们要把世界的递归性与技术正在掌握的递归性区分开来。**广义的递归思维**需要理解机器并与机器共存。当技术寻求背景,它只会失去背景,因为技术本身想要成为一切存在者的背景。图形和背景的相互结构,是对"世界可以还原为一堆递归算法"的观点的存在论拒绝,无论这些算法在模拟类似自然现象的涌现方面有多强大。另一个类似的拒绝是基于这样一个事实,即可运算者同时也暗含着不可运算者,也就是说宇宙中存在不可递归枚举之物。这两种存在论的拒绝是不一样的。只有不可运算者还不够,因为它只是给运算设定了限度,而无法释放它的潜力。不可运算者还不是不可计算的,它只是对可运算者的否定,而不可计算者是对无根基的根基的肯定。不可计算者不能被简化为不可运算者,尽管后者也可以为前者提供超出运算领域的"理性主义"支持。

[249]科学技术的发展能让我们对世界有更好的认识,但

是把世界还原为一个递归的宇宙的做法，只会导致技术世界本身枯竭。如果还不算太迟，它也许可以在"触底"后恢复，就像格雷戈里·贝特森（Gregory Bateson）关于酗酒者的说法。我们或许可以问：我们对基于人工智能的未来主义可以期待什么？我们该如何回应人类为消除自身的生存条件而进行的那种逼促？

就像我们在前面提出要将技术与艺术的概念碎片化，我们或许也要探讨智能概念的多样性，尽管这些范畴无法被孤立看待。我们知道自古希腊以来，位于灵魂等级体系最高点的一直是理性（或理智），*ratio*。直观（和它的近亲——知觉以及想象）是错误的来源，因为它是直接的、即时的，还没能避免错误。在西方哲学中，理性被看作是一切其他官能的最终裁决和调解者（但这不等于说理性是独裁的）。①

我们在第一章中称之为非理性者的那些不可概念化（*Unbegrifflich*）的东西呢？② 理性和不可概念化之物互相冲突，因为理性是靠概念推进的。理性只能谴责不可概念化之物，或者只能推测而无法把握它（德语的把握［*greifen*］一词是概念［*Begriff*］的词根，因此**不可概念化**的就是不可把握的）。在第一章中我试图表明，对于海德格尔来说存在问题是不可概念化的，而且只要它未被阐明，就可能落回教条的神秘主义。思维必须对那被哲学排斥的东西保持开放。思考的任务

————————

① 理性的这种卑微而决定性的角色，在康德《纯粹理性批判》的说法中得到了很好的阐释："理性没有独裁的权威；它的裁决总无非是自由公民的同意；这些公民每个都必须被允许不受阻拦和妨碍地表达他的反对乃至否决。"（A738-39/ B766-67）

② 见汉斯·布鲁门伯格，《不可概念化之物的理论》（*Theorie der Unbegrifflichkeit*），Frankfurt am Main：Suhrkamp，2007 年。

在于不仅通过概念和观念，也通过直观来阐述不可概念化之物。直观通常被认为是精神最低级的能力，[250]比如在康德的《纯粹理性批判》中，我们会看到一个从纯粹直观（时间和空间）逐渐向上，经过知性再到理性的等级。康德对适合人类主体的知识划出的限制仅限于科学解释的方面。我们有必要参与科学，但也必须超越科学。

然而，不可概念化之物会威胁到理性的系统性。理性无法把捉不可概念化之物，它只能通过崇高的体验或通过实践理性的悬设把握住它。崇高是知性和想象力把感知数据（sensible data）归入概念的失败。这种失败要求理性的介入，而理性也无法把这种经验变成概念，只能暂停这一进程。正是通过这种理性施加于想象的暴力，人类主体就像悲剧英雄那样，得以克服庞大而无法控制的自然所引发的恐惧。崇高是人类对自然的用途（Gebrauch），用以超越恐惧，走向敬重（Achtung）。

康德为什么不承认人类有理智直观？这是因为对不可概念化之物的**积极**且**客观**的定义在逻辑上是矛盾的。比如我对自由的认识可能会和别人的理解矛盾。我们首先只能在与他者（无论是人还是事物）的关系中定义自由，其次，只能在否定的意义上参照着什么不自由来定义自由。本体的领域对人类主体来说是否定性的，但若凭借理智直观的观念，它可以对理性建筑术的完成有一个积极的用途。由于理智直观不能看作是人类的一种能力，康德赋予了理性最高的地位。我们已经在第二章中看到了新儒家思想家牟宗三与康德的分歧。牟宗三认为被康德排除在人类之外的理智直观正是中国哲学的核心。

至于牟宗三是否真正理解了康德的理智直观概念，以及这种哲学和文化上的转译是否成立,还有待在别处展开研究。但这个论点无疑是惊人且让人耳目一新的,也是一种令人鼓舞的转导性思维方法。牟宗三清楚地表明了中国思想[251]有不同的感知和认知方式,这反过来也规定了他们的理智观念。牟宗三谈到了理智直观的**培养**,也就是说理智直观不是作为一个完整的东西被给予的,而是需要练习的。只是由于存在这种超越受限于现象的理性范围的潜力,才有可能把人设想为一个道德主体。对牟宗三来说,发展理智直观的可能性是道德的基础。对康德来说,本体总在背后起作用,因为它是让现象显现的物自身,但和牟宗三不同的是,康德认为**培养**理智直观是不可能的。

当人们把中国哲学中对道的感知性与康德说的理智直观联系起来时,是需要万分谨慎的,因为这假定了中国哲学与康德体系的某种可比性。相反,我建议重新解读这二者对理智直观的理解的差异。如果康德必须放弃人类有理智直观的可能性,这是因为他想确保理性作为更高形式的先验能力的位置:理性是"原则的能力",是"知性的规则在原则之下统一的能力"。① 这种感性直观、知性和理性的等级结构可以看作是亚里士多德的遗产,我们看到亚里士多德在《论灵魂》(*De Anima*)中,提出了一个类似的三方结构:感觉、想象力和理性(*noiesis*)。② 在鲍姆嘉通的理性主义传统中,由于人是理性

① 在《判断力批判》中康德提出了一个不同的图示,其中有三种基本的心灵能力:基本的认识能力、感受愉快和不快的基本能力,以及欲望的基本能力(*Begehrensvermögen*),每个都有自己的高级官能:知性、判断力和理性。

② 见亚里士多德,《论灵魂》,第二、三卷,D. W. Hamlyn 译,Oxford: Clarendon,1993 年,第三卷,第三章。

动物,感性直观就是知识官能的次等能力。

在 20 世纪,克罗齐、柏格森和海德格尔等人试图对抗这种等级制度。柏格森肯定了直观的第一性,它不仅是我们与世界的最初接触点,也是一种具有[252]精确性的认识方法。海德格尔给予世界,即在世存在,以优先性,它是认知的条件。德莱弗斯批评了早期人工智能研究者的笛卡尔主义态度,而把海德格尔的世界概念当作认知的条件之一。他提出了所谓的海德格尔式人工智能,作为一种内嵌于世界并体现着世界的认知的模型。然而,我们还要进一步推进德莱弗斯对人工智能的质疑。

如果德莱弗斯通过引入现象学方法成功地影响了人工智能的研究,那么我们的任务仍然是要拆分理智的概念,并重新引导它的计算性和总体性的倾向。这样的操作无法避开康德批判哲学的基础问题:我们如何实现这一点而不落入思辨理性的狂热? 康德的决定是以一种要求明确定义理性的未来形而上学为条件的。但如果我们悬搁这种未来,回归断片,或许可以看到不一定是形而上学的各种不同的未来。回归艺术就是这样一种实验,用穆班布的话说,重新定位直观是"复原理性(rehabilitate reason)"的一种方式。在东方,我们可以发现对直观问题的不同表述。正如前面讨论的,我们看到牟宗三试图提取出理智直观,作为康德的认知模型的反题。我们还可以在另一位重要思想家西田几多郎那里发现一种尝试——他试图把所谓的"直观行动(intuition-acting)"重新表述为已然被历史社会世界形塑的不可分的统一体,它暗含了另一种逻辑:

　　确实,从判断的逻辑的角度看,一切被给予的东西都可以被看作不理性的,因此,所有直观都可被看作是非逻辑的。但我们作为具体的人,作为行动—反思的人被生在历史—社会世界中。就我们能做的来说,我们无法放弃这个立场。被给予者是历史社会性地被寄予的,它被直观所见,是行动和生产着的;它通过表现来推动我们。①

[253]经由知性和想象力从直观到理性的等级结构,已经成为定义理智的认知模式。我们并不是说这是错误的,而是想质疑这种对理智的定义在多大程度上是充分的。或者可能有许多种理智,如基于形式逻辑的理性理智,以及基于直观的艺术理智。那些被理性低估的能力在多大程度上能在所谓的"理智"中发挥作用? 如果牟宗三认为中国哲学始终致力于培养的是理智直观,它又如何能放进认知的等级结构中呢?

在第二章中,我们试图通过玄的逻辑来阐述理智直观及其运作方式。正是在这个问题上,牟宗三可以和柏格森、海德格尔相合;把中国哲学重新定义为理智直观的培养,也引向了一种"感知性教育"。理智(或智能)不一定出自一个哲学体系,它也可能出自审美思维。这不仅是因为中国没有审美思维和哲学思维的区分,也因为一个伟大的艺术家必然是一个哲学家(尽管未必是反之亦然)。②

---

① 西田几多郎,《智性与无的哲学:哲学论文三篇》(*Intelligibility and the Philosophy of Nothingness:Three Philosophical Essays*),Robert Schinzinger 译,Honolulu:East-West Center Press,1958 年,第 226 页。同样值得一提的是,这一节的标题叫作"对立的统一"。

② 在这点上,程抱一(François Cheng)有理由宣称:"在中国,艺术和生活之艺是一回事。"见程抱一,《空与满:中国绘画的语言》(*Full and Empty:The Language of Chinese Painting*),Michael H. Kohn 译,Boston:Shambhala,1994 年,第 2 页。

与其把中国思想的位置摆在机械论和有机论当中,人们也许可以问,中国哲学中隐含的独特理智模式是否有助于人工智能的发展。比如,它能否为机器赋予一种理智直观,以开发出更强更有力的人工智能? 这种贡献其实可能加强一种单一技术文化,就像海德格尔式人工智能其实或许会延长海德格尔试图终结的形而上学。这种诱惑的风险[254]是,人们也许会走上一条背叛道及其承诺的开放性的道路,因为它有一种让不可计算者从属于可运算者的倾向。相反,我们想要理解中国思想如何能强化理智的观念以及理智本身。

可运算性的严格的理性是强大的,因为它首先是一种普遍的"技术趋势",这种趋势使它很容易扫清文化差异造成的障碍,以及其他构成特定"技术事实"的因素。但这种普遍与特殊(及本地)的对立还有待争论和反思。如果我们站在对立的不连续性的角度,某物要么是普遍的,要么是特殊的。而如果我们站在对立的连续性的角度,就可以质疑两极间的关系,而无需让一极从属于另一极。这种方式也许能让反思未知的认识论刻写进技术性思考,而不用从属于或者抛弃可计算性——当然还可能有其他方式有待被发现和发明。

§21　次论山水：地方

让我们再回到山水,来探讨理智直观(或一般意义上的直观)和今天的人工智能架构的相关性。在这个机器日益占据越来越多创造领域的人工想象时代,山水的作用是什么? 我们不能简单地拒绝这样一种假设:有一天机器也许能运用董源、王维、马远和石涛的风格,画得让人区分不开机器和画家。

或者当技术奇点实现，机器也许能获得一种"理智直观"。我们不能排除机器发展出理智的可能性，正因为我们不能否认未来科研中发生认识论突破的可能性。

在艺术和技术的语境下，数字化和它几乎无限的可能性迫使我们质疑[255]审美思维与其他类型思维的关系——如宗教、哲学、科学和技术。审美思维如果没有政治和哲学含义，便只能为消费主义提供"附加价值"，很容易屈从于机器的替代逻辑。这会导致把一切都归结为"体验"，从而造成感知性和理性的贫乏，这对探讨艺术的作用是完全不够的。

但是这种对理性和直观的理解仍然是非历史、非社会性的。正因如此，我们将再次尝试理解山水，要比我在第二章中对玄之又玄的阐释更具体。我们要在西蒙东和黑格尔的意义上更具体地思考——对西蒙东来说，具体化意味着技术物向着更高的自律的实现；对黑格尔来说，具体意味着从直接性和偶然性向客观性和必然性的运动——我要问，该如何讨论理智的敞开性而不落入技术乐观主义的**狂热**？

§21.1   山水的场所

在第二章中，我们看到玄之又玄代表了一种非线性逻辑，它把有与无对立起来以达到一种连续性。我们称之为"对立的连续性和统一性"。但这种说法是形式和逻辑的，因此依然是非历史、非社会性的。道家不是思考历史的思想家，因为他们很清楚人类历史只是宇宙历史的一个微乎其微的部分。这种对人类存在的有限性的认识使道家的追随者淡化了对各种积累（从物质财富到知识）的人类欲望，从而提出自由是以对自身极限和世界的不可计算性的觉察为前提的。换句话说，有限是无限的条件。这也是儒家思维和道家思维的区别所在:与道家的玄的曲线思维相比,儒家在根本上说是一种直线思维,正如牟宗三表明的;[256]尽管我们在第二章也看到,儒家必须接受某种形式的递归以解决概念的二元性。

在第二章,我们就山水与空间逻辑的关系思考了山水问题。为了更进一步,我想表明它也必须由地方(place)的逻辑来补充。我首先要问:山水如何标志一个地方,一个消融了它面前的主体的**地域性**(*locality*)? 这是因为这个主体不再能维持一种有距离和客观的观看,而是不由自主地被包含在其中了吗? 这里的"包含"是什么意思? 西田几多郎用日语中的场所一词指代地方,或是用借自柏拉图《蒂迈欧篇》的场域(*khōra*)。值得一提的是,在提出场所的逻辑(这是他的哲学轨迹的突破)之前,西田几多郎(在威廉·詹姆士[William James]的启发下)曾试图阐发"纯粹经验",作为克服现代主/客二元论或质料/形式的形质说的方式;这是他第一本书《善的研究》(*An Inquiry into the Good*,1911 年)的重要主题。场所的概念可以看作是西田几多郎从他的早期哲学的一个"转变"。① 这个**转向**是从作为统一的场所的自我(ego)到作为矛盾的统一(自我被历史地、地理地置于其中)的空间的转变。

---

① 在《日本哲学:资料集》(*Japanese Philosophy:A Sourcebook*,John C. Maraldo、Thomas P. Kasulis 和 James W. Heisig 编,Hawaii:University of Hawaii Press,2011 年,第 648 页)中,詹姆斯·海西希(James W. Heisig)指出西田几多郎抛弃了纯粹经验而选择场所,他引用了西田的一段反思:"有关直接或纯粹经验的理论把现实当作对人来说直接的经验内容,也就是广义上说的被内在地感知到的东西。这一出发点确实先于主体和客体的区分,但它只是从里往外地看待事物。真正的自我(self)是运作中的自我,真正的现实必须被看作这个行动的自我的对象。我们生在这个世界中,通过在世界中行动实现自己。"

这类似海德格尔对胡塞尔的意向性的处理，只不过他是用自己在《存在与时间》中提出的"世界"概念来处理意向性。我们甚至可以借用西蒙东的话，称之为在追求知识造成的主客体分裂局面之后寻求聚合的探索。

西田几多郎想提供一种比欧洲哲学家提供的更普遍的哲学。这种尝试以自我反对而告终，因为作为一个了不起的佛教、儒家和日本文学读者，西田几多郎不得不面对东西方哲学[257]不可调和的差异，他系统地面对了二者的差异，明确区分了关注**无**的东方和关注**有**的西方。对他来说，无或缺席的概念在东方艺术中尤其重要：

> 显然，西方文化纷繁复杂的发展中有许多值得钦佩和学习的地方——在西方文化中，形式属于存在，成形（taking form）被视为善。但是东方文化岂不是也有某些滋养我们的祖先数千年的、某些在表层之下的东西——能见无形之形，听无声之声？我想试着给不断驱动着我们的头脑，让我们寻觅这种东西的欲望以一个哲学基础。①

"无形之形"和"无声之声"让我们想起第二章关于老子的讨论："大象无形"，"大音希声"。但西田几多郎的哲学灵感来源

---

① 上原麻有子（Mayuko Uehara），《从日本的角度看西田几多郎：见"无形之形"》（Japanese Aspects of Nishida's Basho: Seeing the 'Form without Form'），《日本哲学前沿 4：面向 21 世纪》（*Frontiers of Japanese Philosophy 4: Facing the 21st Century*），Wing Keung Lam 和 Ching Yuen Cheung 编，Nagoya: Nanzan Institute for Religion & Culture, 2009 年，第 152—164、153—154 页；出自西田几多郎，《从行动到观看 全集第 4 卷》（*From Acting to Seeing, Complete Works*, vol. 4）。

不是道家,而是佛教(禅宗和大乘佛教)、日本思想和德国哲学
(包括观念论和新康德主义)。西田几多郎不可避免地要讨论
道家的无,但他低估了它,称道家是一种:

> 关于非存在的文化,它依然受困于非存在——也就
> 是说受困于非存在的形式。它的在场不是一个运动的在
> 场,而是非规定性的在场。非存在真正的自我规定性必
> 须是无限活跃的,是对绝对否定的绝对肯定。其在场是
> 无限运动的。①

[258]我在前面讨论过,于连曾挑衅地(遵循海德格尔)把形式
和存在联系起来,称中国思想中没有存在论。牟宗三也曾隐
含地得出这种结论——他没能在中国思想中找到亚里士多德
的四因。② 牟宗三和于连的解释很大程度上受到道家思想和
《易经》的影响,而西田几多郎受这些的影响要小得多。与我
在第二章中阐发的对立的连续性和对立的统一相对应的是,
我们可以看到西田几多郎自己的说法:"矛盾的统一",或"矛
盾的自我同一",以及"非连续的连续"。西田几多郎用他的场
所理论系统阐发的东方思想,为我们理解山水画提供了另一
个入口。相比前面通过解读《老子》提出的玄的逻辑,场所更

---

① 西田几多郎,《从形而上学角度看东西方古典时期的文化形式》
(Form of culture of the classical periods of East and West seen from a
metaphysical perspective),《现代日本哲学资料集》(*Sourcebook for Mod-
ern Japanese Philosophy*),D. A. Dilworth 等人编,London: Green-
wood,1998 年,第 34 页。

② 正如我们在第二章看到的,中国哲学中没有明确形式因和质料
因。牟宗三称《易经》中的前两卦,乾和坤,对应动力因和目的因。

能明确指出理解思考本身所需的历史及文化必然性。

西田几多郎也像他那一代的其他东方思想家一样接受了西方哲学词汇，并试图在东方思想中找到类似的概念。哲学是由对普遍性的渴望驱动的，若是没有哲学和语言上的张力的出现，人们便很难拒绝这种诱惑。西田几多郎仍然坚持使用形式的观念，把"无形之形"看成某种柏拉图式的理型。另一方面，他也指出："日本美学与希腊美学有根本区别，它不是一种**理型**的美学。当然，一切美学都离不开形式。"[1]对西田几多郎来说，日本美学是从感觉和情感出发的，而不是从形式出发的。

西田几多郎在他的逻辑和黑格尔辩证法相似的地方，也用到了黑格尔的术语如"具体的普遍性"（具体的一般者）和[259]"抽象的普遍性"（抽象的一般者）。[2] 但这样借来的术语在他自己的哲学体系中的含义不一定相同。比较哲学的学者急于展示不同思想学派之间的区别，有时太容易犯这种方法论上的错误。正如我们在后面将会看到的，西田几多郎也把场所与柏拉图的场域或者亚里士多德的处所（*topos*）联系起来，但在阐述这些细微的差别之前，让我们先看看西田几多郎对东方艺术的基础的理解：

　　希腊艺术从有形中看到无形，而日本艺术及各种东

① 同上注，第 29 页。
② 对西田几多郎和黑格尔的更详细的讨论见约翰·克鲁梅尔 (John W. M. Krummel)，《西田几多郎的交叉分布论：辩证法的地点，地点的辩证法》（*Nishida Kitarö's Chiasmatic Chorology：Place of Dialectic，Dialectic of Place*），Indianapolis：Indiana University Press，2015 年。

方艺术的特性在于非存在的原则——在于运用形式表达
无形之物。东方艺术不仅是象征地再现其他形式,而是
揭示无形式。①

西田几多郎把无形等同于理智形式,也就是希腊的理型。然
而理型不是无形的。理型是终极的形式,而日语的む(或者汉
语的无),虽然可以通过形式显露出来,它本身却是无形的。
如果我们把这个有争议的问题搁置一下(这可以说是体现了
于连和西田几多郎的分歧),我们可以同意西田几多郎的观
点,即无形者是东方艺术的基础。说无形是基础不意味着基
础不可见。那么,该怎么逻辑地思考这种无形的"形式"呢?
如果无形者没有形式,它就不能通过形式逻辑表达。这要由
构成西田几多郎哲学本身的**场所**的逻辑解决。

如果公正地谈西田几多郎,那么场所不完全就是柏拉图
的场域;对西田几多郎来说,区别在于场域是"物质",而场所
是"意识领域"。② 只要在世界之中,我们就能意识到周遭的
存在。这种对存在的意识只有在被非存在的意识强调出来的
时候,才能获得意义,它可以被称为**自觉**(自我意识)。通过自
我意识,"自我在自身中反映自身"(自己[260]が自己に於て
自己を映す)。③ 如果意识行动映照了它面前的对象,也就是
说将其反映给意识,那么在意识自身的每次反思中,每个行动
都相继地成为下一个行动把握的对象:

---

① 西田几多郎,《文化的形式》,第 32 页;也引自上原麻有子,《从
日本的角度看西田几多郎》,第 156 页。

② 上原麻有子,《从日本的角度看西田几多郎》,第 161 页。

③ 同上注,第 162 页。

> 我们可以把自我设想成一个统一的点，它设定了认
> 识者和被认识者……但我们不能把这种统一点看作是认
> 识者，相反，它只是已经被对象化和被认识的东西。①

意识到一个事物是一个映照过程，而对意识本身的映照不仅是
意识的图像，而是一个把前一个映照（mirroring）投射到另一个
映像（mirror）中，从而进入一个递归过程的行动。山水画把主
体投射进永久的反映中，直到主体消融，不再把绘画当作对象面
对。绘画不再是一组谓词，不再是主体的谓述对象；相反，主体
被容纳在其中。换句话说，主体被投射到一个递归过程中，直到
它与绘画的距离被消除，主体被安放（*emplaced*）于山水之间。
在这个过程中，一个绝对被假定为容纳者的容纳者，也就是真正
无的场所（真の無の場所），或绝对无的场所（絶対無の場所）。
从这个意义上说，场所完全不能等同于柏拉图的场域或者亚里
士多德的处所。从形式逻辑的立场（根据形式逻辑，场所代表一
个类似容纳者的空间）出发，人们也许可以这样做。但场所的观
念不是一种线性逻辑，我们在后面会详细讨论这一点。

我们可以通过对比主词/谓词的语法结构，来阐释场所的
逻辑。如果我们说"玫瑰是红的"，"红"是主词"玫瑰"的谓语，
即玫瑰的一种性质或属性。但是对西田几多郎来说，红不仅
是一种属性，因为是玫瑰被安放于红之中。场所的概念指
[261]容纳者。如果我们继续说"红是颜色"，那么我们又把

---

① 引自朝仓友海（Tomomi Asakura），《论比较东亚哲学的原则：
西田几多郎与牟宗三》（On the Principle of Comparative East Asian Phi-
losophy：Nishida Kitarö and Mou Zongsan），《中央大学人文学报》（*Na-
tional Central University Journal of Humanities*）54，2013年，第1—25、
11页；出自西田几多郎，《全集》第四册，第215页。

"红"安放于名为颜色的场所中,也正是这个场所使非红得以显现。非红是红的否定,它把红否定为无,因此非红是"红"的无,但它并不是产生出红的东西,因为红和非红都被容纳在另一个场所中。行动也是如此,因为每个行动都可以被认作一个位于时间和空间中的因果性。如果我们把场所的概念理解为"能容纳的东西",就会发现场所又被容纳在另一个场所中,直至无穷。乍看之下,这种无限似乎和第一推动没有什么区别,因为人们可以沿着一个因果链条一直追溯直到**终极**的场所。但它们的一个明显区别是,场所的意识是由镜像反映驱动的,它从一开始就是非线性的。

让我们设想有两个面对面的镜子,它们之间的所有对象都会趋近于无限次反射。这是意识哲学的一个经典问题,因为为了找到意识的开端人们会面临无限回溯的威胁。西田几多郎通过提出无是容纳一切的最终场所,解决了无限回溯的问题。无和有并不在相互排除的意义上对立,因为这样就会是对立的不连续性了。相反,真正的无安放了有:

> 通过否定有而与有相对的无,并不是真正的无。相反,真正的无必须是构成有的背景的东西。比如与红相对的非红也是一种颜色。[但]那种拥有颜色、把颜色安放于其中的东西[本身]不能是颜色。红和非红[如蓝]必须被安放在它里面。①

---

① 西田几多郎,《场所的逻辑》,见《地点与辩证法:西田几多郎的两篇论文》(*Place and Dialectic:Two Essays by Nishida Kitarö*),John W. M. Krummel 和 Shigenori Nagatomo 译,Oxford:Oxford University Press,2012 年,第 55 页。

递归的映像消解了主体,因为主体不再与对象相对,后者的存在只有[262]通过主体的意向性才能获得意义(无论是以怀疑的形式还是以阐释的形式)。主/客体对立的重要性消失了,因为正如西田几多郎所说:"场所被看作外在于它[里面]容纳的东西。"①西田几多郎强调,地点不是被直观容纳,而是直观被场所包裹。② 换句话说,直观以场所为条件。这种条件性不是规定性本身,用我们的话说,它是可感性的培养(*cultivation*)。自我是被**安放**的,因为它在宇宙中的位置是无关紧要的,或是无——它有位置因为它没有位置。

不断的反思把我们从认识主体带向被**安放**的主体,这种探索可以和山水的递归逻辑(我们把它和玄之又玄联系起来)相比。我们把西田几多郎的场所和道家思想联系起来的做法会不会是武断的? 西田几多郎从解读佛教、埃米尔·拉斯(Emil Lask)、胡塞尔、费希特和黑格尔得出的意识理论,究竟和绘画有什么关系? 他的理论不是意在成为一种普遍的意识理论吗? 而正如我在整本书中表明的,对艺术的体验难道不是特殊和有区别的吗?

为了解决这些问题,让我们继续处理西田几多郎的场所哲学。西田的创新之处在于他把费希特和黑格尔的反思概念融合进他自己的递归思维(这可以说是东方哲学)中。我们知道费希特的反思试图统一**我**和**非我**,因为每次反思都是由**非我**的"检查"或"约束(*Anstoß*)"标明的。这样,**我**和**非我**构成了一个简单的耦合机器。在谢林那里,**我**(精神)与**非我**(自

---

① 　西田几多郎,《场所的逻辑》,第 55 页。
② 　同上注,第 58 页。

然)、理想与现实由一个一般化的递归过程统一起来,其中,自然的无限生产力在遇到阻碍(*Hemmung*)时产生显像,就像河水的流动遇到阻碍时出现漩涡。黑格尔或许提出了描述这种递归—有机运作的最逻辑化、最精致的方式,也就是辩证法。辩证法包含三种反思,[263]我们可以将之概括为**设定性**(*positing*)**反思**——它从显像,如直接的存在开始,这样的存在只是否定的,因此反思是对作为自我设定的存在的扬弃;**外部反思**,即承认他者是自我的条件和矛盾;**规定性反思**,即设定性反思和外部反思的统一。①

西田几多郎是通过既取消作为绝对开端的**我**(在费希特和谢林那里),也取消作为最终产物的绝对(在黑格尔那里),来实现他的融合的;也就是说绝对既非**我**的开端,也非精神的终点。在西田几多郎对反思的反思中,我们最终会达到绝对的无,作为无法被反思的最终地点。这个无法被反思的地点在本体神学中叫作第一推动,在斯宾诺莎的泛神论中叫作神或自然(*deus sive natura*)。在西田几多郎的哲学中,这个地点不是基督教的神性,而是绝对的无。是这种反思性逻辑让西田几多郎区别于抽象的第一推动,即机械论的根基与虚无。

西田几多郎也区别于斯宾诺莎主义的内在因,因为他达到了绝对的无,而不是让超验坍塌为内在的本体神学。对西田几多郎来说,**场所**的概念是个具体的绝对,它已经达到了普遍。"绝对"一词与"相对"形成对照——有绝对的无,就有相对的无。在对有和无对立的传统理解中,无只是相对的,因为

---

① 黑格尔,《逻辑学》,George Di Giovanni 译,Cambridge:Cambridge University Press,2015 年,第 345—353 页;对费希特、谢林和黑格尔就递归的讨论的更详细分析,见许煜,《递归与偶然》,第 1,2 章。

它依赖于有,这种依赖是一种否定(西田几多郎就是这样误解了道家思维中的无)。西田几多郎的绝对的无并不具有这样的否定性,而是有一种容纳的能力。但这样我们岂不是落入了观念论,或者更糟糕,落入了虚无主义——因为一切有都在无之中,因此一切价值根本上都是无?

[264]为了避免这样,西田几多郎总是提醒他的读者,地方或世界是社会的历史的世界。艺术中有着历史表现性的形成,必须从场所的角度理解它。① 西田几多郎达到的普遍并不与特殊对立。事实上按照他的思路,人们无法用他已经拒绝的二元论逻辑责备他。这种普遍性没有名字,尽管如果我们强加一个名字给它,它可能是道——至大的、绝对的无,或者最后的神。

这种普遍性不限于任何类别,因为它不再是一个受制于客观分类和阐释的科学概念。科学首先是一台存在论证明机器,在它之中每个存在都有其位置。历史性首先意味着地域

---

① 这是西田几多郎后来一篇文章的主题,《作为历史形成活动的艺术创作》(歴史的形成作用としての芸術の創作,1941 年)一文讨论了简·哈里森(Jane Harrison,1850—1928)的《古代艺术与仪式》(Ancient Art and Ritual and Themis),这本书为西田几多郎提供了说明艺术是历史性"表现性形成"(按照康拉德·费德勒[Conrad Fiedler]的意思)的历史证据:"历史世界的自我形成作为地点(场所)的自我规定发生……原始民族的仪式舞蹈,按照哈里森的描述,是历史世界自我形成过程的原初动量。诸神从仪式中产生。不仅宗教和艺术由此形塑,学术活动也是如此。"这篇文章还没有被翻译,摘要(其中也提到了西田几多郎 1923 年的《艺术与道德》[Art and Morality])可参考恩里科·冯加罗(Enroco Fongaro),《历史中身体性展现的活动:西田几多郎思想中的艺术脉络》(Bodily Present Activity in History: An Artistic Streak in Nishida Kitarö's Thought),见《布鲁姆斯伯里当代日本哲学研究手册》(The Bloomsbury Research Handbook of Contemporary Japanese Philosophy),Michiko Yusa 编,New York: Bloomsbury,2017 年,第 167—196 页。

性。西田几多郎的"绝对的无"不叫"绝对存在"的一个原因在于,在他的特殊语言日语中,有三千多个汉字和一种受德国和希腊思想影响的哲学语言。也正因如此,西田几多郎的场所可以补充玄的逻辑,因为我们从道家思想中构建起的这种逻辑关注宇宙时间和空间,并把历史和地点看作限制。老子不是历史思想家,尽管他曾经是周守藏室的档案员。① 西田几多郎的递归逻辑揭露了地方,即一切历史性所立足的[265]地域性。但无如何能有地方呢? 如果无有地方,它就已经存在在那里了,但作为存在它就不再是无。另一方面,如果无没有地方,它就没有历史性。在这个意义上说,绝对的无就只能是抽象的普遍性。无只有通过地域性和历史性才能获得具体意义,它正是在我们所说的东亚的历史性中,才获得了意义,无论是道家的无还是佛教的无。因此,无代表历史性,它不是虚无,而是一个意义的领域,万物在其中找到了各自适宜的含义和位置。

关于山水的场所,我们可能要问:一个外国人,比如说一个法国人或埃及人,站在一幅石涛的山水画前,能像中国文人一样体验这幅画吗? 并非不可能,这取决于一个人的美学教育,但不是自发的。人们可能会感叹"多美啊!""了不起!""太棒了!""震撼",但这些只是对"体验的抽象表达"。体验山水画的直观行动是被包裹在地方中的。这种包裹并不是完全封闭的,因为包裹对外部的影响是开放的。

教山水画的人往往发现东亚学生学起来更容易,可能是

① 这个问题在许煜,《论中国的技术问题》(Falmouth:Urbanomic,2016/2019 年)中也有提到。

因为中国文字和中国画具有连续性。汉字被称为"表意文字
（ideogram）"，但我更喜欢称它们为"象形文字（pictogram）"，
因为汉字并不是柏拉图意义上的"理型"，而是图画性的。①
因此欣赏山水画和接近本体都预设了一个地点——一个存在
者由此进入存在、历史被守护在一切书写形式以外的地方。
这个地方无法被写下，它超越了一切书写，老子称之为道。

　　一件体现了它的场所的艺术作品，从它自身的场所的角
度看是最容易欣赏的。但一件作品不仅是其场所的表现或再
现。它本身也是场所——**一个意义的场域**；它被安放在场所
中（比如它被赋予的传统的和历史的意义），同时它［266］在带
出另一个场所的过程中，也有超越这些限制的潜力。一件作
品（山水）**发挥作用**（at work），因为它能反映——它把自己放
在意识的镜子对面，把我反映进以无的场所为条件的无限。
在一个场所的作品和一件作品的场所之间，人们会发现一种
动态，这也是作品与历史持续不断的协商。

§21.2　安放在场所作为重置

　　对于西田几多郎来说，技术并不是一个明确的哲学主题，
尽管安德鲁·芬伯格（Andrew Feenberg）这样的思想家已经
在他那里找到了一些技术哲学的面向。② 从"印象式"的角度
看，西田几多郎的逻辑是辩证和整体的，有时和黑格尔以及苏
格兰生理学家约翰·斯科特·霍尔丹（John Scott Haldane）

----

① 见许煜，《书写与宇宙技术》（Writing and Cosmotechnics），《今
日德里达》（*Derrida Today*）13，第1期，2020年，第17—32页。
② 见安德鲁·芬伯格，《西田几多郎、川端康成，以及日本对现代
性的回应》（*Nishida，Kawabata，and the Japanese Response to Moder-
nity*），Nagoya：Chisokudo，2019年。

相似。① 但这种观点可能会把一切都弄得模糊,让我们陷入
"所有的牛看起来都一团漆黑的夜晚"。西田几多郎对霍尔丹
的批评是清晰的:部分与整体(即整体主义)的生物学观念不
足以解释人类活动,因为人和适应环境的动物不同,他们也发
明并使用工具来改变环境。工具和象征的发明和使用敞开了
一个不再只是生物性的社会与历史世界,因此霍尔丹的整体
主义不足以解释专属于人的场所。西田几多郎哲学或一般的
东方哲学与有机主义、整体主义有相似处,可能是由于它们对
背景/基础的强调,这个话题还有待进一步阐明。但直接说它
是整体主义或有机主义就太草率了。我们也在京都学派的另
一个[267]哲学家,西田几多郎的朋友和同事三木清那里发现
了另一个有趣的含糊点。三木清于1942年出版了一本题为
《技术哲学》(Philosophy of Technology)的书,这可以说是对
技术话题最初的哲学反思之一。

　　三木清的书特别有意思的地方,是一篇题为"技术与新文
化"的附录。② 和芒福德、西蒙东一样,三木清向往一种技术
与人类生活的"有机"关系:

----

　　① 关于西田几多郎和霍尔丹的关系,请参考黑田明伸(Akinobu
Kuroda),《历史现实世界中生命的自我形成:在历史生活世界中哲学实
践由何构成》(L'auto-formation de la vie dans le monde de la réalité histo-
rique: ce qui constitue une pratique philosophique dans le monde de la vie
historique),《Ebisu-日本研究》(Ebisu-Études Japonaises),第40—41页,
2008年,第79—90页。
　　② 这篇文章从作为新文化条件的大东亚共荣圈的理念开始;这是
东京学派为了把日本帝国主义正当化而提出的理论,其中他们提出了一
种不由任何一个民族国家主导的一个区域内不同的独立民族的和谐
关系。

　　问题在于，如何让现代技术和人类生活的关系变得"有机"。技术作为工具，首先是和人有机地关联着的，后来随着机器技术的发明而变得和人对立。因此新文化面临的挑战是，如何恢复这种［原初的］"有机"关系。①

这种对有机主义的渴望是含糊的，因为尽管我们同意工匠为他或她的工具创造的（西蒙东意义上的）关联环境被工业机器打断了，而且有必要找到人与机器的新关系，但我们还不清楚这种新的"有机关系"意味着什么，以及怎么能找到它。对西蒙东来说，它在控制论中，在把机器看作组织化的无机的理解中被发现了。其次，正如我在本书中一直坚持的，能否把东方思维等同于从生物学发展而来的有机思维也是可疑的。三木清并非没有意识到这些问题：

　　［268］那么，怎么才能让技术变得"有机"呢？不能只是在工具层面……"精神的技术（*kokoro no gijutsu*）"是必要的。我的意思是，存在一种制造"灵魂"或人类的技术。这种技术在东方尤为发达。我们必须利用这一传统，必须创造能够控制［主导］技术的灵魂或人。②

三木清提出需要一场精神与技术的斗争，以便让技术能为精

---

　　①　三木清，《技术哲学》，见《三木清全集·第七卷》，东京：岩波书店，1985年；感谢安德鲁·芬伯格让我注意到这篇文章，并给了我 Yoko Arisaka 的一部分翻译做参考。
　　②　三木清，《技术哲学》，第 324—325 页。

神服务。① 但在前面一段文本中，三木清用德语的"灵魂的技术（*Seelentechnik*）"来指"精神的技术"这一核心概念。日语 *kokoro* 对应的汉字是**心**，所以他讨论的实际上也是"心的技术（こころのぎじゅつ）"，这和西方哲学理解的精神或灵魂的运动不同。把西方哲学词汇翻译成东方语言经常是很成问题的，因为在母语中找到外来词汇的对应词的倾向经常造成极大的困惑。日本人比中国人更能避免这种错误，因为他们经常用片假名转写外来词汇。作为认识能力的心并不等同于灵魂或精神。正如我试图表明的，关键在于按一种特殊的感知性以不同方式定位技术。这种回归传统的呼吁也是呼吁把[269]现代技术挪用进一个新框架中。然而三木清的呼吁也深受机械论/有机论对立的影响——这是西方哲学的遗产。

与其像三木清那样向往这种有机性，②我们也许要考虑用更

---

① 在卡西尔（Ernst Cassirer）——与三木清同代的一位哲学家——的作品中，也能看到类似的提议。在他写于 1933 年的《形式与技术》（Form und Technik）一文中，卡西尔试图解决一个关于技术的核心问题：它对文化的征服（格奥尔格·齐美尔[Georg Simmel]称之为"文化的悲剧"）。卡西尔的"征服（subjugation）"一词是 *Unterwerfung*，也指屈从（submission）。文化屈从于技术的意思正是指，经济技术发展日益成为文化的基础；一切实践都受制于技术变化。卡西尔试图通过提出回归精神来应对这个问题，因为如果技术是精神的产物，那么精神就有能力和责任克服这种规定性。见卡西尔，《形式与技术》，1933 年，见《在华尔堡（1919—1933）：语言、艺术、神话与技术论文》（*The Warburg Years* (1919—1933)：*Essays on Language，Art，Myth，and Technology*），S. G. Lofts 和 A. Calcagno 译，New Haven：Yale University Press，2013 年，第 272—273 页。

② 三木清在《技术哲学》中提到了格式塔心理学家沃尔夫冈·柯勒（Wolfgang Köhler）、谢林研究者曼弗雷德·施勒特（Manfred Schröter，也写过一本题为《技术哲学》[*Philosophie der Technik*]的书），以及有机体的原则（他用片假名"オルガニスムス"转写德语的有机体"Organismus"一词）。

断片化的方式回应现代技术的问题。与其把有机主义看作一种普遍的解决方案,把东方思想看作本质上就是有机主义的(像李约瑟那样),认为东方思想就是出路,我们首先必须重新建构东方技术思想,并反思它能为现代技术提供怎样的框架,或者怎么转变它。

作为一种逻辑的场所意在达到普遍性;而作为一个意识领域,它是历史性和地域性的,由人工制品、习俗、信仰和共同的感知性维持着。我们理解山水的第二次尝试,要从第二章通过历史和地点阐释过的作为运作的逻辑,走向对关于数字时代山水的重要性的各种已有说法的汇总。在这里,我们要把山水问题作为知识型问题来讨论。米歇尔·福柯意义上的知识型是历史性和地域性的,它不同于被假定为普遍的逻辑。

从媒介特殊性或者媒介决定论的角度看,我们可以很容易不予考虑局限于纸、墨、笔这样的模拟媒介(analog media)的山水。这些媒介可以说是传统的,因此已经过时。然而,这种分类只是基于把艺术仅当作人工制品的肤浅反思。确实,新媒体技术让一些实践变得过时了,或者迫使它们面对自己的局限。例如,现代绘画必须通过确立一个新任务(这也是海德格尔在塞尚和克利那里看到的,我们在蒙德里安[Piet Mondrian]、莱茵哈特[Ad Reinhardt]、巴尼特·纽曼[Barnett Newman]、杰克逊·波洛克[Jackson Pollock]等人那里也能看到这一点)来把自己同摄影的现实主义区分开。

[270]正如贡布里希(Gombrich)所说,相机对艺术家角色做的事起到了类似"新教废除宗教圣像"的作用。① 在1839

① 贡布里希,《艺术的故事》(*The Story of Art*),New York:Phaidon,1951年,第395页。

年得知银版照相术之后,画家保罗·德拉罗什(Paul Dela-roche)写道:"从今天起,绘画已经死了。"①后来,数码照片编辑又会让许多摄影技术变得多余,但摄影并没有消失。这也是为什么海德格尔在克利和塞尚的绘画中看到了一种通过超越**集置**来揭示某种总是超出形式之物的努力,一种对形而上学的克服,对海德格尔来说这就等于对**集置**的克服。也是出于同样的理由,海德格尔把这种克服与东亚艺术联系起来,他从他的日本学生,尤其是九鬼周造那里了解到了东亚艺术。但海德格尔对东亚艺术的认识是有限的。在某种程度上,他没能理解日本的历史和地域背景,比如,他甚至抱怨说黑泽明的《罗生门》是用欧洲的技术设备制作的,已经太欧洲化,不是真正的日本艺术了。②

本书的第一、第二章从海德格尔对艺术的论述和他对塞尚、克利的发现开始,进而又阐述了山水画的逻辑,这不仅是为了展示这两种传统以及两种宇宙技术思维模式的差异,也是为了说明在数字化渗透到我们社会、政治、经济和审美生活各个领域的今天,这些思维模式的重要性。有些人可能会说,在今天回归山水只是为了补偿工业和都市生活带来的挫败,逃向"虚拟现实",就像古代人逃到作为闲暇之地的乡下。当然,山水画的数字化把赵孟𫖯的《鹊华秋色图》(1295)等作品

---

① 在东方,人们对摄影术以及由这种机械装置标明的绘画的终结也有类似的反应,与摄影术的对抗引向了复兴文人画的提议,我们可以在大村西崖(1868—1927年)和陈衡恪(1876—1923年)等人那里看到这一点。

② 冈瑟·塞博尔德,《艺术作为居有剥夺事件,海德格尔通往一种不再形而上学的艺术的道路》(*Kunst als Enteignis*,*Heideggers Weg zu einer nicht mehr metaphysischen Kunst*),Alfter:Denkmal Verlag,2005年,第89页。

虚拟现实化,对于美术史家分析绘画和让观众[271]"分享"画家的体验都很有价值,但这不能帮助我们理解数字技术与山水的关系。因为山水的根本问题既不是隐士主义,也不是"生活体验",而是生活艺术的传习(apprenticeship of the art of living)。

一个懂得如何生活的智者不是逃避的人。对逃避的人来说,存在依赖于与他者脆弱的关系,就像塞涅卡写给卢修斯的一封信中所说:

> 有人逃避世界,逃避人群;他走上放逐之路只因为自己的欲望没能实现,因为他受不了看到别人比他更成功;有人像懒惰胆小的动物一样,因为恐惧而钻进地里——这样的人不是为自己而活,而是(最可耻的!)为了肚子、睡眠和欲望。①

逃避不会让人获得本真性,而会导致无法学会生活。这也区分了一个哲学家对自己的充足且超越充足的爱,和那些其存在基于缺失和否定的人。必须重新思考山水的宇宙技术性质,以便把技术重新置于历史和生态性的生成过程中。

重置技术并不意味着把技术看作背景的全体(这也是恶的来源,因为这样做就人为地把技术与地方分离了),而是将其理解为与背景有相互关系的图形。图形、背景及其相互关系是动态和历史的。在《递归与偶然》中,我提出我们应该把

---

① 塞涅卡,《给卢修斯的伦理学书信》,Margaret Graver 和 A. A. Long 译,Chicago:University of Chicago Press,2015 年,书信 55,第 158 页。

这种重置技术的行动看作今天哲学的首要任务。这种重置需要一种宇宙技术和器官学思维,后者又必然要求一个有新价值的新框架。理智在根本上是器官学的,因为只要它能推理,就需要记忆的协助和身心的扩展——[272]无论是简单的计数还是今天的图灵机、人工智能等复杂机械操作。①

因此从器官学的角度来看,理智的演化与机器智能的演化密切相关。对理智的器官学阐释表明,与其强调机器智能和人类理智的界限和辩证法,更有效的是思考如何能增强智能和感知性二者。

当我们谈"增强",有可能会落入当前关于人类增强的超人类话语的**负面器官学**(negative organology)。负面的器官学只增强了有机存在的"推算"能力而削弱了判断——不只是像布莱恩·坎特威尔·史密斯所描述的那样削弱了对世界的判断,也破坏了对善恶的道德和存在的判断。尽管超人类主义相信,通过增强"推算"能力,我们可以做出真正的判断,但这种努力没能逃脱体现了现代性作为一种酗酒形式的正反馈循环。

§21.3　空间与地方

作为一种宇宙技术的山水,似乎体现了一种让道刻写进技术的操作和结构之中的相遇。中国文人园林也是这样,我们可以把它看作是让山水画实现为一个物理环境或一个微缩景观。这种体验的基础取决于对感官的探索和我们称之为"对立的连续性"的递归逻辑。媒体和技术在演化,不能简单

---

① 正是从这个角度,我提出我们应当重新考察中国思想中朱熹**理**(原理)学和**心**(心灵)学的区别。

地把绘画为了免于过时的斗争理解为怀旧政治,因为怀旧政治已经暗含着失败。

[273]新技术许诺在表达和操作方面更大的灵活性。比如在电影中,时间维度被添加到静态图像上,创造出不断展开的叙事和与观众的意识共时化的可能性。与摄影相比,电影的时间以更丰富、更灵活的方式**谓述**(predicates)了地方,它带来多重的时间体验而不只是单一的此时此刻。通过共时和历时,多重映像被展开,不断把主体反射到外部现实中,直到达到亚稳态(地点,**场所**)。这正是艺术创作的成就。

苏州园林通过水、石头、影子、鱼、蝉、垂柳、花等非人能动者的组合,来呈现宇宙的微妙之处。文人园林也像山水画一样,再现了原本存在于外部环境中的(西蒙东意义上的)**关键点**。这些关键点被密集、高强度地安置在有限的空间内。如果说园林是山水的一种**电影模式**(cinematic mode),那么我们可以说园林也强化了山水画的递归效果。

在苏州园林散步后,现代游客可能会说他们"感觉开心",但在欣赏了几分钟山水画后,他们不一定会这样觉得。园林不仅通过绵延(duration)引入了一种电影体验,还通过随季节变化的生物引入了时间的转换。时间和电影体验把身体(不只是作为精神的交流渠道的眼睛、耳朵、鼻子)引向季节的缓慢转变,后者既是必然的,也对自然的偶然性开放。

我们可以说文人园林对山水画起到了"新媒体"的作用。园林可以追溯至公元前2世纪,当时是皇帝的狩猎场。魏晋时期,园林和庭院在知识分子中很受欢迎,比如魏晋七贤的竹林、魏晋山水诗人谢灵运有山和田野的巨大庭院。庭院只是到了宋代才进入公共社会生活,那也是宋明理学重塑道德

[274]宇宙观(在一定程度上是对佛教的回应)的时期。园林从未取代绘画,因为它们涉及不同的身体活动,也有相当不同的社会和政治功能。①

绘画或者园林试图让不在场、不可见的东西——无论是诡异(uncanny)、崇高还是不可知的——而不只是已经形象化和可见的东西变得可感。未知也是以地点为条件的,地点是背景,是无根基的根基。科技的发展已经揭露了生命的许多神秘,找到了许多克服自然的缺陷的技术,但这些揭示同样也压制了对存在(existence)的进一步反思。传统或本土宇宙观与现代天体物理学的不兼容性,使得它们一个被打败,一个被怨恨。但这不是悲剧性的,或者说这还不是悲剧性的,它只是灾难性的。悲剧思维会试图肯定这一矛盾以便超越它。

我们的任务仍然是要成为悲剧主义者,尽管不一定是要成为希腊人或欧洲人。同样,成为道家也不需要成为中国人。正如我们通过反思山水试图表明的,成为悲剧主义的道家或者成为道家的悲剧主义者都是有可能的。但这也只是其中的两种审美思维,我们无法在这里把所有可能性一一列举,它们依然在等待时机让自己的回声在地球的其他地方被听到,到那时我们的论点将愈趋丰富并面临挑战。让我们重新表述这个问题:我们该如何在今天——当卫星、屏幕、增强现实和虚拟现实等现代媒体技术已经把电影体验和身体运动结合在一起——重新找到山水的功能? 这个问题是对詹姆斯·洛夫洛克(James Lovelock)某个说法的重新表述,洛夫洛克在《盖

---

① 这些园林促进了下棋、赏画、饮茶等活动,这些活动被称为雅集;雅集也指"文人集会"。

亚：从新视角理解地球生命》（*Gaia：A New Look at Life on Earth*）一书的结尾表示，卫星和飞行器也许能让盖亚觉察到自己：

> 更重要的是这一含义：智人的进化，以及他的技术发明和日益微妙的通信网络，极大地扩大了盖亚的感知范围。她现在[275]通过我们被唤醒并觉察到自己。她从宇航员的眼睛和轨道航天器的电视摄像机里看到了自己清晰的面孔的反映。①

人类会像洛夫洛克对盖亚的期望那样，也被这些媒体技术唤醒吗？目前，有 1800 多颗卫星环绕地球运行，以后当然还会有更多，对地球的监测精度也会更高；但是盖亚不大可能会被它们唤醒。盖亚只是洛夫洛克的表述中对**机械有机主义**的一个隐喻。必须被唤醒的是被现代科技集置（enframed），又（如科技对他们所做的那样）去集置其他物种的人类。汉娜·阿伦特（Hannah Arendt）在《人的状况》（*The Human Condition*）一书中把 1957 年斯普特尼克号人造卫星（Sputnik）的发射称为"重要性仅次于核裂变的事件"，因为它表明——正如康斯坦丁·齐奥尔科夫斯基（Konstantin Tsiolkovsky）所做的那样——"人类不会永远与地球联结在一起。"②同样是在 1966 年，从月球轨道上拍摄的地球图像对海德格尔来说证实

---

① 詹姆斯·洛夫洛克，《盖亚：从新视角理解地球生命》，Oxford：Oxford University Press，2000 年，第 140 页。

② 汉娜·阿伦特，《人的境况》，Chicago：University of Chicago Press，1998 年，第 1 页。

了西方哲学的完成。

这种在实践上（不仅是像早期现代人那样在理论上）从地球上解放，使人类面对无限宇宙的做法，为宇宙虚无主义做了铺垫。阿伦特想保护思维不被生产破坏和压制，她同时也有意或无意地反对现代技术及其思维。① 当然，这也呼应了海德格尔臭名昭著的说法，"科学不会思考"。从悲剧主义和道家的角度看，只是把思考和行动对立起来还不够，因为思考必须肯定自己的命运，并在使未知合理化的过程中改造技术。希望我们在今天和在未来将拥有的技术（technologies），能通过它们为我们揭示的地点（Ort），为我们带来新的定位（Eröterung）的技巧（techniques）。

[276]但是在全球化和全星球化的时代，**地方**究竟意味着哪里？无论你多么想把它明确在一个地点，每个地方难道不都已经是全球或全行星性的了吗？在技术现代化的过程中，这种场地（site）的丧失是一种**失向**（disorientation），或者说是一种被海德格尔称为意义建构的麻木（Besinnungslosigkeit）。山水画拍卖出几百万美元、园林转化为旅游场所已经不再是一种定向而是失向。失向，是由于不知道自己身处何处，要去往哪里，正如对技术奇点的炒作和被关于充足性的天真而善意的谎言遮盖的加速，会把我们引向纯粹的匮乏。全星球性使思考处于险境，但它同时也是思维本身的可能性条件。

这种危险首先表现为一种风险，甚至是一场审美灾难：在艺术创作中使用这些技术可能会加速感知性的贫乏，导致愈

---

① 同上注，第6节，"积极生活与现代"（The *Vita Activa* and the Modern Age）。

加麻木。这些技术对生活体验的强调,无论是沉浸式的还是增强式的,都不过是对刺激的消费和炒作,只会将我们的五感削弱为供数据库和算法操作调用的感知数据,从而封闭我们的审美体验。它们除了展示技术的进步和它所谓的创造力以外,完全缺乏质疑。这种沉默和矛盾也是艺术可以**付诸行动**(*act out*)的地方。解决方案是开放的,但艺术的质疑能力必须被质疑,以回应如今消费主义和政治的美学化。

山水不只是一个过去的流派。它也让我们能反思人类在宇宙中的位置。这种反思把人类从"背景板存在论(backdrop ontology)"中拯救出来;背景板存在论是彼得·斯洛特戴克创造的一个词,是对马克斯·舍勒(Max Scheler)的论文《论人类在宇宙中的位置》(On the Place of Man in the Cosmos)的惯例的转译,按照舍勒的文章,宇宙是被人类这种"戏剧动物"掌握和剥削的背景。① **场所**的递归逻辑拒绝把现象世界照样子接受下来。它证明了有必要找回一个无的领域,但是为了让无获得具体且积极的意义,我们必须明确它的地方性。地方性并不表示自我隔绝或自我本质化,因为[277]它可以是开放的,只要它不用自我来排斥他者。

---

① 彼得·斯洛特戴克,《人类纪地理历史边缘的过程—状态?》(The Anthropocene:A Process-State at the Edge of Geohistory? / Das Anthropozän -ein Prozess-Zustand am Rand der Erd-Geschichte?),见《人类纪的艺术:美学、政治、环境与认识论的相遇》(*Art in the Anthropocene:Encounters among Aesthetics,Politics,Environments and Epistemologies*),Étienne Turpin 和 Heather Davis 编,London:Open Humanities Press,2015 年,第 334 页。"想到马克斯·舍勒的文章,我们可以把通常说的'人类在宇宙中的位置'翻译为一种背景板存在论。在这种存在论中,人类在舞台上、在自然的山的背景板前扮演戏剧动物,自然的背景板只能是在人类的运作背后不起作用的风景。"

　　在山水画和文人园林中,无不是对一切存在的否定,而是
一个能让存在者在这里找到各自位置,不受阻碍地发展的历
史性地方。它的反思的可能性是由历史、地方和与外来者的
相遇来维持的——正如我们刚刚描述的牟宗三和西田几多郎
的相遇,他们并不是在佛教这个共同主题上,而是在两人都没
有当作研究主题来强调的技术上相遇的。当地方消失,镜子
的效果就不再有了,只剩下 GPS 数据和单纯的再现。艺术作
为感性的科学,可以通过建立宗教、哲学、科学、技术和美学思
维的关系来做出干预,在上帝之死、哲学终结和技术—科学霸
权之后,将审美思维重新奠基为基本的思维。

§22　作为知识型革命的艺术

　　在《技术与新文化》(Technology and New Culture)一文
中,三木清呼吁建立一种超越现代化的新文化。这种新文化
要既能适应现代技术,又不成为技术—逻各斯。[①] 东亚必须
继续发展先进技术,消除传统中的不利因素。它注定要通过
发展"更高形式的精神文化"来克服技术与精神生活的对立
和断裂。[②] [278]亚洲国家和非洲、拉美国家一样,要在技术
上和西方竞争,日本成功了,中国也在这样做。这也让我们
想起奥斯瓦尔德·斯宾格勒(Oswald Spengler)在他 1932 年
的《人与技艺》(*Man and Technics*)中的哀叹,他说白人在 19
世纪初没有自己把守住技术知识,而是把它泄露出去了,尤

---

　　①　三木清,《技术哲学》,第 318 页。
　　②　同上注,第 322 页。

其是给了日本人,这是一个巨大的错误。结果,日本人成了"一流的技术人员,他们在对俄罗斯的战争(1904—1905)中展示出的技术优势,让他们的老师可以从中吸取许多教训"。[①]

回顾地说,现代化是对殖民化的不可避免的回应,它同时也是殖民化的同盟,反过来催生了民族主义。文化和传统不得不给现代化让位。伴随现代化而来的是一种忧郁,它时不时会创伤性地回来。成为现代人,就像尼采在《快乐的科学》中描述的那样:一个人抛下村庄,烧毁桥梁,登上一艘船去寻找无限。等他到了汪洋大海的中央,才发现无限其实是最可怕的,却已经无法回头了。[②] 这一虚无主义时刻必须被悲剧思维克服,悲剧思维肯定一个人的命运,并学着把它视作必然。我在《递归与偶然》中探索的另一种办法,是发展和实现一种能够抵御命运的**技术多样性**——不是通过否定命运来抵御它,而是通过拥抱偶然性来使它成为众多可能性中的一种。

三木清那里既没有控制论也没有技术多样性,因此他不得不依靠一种更高的精神文化,这种文化无法克服文化和技术的对立,而只是保持了(甚至是扩大了)物质和精神的对抗。正如我们在前面所见,三木清的任务是要重新引入现代技术与人类生活的有机联系。对西蒙东来说,这可以通过构想他所谓的"一般流程学(general allagmatic,

---

① 奥斯瓦尔德·斯宾格勒,《人与技艺:对生活哲学的贡献》(*Man and Technics: A Contribution to a Philosophy of Life*),London: Greenwood,1967 年,第 100—101 页。

② 尼采,《快乐的科学》,J. Nauckho 译,Cambridge, UK: Cambridge University Press,2001 年,第 119 页。

[279]或普遍控制论)"①——把控制论的逻辑应用到社会的一切领域中——来实现。

对现代技术和人类生活的有机联系的需要并不限于东亚,这也是 20 世纪生物学和系统论的主导认识论。在本书中,我讨论了这种需要的局限性及其遗产。三木清在《技术与新文化》的结尾处,对有机性的恢复给出了一个更明确的含义,它从根本上说是"艺术化"(技术的艺术化),在三木清看来这也可以说是"技术的有机化":

> 创作或制作一般来说是个主观—客观的过程;同样,理念(イデー)在历史中是客观的,正如主观—客观的东西在历史中也是客观的。不仅精神文化是理念,普通的技术也表达了理念。那么可以说,新文化的原则必须立足于技术与艺术/美学世界观[的结合]。技术的"有机化"也因此是"艺术化"。②

三木清的"艺术化"一词把名词"艺术"去名词化变成动词。它有"成为艺术"或者"把某物变成艺术"的意思。但这个结

---

① 流程学指结构和操作(如结晶化与调控)之间的递归过程。西蒙东把他的流程学理论看作控制论的进一步发展(或一般化);见西蒙东,《论哲学》(*Sur la philosophie*),巴黎:PUF,2016 年,第 198 页。"这第三种学说,控制论和实证主义的综合,将不仅是知识的价值论而是关于存在的知识:它将规定操作和结构之间的真正关系,定义操作在结构中的转变、结构在操作中的转变以及结构在同一个系统中的转变。这便是该学说涉及的范围;它的科学性和哲学性密不可分,我们称它为流程学。"对西蒙东与控制论的关系的进一步分析,见许煜《递归与偶然》,第四章。

② 三木清,《技术哲学》,第 329 页。"右に述べた技術の有機化といふことも技術の藝術化と考へることができる"。

论并不真的是个结论，因为它也可能只是一个邀请。在本章中，我想表明的恰恰是技术"有机[280]化"的限度。三木清的提议和芒福德的一样，是 20 世纪早期"有机主义运动"的一部分。回顾地说，这个提议仍然是一种二元论思维——它把机械和有机、西方和东方对立起来——尽管它可以被解读为通过二元论克服二元论的尝试，这是京都学派从尼采那里借过来的悲剧姿态，即通过虚无主义克服虚无主义。它同时暴露了东方哲学思想在回应现代技术的挑战时的可能性和限度。然而，这也是对重新构想艺术与技术的新关系的一次邀请。人们说，实现技术多样性就意味着要求认识论方面的激进敞开。我们有必要重新发现并发展能替代当前主导形式的新认识论和知识型，比如，可以对比中医和西医的不同认识论。从艺术的角度来看，这也可以通过"艺术化"来实现。在这里，艺术化意味着一场美学和知识型革命。它不是通过整容或者装饰来把事物变得更美，而是通过对感知性的教育。

在这里，我们可以继续讨论知识型的观念。在《论中国的技术问题》中，我已经提议重新定义福柯的知识型（即知识生产的感知性条件）概念。知识的生产受到许多因素的制约，而感知性是经常和世界观或对世界的直观（*Weltanschauung*）相关的一个原初因素。汉学家和人类学家经常把中国的知识型说成是类比，类比思维确实也存在于中国思想尤其是医学中，但它也许不是最重要的思维形式。

本书第二章的结尾处，把感应——即一种超越五感的感知性——放在了中国思想的核心。在中文里，感化的意思是改变某人的态度，比如把一个罪犯引向正（道德的）道：感，指感觉或被感动；化，是改变或被改变。感不是什么随意的情绪，相反，它是以一种特殊的感知性为条件的——这种感知性把一切存在联系在[281]一起，不是归为一，而是作为万物间的感应。诚（真诚，见第二章）是能够感的条件，这也是儒家道德哲学和道的概念的基础，因为五官捕捉不到的未知要求另一种认识方式。艺术要想向前迈进，必须回到感知性的问题上。或者更明确地说，艺术应当承担起感知性教育的任务，把理性从幻象中解救出来。

今天，新的技术扰乱伴随着新的伦理规则（对人工智能、生物技术的规则，等等）而来。在有关技术伦理的讨论中，人们倾向于首先接受这些技术，再提出措施来减轻它们的伤害。当然，有一些个别的技术服务于这个或那个目的，我们可能限制它们的输入和输出及其使用条件。但是，这些伦理都根植于一种已经占据主导地位的技术思维，而如果不面对这个哲学问题并提出一个新的框架，我们就只能堆砌更多的伦理约束，直到遭遇极限。

伦理，作为宗教的理论方面（相对于它在实践上的对应项，教条），成了技术的一部分，也就是说它被图示地规定了。技术哲学则成为这样一个学科，它提出一些迟早要被国家或资本颠覆的政策，以维系某些"伦理"。海德格尔对技术世界伦理的批判在今天仍然成立：

> 通过这种对技术世界全体的设想，我们把一切都归结到人，至多是到呼吁技术世界的伦理的地步。一旦陷入这个设想，我们就确认了自己的这种观点，即技术只是由人创造的。我们没能听到在技术的本质中言说的存在

的要求。①

[282]当作为当今政策制定核心的伦理旨在保护人类或赋予非人类权利,存在、未知者和非理性仍然被忽视。而向伦理学的转向也阻止了哲学认识自身、寻求其他开端。未知者就像人之中的非人,它无法被化约进任何对人的形式定义,无论是系统论的定义还是生物学的定义。非人也许会以不同的名义出现,比如基督教神学的上帝或者力比多经济中的欲望。力比多经济通过把欲望整合进去来补充政治经济学。欲望是无限和非理性的。比如在《政治经济学新批判》(*For a New Critique of Political Economy*)中,斯蒂格勒区分了欲望(作为力比多投注,比如在爱和友谊中)和驱力(作为成瘾),并提出要构想一种基于欲望(即爱和阿马蒂亚·森意义上的能力)培养的政治经济学。

　　为了摆脱同质性的现代消费资本主义,我们可以设想基于各种非理性话语的经济。这需要一种能超越完全自动化和它承诺的抽象自由的想象力。只要我们的知识型还是现代的,还遵循着人类学家菲利浦·德斯寇拉(Philippe Descola)称作(在自然与文化的对立下的)自然主义的东西,控制论逻辑就仍然是无效的。尽管它想克服这种对立,却甚至可能用它强大的统一逻辑来增强现代的知识型。而被某些艺术史学派和艺术市场定义和形塑的艺术,将越来越远离它的革命潜力。艺术要想回应我们的时代,就必须面对我们今天面临的

---

① 海德格尔,《同一与差异》(*Identity and Difference*),Joan Stambaugh 译,New York: Harper & Row,1969 年,第 34 页。

危机,以便产生能为科学和技术提供新方向和框架的新知识
型、新感知性。在迫使社会、政治和审美生活转变的危机发生
时,知识型转变就会发生。

这种知识型变化不一定,或许也不应该完全来自科学领
域。如果一场知识型革命真的发生了,它也不会是全球的和
统一的,而是碎片化的。碎片化也是一种去辖域化,它能让以
往被单一技术[283]文明以"欧洲化"和"现代化"的名义压制
的创造得以发生,为"尚不存在的新地球和新人民"做准备。①
艺术和哲学的任务依然在于将自身去辖域化,以便促进新知
识型的产生,而不只是研究这种或那种媒介的美学。或许这
就是我们给本雅明在近一百年前提出的"艺术的政治化"一词
赋予的新含义。艺术必须引领一场知识型革命。这不是说要
用增强现实、虚拟现实和人工智能来产生新媒体艺术,而是关
于如何使用艺术来产生增强现实、虚拟现实和人工智能。媒
体艺术虽然鼓励数字媒体的使用,但还需要取代先前建构起
它的概念框架。

四十多年前,利奥塔的后现代话语试图唤起人们基于新
技术(尤其是数字技术)的恐惧、不安、不确定性的新感知性。
但这个计划失败了,因为作为一个欧洲(尽管不一定是欧洲中
心的)哲学家,利奥塔似乎还在寻找一种普遍性的逻辑,而这
实际上是只适用于欧洲的逻辑,因此依然太具**地域性**了。回
顾地说,后现代是从地域性和递归性的角度对美学和技术的
思考。地域性在于,它从欧洲及其历史的角度出发;递归性在

————————

① 德勒兹和加塔里(Felix Guattari),《什么是哲学?》(*What Is Philosophy?*),New York:Columbia University Press,1994 年,第108 页。

于,(机械模型意义上的)元叙事让位给一种反身性模型,后者
基于操演性(performativity)或利奥塔本人所说的**误构**
(*paralogy*)——正如系统论所体现的。①

我们的任务仍然是要进一步探索递归的概念以及控制论
以外的递归思维,探索在递归与线性、有机与机械的对立以外
的递归思维。我已经在其他地方考察过利奥塔 1985 年的"非
物质"(Les Immatériaux)展览,这场展览的目的在于唤醒一
种后现代感知性(即不安、不稳定、不确定性),但它未能深化
它[284]所提出的问题。② 今天,我们似乎必须用一种不同的
论述来回应它。利奥塔想要唤起的感知性不只限于艺术领
域,也涉及日常的美学体验。崇高不再是达达主义者或超现
实主义者的特权,而是无处不在。科技进步是这种新感知性
及其常态化的条件。利奥塔的论述未能敞开对感知性问题的
多样化的回应,因为后现代被构想为现代之后的又一全球性
条件,它以现代为出发点。

这里值得一提的是,利奥塔应斯蒂格勒的邀请在 1986 年
的一次会议上发表的演讲,"逻各斯与技艺,或电报"(*Logos
and Technē*, or Telegraphy)。与斯蒂格勒把第三持存(或人
工记忆)看作一切条件的条件的论题十分不同的是,利奥塔提
出了一些在今天看来似乎更令人惊讶的东西。利奥塔所说的

---

① 利奥塔,《后现代状况:关于知识的报告》(*The Postmodern Con-
dition*: *A Report on Knowledge*),Geoff Bennington 和 Brian Massumi
译,Minneapolis: University of Minnesota Press,1984 年,第 60 页。

② 见许煜,《展示与感知化:对"非物质"的再语境化》(Exhibiting
and Sensibilizing: Recontextualizing 'Les Immatériaux'),见《戏剧,园
艺,动物图册:展览的唯物主义历史》(*Theater, Garden, Bestiary*: *Ma-
terialist History of Exhibitions*),Geoffrey Bennington 和 Rachel Bowlby
译,Stanford, CA: Stanford University Press,1991 年,第 57 页。

乍一看似乎颇为神秘,尤其是他谈到了 13 世纪日本僧人道元
禅师的著作中所说的"明镜";利奥塔问道:

> 整个问题在于:通路(passage)是否可能,新技术体
> 现的新的刻写和记忆模式能否使通路成为可能,能否允
> 许它发生?难道这些新技术没有施加新的综合,而且这
> 些综合与灵魂的关系看起来比起以前的技术更密
> 切吗?①

他所说的"通路"指的是 *Durcharbeiten*,即修通,这是弗洛伊
德的一个精神分析词汇。精神分析师帮助病人修通他或她的
创伤,这样病人才能带着这个创伤生活。"修通"[285]和技术
有什么关系?禅宗佛教徒和这又有什么关系?利奥塔谈到东
方思想对我们来说不仅是个巧合,也是奇异且引人深思的,这
一点在他后面对道元的分析中变得更清晰了:

> 试图忆起某些(暂且称其为某物)从未被刻写下的东
> 西的说法也是成立的,只要这种东西能**打破**书写或记忆
> 的支撑。在此我想借用道元《正法眼藏》中《全机》卷的一
> 个关于镜子的比喻:有一种形象是镜子无法映照出的,而
> 是会把镜子打成碎片。一个外国人或者中国人来到镜子
> 前,他们的形象显现在镜子上,但如果道元说的"明镜"出
> 现在镜子面前,"一切都将粉碎"。道元继续解释说:"不

---

① 利奥塔,《非人:对时间的反思》(*The Inhuman:Reflections on Time*),Geoffrey Bennington 和 Rachel Bowlby 译,Stanford,CA:Stanford University Press,1991 年,第 57 页。

要想象先有一段破碎还没有发生的时间，也不要想象之后又有一段一切都碎了的时间。有的只是破碎。"因此，破碎的当下既不曾被刻写，也无法被记忆。它并不显现，不是某个被遗忘的刻写，在支撑性的刻写、反映的镜子中，也没有它的地点和时间。①

我们也许可以把利奥塔所指的解释为一种技术的多样化。他设想的新技术和新物质不再强化刻写的霸权，而是如明镜一样使**修通**得以发生。在这里我们遇到了一个矛盾，因为技术是一种记忆形式，一种外化的、人造的记忆形式。它怎么才能解除它作为记忆的功能呢？明镜首先是一种物质，尽管无法被保持；它也有助于修通。一方面，我们可以说利奥塔对道元做了一种悲剧主义解读，这和斯蒂格勒对**集置**的处理颇为相似。另一方面，利奥塔也提出了一种不[286]限于记忆的保持的技术多样化、因而超出了斯蒂格勒"第三持存"的理论框架。②

从更务实的角度看，这一可能性既取决于技术体系的建构，也取决于对感知性的教育。感知性教育依赖于作为记忆的技术系统，但它也能**安放**（*emplace*）这个技术系统。艺术

---

① 同上注，第55页。

② 在2014年8月（法国埃皮诺）和2018年1月（荷兰奈梅亨）的几次谈话中，斯蒂格勒向我抱怨了利奥塔关于道元的奇怪说法，这件事在三十多年之后还一直留在斯蒂格勒心中无法化解。近几年（2015—2020）我想出了对这一段落的几种解读，我曾经通过解构西谷启治对科技的批判指出，是"明镜"阻止了亚洲文明发展出历史性（*Geschichtlichkeit*）的概念（见《论中国的技术问题》）；之后，我又把它表述为记忆和非记忆、长记忆（anamnesis）和短记忆（hypomnesis）之间的递归关系（见《递归与偶然》）。在这里，我把这个段落看作是反思技术多样性的邀请。但毕竟，关于道元的这一段文字依然相当引人深思又让人烦扰，它很可能超出了利奥塔当时所写的。

具有继宗教之后接替这一任务的潜力。① 艺术教育到目前为止可能是受学科划分限制最少的,因此有最大的灵活性来构思一种同时涉及技术与思考的新项目。

这种新的艺术"机构化"还没有发生,它必须超越服务于"人类精神需求"的艺术。但是很难说这种艺术的机构化能否实现,因为艺术和人文学科中传统和保守的做法,加上机构的缺乏远见,可能会比理工科更有效地拒绝想象力,变得更反动。然而我们仍然[287]要给出一个思考今天的艺术、哲学、技术的关系的"基础",以便为它的到来做好准备。

在本书中,我表明了阐释艺术经验的多样性和它们的宇宙技术性质的必要性;这还只是初步的,因为这种阐释回溯至一些关于艺术的基本问题,以便在黄昏来临之前为知识型革命的起飞做准备。一场知识型革命不是我们能凭空发明的,相反,它必定总已经是**地域性**和**历史性**的了。艺术可以触及某些普遍性的方面,但人们无法发明一种普遍的美学,这种美学只能作为哲学假设或者文化工业的营销口号存在。艺术的真理在于没有形式化的真理本身,然而致力于求真就是试图揭示那些被封闭或隐藏在蛮荒时代的真理。这一关于艺术和宇宙技术的**练习**(*excercise*),也是对反思其他技术和哲学可能性的一份邀请。

———————————

① 在这里我也想谈谈中国教育家蔡元培(1868—1940),他曾提出以美育代替宗教。蔡元培先是接受传统中国经典的教育,后来又去德国读书,在那里受到了康德和席勒很大的影响。他的美育概念既和席勒的《书简》有关,也涉及康德所说的本体。在蔡元培看来,美育是从现象到本体、从特殊到普遍、从经验到先验的过渡。蔡元培也是1911年革命后的第一任教育部长、北京大学的校长(1916—1923),同时他也是中央研究院的第一任院长和1928年杭州中国美术学院的创立人。

参考文献

Adams, Rod. *An Early History of Recursive Functions and Computability: From Gödel to Turing*. Boston: Docent, 2011.

Adorno, Theodor. *Aesthetic Theory*. Translated by Robert Hullot-Kentor. London: Bloomsbury, 2012.

Aeschylus. *Prometheus Bound and Other Plays*. London: Penguin, 1961.

André, Jean-Marie. *L'otium dans la vie morale et intellectuelle romaine, des origines à l'époque augustéenne*. Paris: PUF, 1966.

Arendt, Hannah. *The Human Condition*. Chicago: University of Chicago Press, 1998.

Aristotle. *The Complete Work of Aristotle*. Edited by Jonathan Barnes. Princeton: Princeton University Press, 1991.
———. *De Anima*, Books II and III. Translated by D.W. Hamlyn. Oxford: Clarendon, 1993.
———. *On the Art of Poetry*. Translated by Ingram Bywater. Oxford: Clarendon, 1909.

Asakura, Tomomi. "On the Principle of Comparative East Asian Philosophy: Nishida Kitarō and Mou Zongsan." *National Central University Journal of Humanities* 54 (2013): 1–25.

Bangstad, Sindre and Torbjørn Tumyr Nilsen. "Thoughts on the Planetary: An Interview with Achille Mbembe." *New Frame*. November 5, 2020. https://www.newframe.com/thoughts-on-the-planetary-an-interview-with-achille-mbembe/.

Baumgarten, Alexander Gottlieb. *Ästhetik*. Translated by Dagmar Mirbach. Hamburg: Felix Meiner Verlag, 2007.

Belting, Hans. *Likeness and Presence: A History of the Image Before the Era of Art*. Translated by Edmund Jephcott. Chicago: University of Chicago Press, 1994.

Benjamin, Walter. "The Work of Art in the Age of Mechanical Reproduction." In *Illuminations: Essays and Reflections*. Translated by Harry Zohn. New York: Schocken Books, 2007.

Bergson, Henri. *Mind-Energy: Lectures and Essays*. Translated by H. Wildon Carr. London: Greenwood, 1920.

_____. *Matter and Memory*. New York: Zone Bookss, 2005.

Berque, Augustin. *Thinking through Landscape*. Translated by Anne-Marie Feenberg-Dibon. London: Routledge, 2013.

Billings, Joshua. *Genealogy of the Tragic Greek: Tragedy and German Philosophy*. Princeton: Princeton University Press, 2014.

Blumenberg, Hans. *Genesis of the Copernican World*. Translated by Robert M. Wallace. Cambridge, MA: MIT Press, 1989.
_____. *Theorie der Unbegrifflichkeit*. Frankfurt am Main: Suhrkamp, 2007.

Boulez, Pierre. *Le pays fertile*. *Paul Klee*. Paris: Gallimard, 1989.

Burgin, Mark. *Super Recursive Algorithm*. New York: Springer, 2005.

Bush, Susan and Hsio-yen Shih, eds. *Early Chinese Texts on Painting*. Hong Kong: Hong Kong University Press, 2012.

Canguilhem, Georges. *The Knowledge of Life*. New York: Fordham University Press, 2008.

Cassirer, Ernst, *The Warburg Years (1919–1933): Essays on Language, Art, Myth, and Technology*. Translated by S.G. Lofts and A. Calcagno. New Haven: Yale University Press, 2013.

Chan, Wing-Tsit. *Chu Hsi Life and Thought*. Hong Kong: Chinese University Press, 1987.

Chen, Chuanxi (陈传席). *The History of Chinese Landscape Paintings*. Tianjin: Tianjin People's Art Publishing House, 2001/2003.

Chen, Hengke (陈衡恪). *Studies of Chinese Literati Painting* (中国文人画之研究). Beijing: Chunghwa Book Company, 1922.

Chen Lai (陈来). *Study on Zhuxi's Philosophy* (朱子哲学研究). Shanghai: East China Normal University Press, 2000.
_____. *Song and Ming Neo-Confucianism* (宋明理学). Shanghai: Eastern China Normal University Press, 2004.

Chen, Shou (陈寿, 233–297). *Records of the Three Kingdoms* (三国志), https://ctext.org/text.pl?node=603245&if=en.

Cheng, Ann. *Histoire de la pensée chinoise*. Paris: Seuil, 1997.

Cheng, François. *Full and Empty: The Language of Chinese Painting*. Translated by Michael H. Kohn. Boston: Shambhala, 1994.

Cézanne, Paul. "Letter to Emile Bernard (15 April 1904)," in *Conversations with Cézanne*. Edited by Michael Doran. Berkeley and Los Angeles: University of California Press, 2001.

The Chinese Classics, vol. 1. Translated by James Legge. Oxford: Clarendon, 1893.

Confucius. *Analects*. Translated by Watson Burton. New York: Columbia University Press, 2007.

Croce, Benedetto. *Breviary of Aesthetics: Four Lectures*. Translated by Hiroko Fudemoto. Toronto: Toronto University Press, 2007.

Danto, Arthur. "1828, Winter: Hegel's End-of-Art Thesis." In *A New History of German Literature*, edited by Hans Ulrich Gumbrecht, et al. Cambridge, MA: Harvard University Press, 2004.
_____. *After the End of Art*. Princeton: Princeton University Press, 1998.
_____. *Encounters and Reflections: Art in the Historical Present*. Berkeley: University of California Press, 1997.

Deleuze, Gilles. *Bergsonism*. Translated by Hugh Tomlinson and Barbara Habberiam. New York: Zone Bookss, 1991.

Diderot, Denis. *The Paradox of Acting*. Translated by Walter Herries Pollock. London: Chatto & Windus, 1883.

Dreyfus, Hubert. *What Computers Still Can't Do: A Critique of Artificial Reason*. New York: Harper & Row, 1972.
_____. "Why Heideggerian AI Failed and How Fixing It Would Require Making It More Heideggerian," *Artificial Intelligence* 171, no. 18 (December 2007): 1137–1160.

Düchting, Hajo. *Paul Cézanne 1839–1906: Nature Into Art*. Cologne: Taschen, 1994.

Duve, Thierry de. *Kant after Duchamp*. Cambridge, MA: MIT Press, 1993.

Escande, Yolaine. *La culture du shanshui*. Paris: Hermann, 2005.

Fang, Thomé H. (方东美). *Chinese Philosophy: Its Spirit and Its Development*. Taipei: Linking Publishing, 1981.

Feenberg, Andrew. *Nishida, Kawabata, and the Japanese Response to Modernity*. Nagoya: Chisokudo, 2019.

Fong, Wen C. *Between Two Cultures: Late-Nineteenth- and Twentieth-Century Chinese Paintings from the Robert H. Ellsworth Collection in the Metropolitan Museum of Art*. New York: Metropolitan Museum of Art and Yale University Press, 2001.

Fongaro, Enroco. "Bodily Present Activity in History: An Artistic Streak in Nishida Kitarō's Thought. In *The Bloomsbury Research Handbook of Contemporary Japanese Philosophy*, edited by Michiko Yusa. New York: Bloomsbury, 2017. 167–196.

Freeman, Walter J. "The Physiology of Perception." *Scientific American* 242 (February 1991).

Freeman, Walter J. and Christine A. Skarda. "Representations: Who Needs Them?" In *Third Conference, Brain Organization and Memory: Cells, Systems and Circuits*, edited by J.L. McGaugh et al. New York: Guilford, 1990. 375–380.

Frege, Gottlob. "Über Sinn und Bedeutung." *Zeitschrift für Philosophie und philosophische Kritik* 100 (1892): 25–50.

Froment-Meurice, Marc. *That Is to Say: Heidegger's Poetics*. Stanford: Stanford University Press, 1998.

Gilson, Étienne. *L'être et l'essence*. Paris: Vrin, 1994.

Golden, Leon. "Epic, Tragedy, and Catharsis." *Classical Philology* 71, no. 1 (January 1976): 77–85.

Gombrich, E.H. *The Story of Art*. New York: Phaidon, 1951.

Good, I.J. "Speculations Concerning the First Ultraintelligent Machine." In *Advances in Computers*, vol. 6, edited by Franz L. Alt and Morris Rubinoff (1966). 31–88.

Greenberg, Clement. "Modernist Painting." In *Clement Greenberg: The Collected Essays and Criticism*, vol. 4, *Modernism with a Vengeance: 1957–1969*, edited by John O'Brian. University of Chicago Press, 1993.

Guan, Hanqing. *Injustice to Tou O (Tou O Yuan)*. Translated by Chung-wen Shih. Cambridge, UK: Cambridge University Press, 1972.

Guo, Ruoxi (郭若虚). *Experiences in Painting* (图画见闻志). Shanghai: Shanghai People's Art Publishing House, 1964.

Günther, Gotthard. *Beiträge zur Grundlegung einer operationsfähigen Dialektik*, vol. 1. Hamburg: Felix Meiner Verlag, 1976.

Hadot, Pierre. *Plotin ou la simplicité du regard*. Paris: Gallimard, 1977.

Haraway, Donna. *Staying with the Trouble: Making Kin in the Chthulucene*. Durham: Duke University Press, 2016.

Hegel, G.W.F. *Hegel's Aesthetics: Lectures on Fine Arts*. Translated by. T. M. Knox. Oxford: Clarendon, 1975.
———. *Hegel's Science of Logic*. Translated by A.V. Miller. London: George Allen & Unwin, 1969.
———. *Outline of the Philosophy of Right*. Translated by T.M. Knox. Oxford: Oxford University Press, 2008.
———. *Phenomenology of Spirit*. Translated by A. V. Miller and J.N. Findlay. Oxford: Oxford University Press, 1977.
———. *Werke 13 Vorlesungen über die Ästhetik 1*. Frankfurt am Main: Suhrkamp, 1986.

Heidegger, Martin. "The Age of the World Picture." In *The Question Concerning Technology and Other Essays*. Translated by William Lovitt. New York and London: Garland Publishing, 1977. 115–154.
———. *Being and Time*. Translated by John Macquarrie and Edward Robinson. Oxford: Blackwell, 2001.
———. *Contributions to Philosophy (of the Event)*. Translated by Richard Rojcewicz and Daniela Vallega-Neu. Bloomington: Indiana University Press, 2012.
———. "Denken und Kunst." In *Japan und Heidegger: Gedenkschrift der Stadt Messkirch zum hundertsten Geburtstag Martin Heideggers*. Sigmarinen: J. Thorbecke, 1989. 211–15.
———. "The Field Path." Translated by Berit Mexia. *Journal of Chinese Philosophy* 13, no.4 (1986): 455–458.

———. *GA 8 Was Heißt Denken?* Frankfurt am Main: Vittorio Klostermann, 2002.

———. *GA 15 Seminare*. Frankfurt am Main: Vittorio Klostennann, 1986.

———. *GA 35 Der Anfang der Abendländischen Philosophie*. Frankfurt am Main: Vittorio Kostermann, 2012.

———. *GA 65 Beiträge zur Philosophie (Vom Ereignis)*. Frankfurt am Main: Vittorio Klostermann, 1994.

———. *GA 76. Leitgedanken zur Entstehung der Metaphysik, der neuzeitlichen Wissenschaft und der modernen Technik*. Frankfurt am Main: Vittorio Klostermann, 2009.

———. "Der Herkunft der Kunst und die Bestimmung des Denkens." In *Denkerfahrungen*. Frankfurt am Main: Klostermann, 1983. 135–89.

———. *Identity and Difference*. Translated by Johan Stambaugh. New York: Harper & Row, 1969.

———. *Introduction to Metaphysics*. Translated by Gregory Fried and Richard Polt. New Haven: Yale University Press, 2000.

———. *Nietzsche Vol. 1: The Will to Power as Art*. San Francisco: Harper, 1991.

———. "Notizen zu Klee / Notes on Klee," *Philosophy Today* 61, no.1 (2017): 7–17.

———. *On the Way to Language*. Translated by Peter D. Hertz. New York: Harper & Row, 1971.

———. "The Origin of the Work of Art." In *Off the Beaten Track*, translated by Julian Young and Kenneth Haynes. Cambridge: Cambridge University Press, 2004.

———. *Ponderings XII–XV: Black Notebooks 1939–1941*. Translated by Richard Rojcewicz. Indianapolis: Indiana University Press, 2017.

———. "The Question Concerning Technology." In *The Question Concerning Technology and Other Essays*.

———. *Schelling's Treatise on the Essence of Human Freedom*. Athens, OH: Ohio University Press, 1985.

———. *Der Ursprung des Kunstwerkes*. Stuttgart: Reclam, 1960.

———. *What Is Called Thinking?* Translated by Fred D. Wieck and J. Glenn Gray. New York: Harper & Row, 1968.

Henry, Michel. *Seeing the Invisible: On Kandinsky*. Translated by Scott Davidson. London: Continuum, 2009.

Herder, Johann Gottfried von. *Selected Writings on Aesthetics*. Translated by Gregory Moore. Princeton: Princeton University Press, 2006.

Hui, Yuk. "Exhibiting and Sensibilizing: Recontextualizing 'Les Immatériaux.'" In *Theater, Garden, Bestiary: Materialist History of Exhibitions*, edited by T. Garcia and V. Normand. Berlin: Sternberg, 2019.

———. "For a Cosmotechnical Event: In Honor of Don Ihde and Bernard Stiegler." In *Reimagining Philosophy and Technology, Reinventing Ihde*, edited by Glen Miller and Ashley Shew. Dordrecht: Springer, 2020. 87–102.

———. "Machine and Ecology." *Angelaki: A Journal of Theoretical Humanities*, 25, no. 4 (2020): 54–66.

———. "On Automation and Free Time." *e-flux* (2018). https://www.e-flux.com/architecture/superhumanity/179224/on-automation-and-free-time/.

———. *On the Existence of Digital Objects*. Minneapolis: University of Minnesota Press, 2016.

———. "One Hundred Years of Crisis," *e-flux* 108 (2020). https://www.e-flux.com/journal/108/326411/one-hundred-years-of-crisis/.

———. *The Question Concerning Technology in China: An Essay in Cosmotechnics*. Falmouth: Urbanomic, 2016/2019.

———. *Recursivity and Contingency*. London: Rowan & Littlefield, 2019.

———. "Rhythm and Technics: On Heidegger's Commentary on Rimbaud." *Research in Phenomenology* 47, no. 1 (2017): 60–84.

———. "Writing and Cosmotechnics." *Derrida Today* 13, no. 1 (2020): 17–32.

Jay, Martin. "Adorno and Musical Nominalism," *New German Critique* 43.3, no. 129 (November 2016): 5–26.

Jiang, Limei (蒋丽梅). *Study on Wang Bi's Commentary on Laozi* (王弼《老子注》研究). Beijing: China Social Sciences Press, 2012.

Joachim, Gasquet. *Cézanne*. Paris: Les éditions Bernheim-Jeune, 1921/1926.

Jullien, François. *The Book of Beginnings*. New Haven: Yale University Press, 2015.

———. *The Great Image Has No Form, or On the Nonobject through Painting*. Translated by Jane Marie Todd. Chicago: University of Chicago Press, 2009.

———. *The Impossible Nude: Chinese Art and Western Aesthetics*. Chicago: University of Chicago Press, 2007.

———. *This Strange Idea of the Beautiful*. Translated by Krzysztof Fijalkowski and Michael Richardson. Calcutta: Seagull Books, 2016.

Kant, Immanuel. *Critique of Pure Reason*. Translated by Werner S. Pluhar. Indianapolis: Hackett, 1996.

————. Critique of Judgment. Translated by James Creed Meredith and Nicholas Walker. Oxford: Oxford University Press, 2007.

Klee, Paul. *Notebooks*, vol. 1, *The Thinking Eye*. Edited by Jürg Spiller. London: Lund Humphries, 1961.

————. "On Modern Art." In *Paul Klee Philosophical Vision*, edited by John Sallis. 9–14. Boston: McMullen Museum Of Art, 2012.

Kosuth, Joseph. *Art After Philosophy and After: Collected Writings, 1966–1990*. Cambridge, MA: MIT Press, 1993.

Krell, David Farrell. *The Tragic Absolute: German Idealism and the Languishing of God*. Indianapolis: Indiana University Press, 2005.

Krummel, John W.M. *Nishida Kitarō's Chiasmatic Chorology: Place of Dialectic, Dialectic of Place*. Indianapolis: Indiana University Press, 2015.

Kuroda, Akinobu. "L'auto-formation de la vie dans le monde de la réalité historique : ce qui constitue une pratique philosophique dans le monde de la vie historique." *Ebisu: Études Japonaises* 40–41 (2008): 79–90.

Lao Tzu, *Tao Te Ching*. Translated by D.C. Lau. Hong Kong: Chinese University of Hong Kong, 2001.

Leonard, Miriam. *Tragic Modernities*. Cambridge, MA: Harvard University Press, 2015.

LeWitt, Sol. "Paragraphs on Conceptual Art." In *Theories and Documents of Contemporary Art: A Sourcebook of Artists' Writings*. Edited by Kristine Stiles and Peter Selz. Berkeley: University of California Press, 2012.

————. "Sentences on Conceptual Art." In *Theories and Documents of Contemporary Art: A Sourcebook of Artists' Writings*.

Li, Zehuo (李泽厚). *The Chinese Aesthetic Tradition* (华夏美学). Guilin : Guangxi Normal University Press, 2001.

————. *A Theory of Historical Ontology* (历史本体论). Beijing: SDX Joint Publishing, 2002.

Lin, Guang-hua (林光华). *The Dao of Laozi and Its Contemporary Interpretation* (《老子》之道及其当代诠释). Beijing: Renmin University Press, 2015.

Lin, Yutang. *The Chinese Theory of Art*. New York: Putnam's Sons, 1967.

Liu, Shu-hsien (刘述先). *The Development and Completion of Zhu Xi's Philosophical Thought* (朱子哲学思想的发展与完成). Taipei: Student Books, 1995.

Liu, Xiaogan (刘笑敢), *Lao Zhi*. Taipei: Dong Da Books, 1997.

Lloyd, Geoffrey and Nathan Sivin. *The Way and the Word*. New Haven: Yale University Press, 2002.

Lovelock, James. *Gaia: A New Look at Life on Earth*. Oxford: Oxford University Press, 2000.

Lyotard, Jean-François. *The Inhuman: Reflections on Time*. Translated by Geoffrey Bennington and Rachel Bowlby. Stanford, CA: Stanford University Press, 1991.
_____. *The Postmodern Condition: A Report on Knowledge*. Translated by Geoff Bennington and Brian Massumi. Minneapolis: University of Minnesota Press, 1984.

Maraldo, John C.,Thomas P. Kasulis, and James W. Heisig, eds. *Japanese Philosophy A Sourcebook*. Honolulu: University of Hawaii Press, 2011.

Merleau-Ponty, Maurice. "Cézanne's Doubt." In T*he Merleau-Ponty Aesthetics Reader: Philosophy and Painting*, translated by Michael B. Smith. Evanston: Northwestern University Press, 1993.
_____. "Eye and Mind." Translated by Carleton Dallery. *In The Primacy of Perception*, edited by James M. Edie. Evanston: Northwestern University Press, 1964. 159–92.

Miki, Kiyoshi. "Philosophy of Technology"(技术哲学). In *MKZ*, vol. 7 (三木清全集·第七卷). Tokyo: Iwanami Shoten, 1985.

Minsky, Marvin. "Steps Toward Artificial Intelligence." *Proceedings of the IRE* 49, no. 1 (January 1961): 8–30.

Mou, Zongsan(牟宗三). *Human Nature and Xuan Theory* (才性与玄理). Taipei: Students Publishing, 1993.

———. *Intellectual Intuition and Chinese Philosophy* (智的直觉与中国哲学). Taipei: Taiwan Commercial Press, 2006.

———. "Lectures on *Dao de jing*, no.8." *Legein Monthly* (Contemporary Neo-Confucianism Database, 鹅湖月刊), no. 304 (2003): 2–9.

———. "Lectures on Kant's Aesthetics," Lecture 4. *Legein Monthly* (Contemporary Neo-Confucianism Database, 鹅湖月刊), no. 410 (2009): 1–6.

———. Lectures on Zhou Yi (周易的自然哲学), in *Collected Works*, vol. 31. Taipei: Linkingbooks, 2003.

———. *Nineteen Lectures on Chinese Philosophy* (中国哲学十九讲). Taipei: Student Books, 1983.

Mroczkowski, Stéphane. *Paul Klee [Temps du peintre] avec Mondrian, Soulages, Chillida, Stella*. Paris: L'Harmattan, 2002.

Mumford, Lewis. *Art and Technics*. New York: Columbia University Press, 1952.

Needham, Joseph. *The Grand Titration: Science and Society in East and West*. London: Routledge, 2013.

———. *Science and Civilization in China*, vol. 2, *History of Scientific Thought*. Cambridge, UK: Cambridge University Press, 1991.

Nietzsche, Friedrich. *The Anti-Christ, Ecce Homo, Twilight of the Idols, and Other Writings*. Cambridge, UK: Cambridge University Press, 2005.

———. *The Birth of Tragedy and the Case of Wagner*. Translated by Walter Kaufmann. New York: Vintage, 1967.

———. *Ecce homo: How to Become What You Are*. Translated by Duncan Large. Oxford: Oxford University Press, 2007.

———. *The Gay Science*. Translated by J. Nauckho. Cambridge, UK: Cambridge University Press, 2001.

———. *Philosophy in the Tragic Age of the Greeks*. Translated by Marianne Cowin. Washington: Regnery Publishing, 1962.

Nishida, Kitarō. "An Explanation of Beauty" (美の説明). Translated by Steve Odin. Monumenta Nipponica 42, no. 2 (Summer 1987): 215–217.

———. "The Form of Culture of the Classical Periods of East and West Seen from a Metaphysical Perspective." In *Sourcebook for Modern Japanese Philosophy*, translated and edited by D.A. Dilworth, et al. London: Greenwood, 1998.

———. *From Acting to Seeing* (働くものから見るものへ) *NKZ*, vol. 4. Tokyo: Iwanami Shoten, 1965.

_____. *Intelligibility and the Philosophy of Nothingness: Three Philosophical Essays*. Translated by Robert Schinzinger. Honolulu: East–West Center Press, 1958.

_____. "The Logic of Basho." In *Place and Dialectic: Two Essays by Nishida Kitaro*. Translated by John W.M. Krummel and Shigenori Nagatomo. Oxford: Oxford University Press, 2012.

Petzet, Heinrich Wiegand. *Encounters and Dialogues with Martin Heidegger, 1929–1976*. Chicago: University of Chicago Press, 1993.

Pippin, Robert. *Art after the Beautiful: Hegel and the Philosophy of Pictorial Modernism*. Chicago: University of Chicago Press, 2014.

Plato. *Complete Works*. Edited by John M. Cooper and D.S. Hutchinson. Indianapolis: Hackett, 1997.

Plotinus. *Enneads*. Edited by Lloyd P. Gerson. Cambridge, UK: Cambridge University Press, 2018.

Pöggler, Otto. *Bild und Technik Heidegger, Klee und die Moderne Kunst*. München: Wilhelm Fink Verlag, 2002.

Rilke, Rainer Maria. *Briefe Aus Muzot 1921 bis 1926*. Leipzig: Insel Verlag, 1937.

_____. *Duino Elegies and the Sonnets to Orpheus*. Translated by A. Poulin. Boston: Houghton Mifflin, 1977.

Sallis, John. "Klee's Philosophical Vision," in *Paul Klee Philosophical Vision: From Nature to Art*. Edited by John Sallis. Boston: McMullen Museum of Art, 2012. 15–24.

Sartre, Jean-Paul. "The Quest for the Absolute." In *The Aftermaths of War (Situation III)*. London: Seagull, 2008.

Schaeffer, Jean-Marie. *Art of the Modern Age: Philosophy of Art From Kant to Heidegger*. Translated by Steven Rendall. Princeton: Princeton University Press, 2000.

Schaper, Eva. "Aristotle's Catharsis and Aesthetic Pleasure." *The Philosophical Quarterly* 18, no. 71 (April 1968): 131–143.

Schelling, F.W.J. "Philosophical Letters on Dogmatism and Criticism." In *The Unconditional in Human Knowledge: Four Early Essays (1794–1796)*, translated by Fritz Marti. Cranbury: Associated University Presses, 1980.

_____. *The Philosophy of Art*. Translated by Douglas W. Stott. Minneapolis: University of Minnesota Press, 1989.

_____. *System of Transcendental Idealism*. Translated by P. Heath. Charlottesville: University of Virginia Press, 1993.

Schopenhauer, Arthur. *The World as Will and Representation*, vol. 1. Translated by E.F.J. Payne. New York: Dover, 1969.

Schmitt, Carl. *The Nomos of the Earth in the International Law of the Jus Publicum Europaeum*. Translated by G.L. Ulmen. New York: Telos, 2006.

Schmidt, Dennis. *On Germans and Other Greeks: Tragedy and Ethical Life*. Indianapolis: Indiana University Press, 2001.

Schürmann, Reiner. *Heidegger on Being and Acting: From Principles to Anarchy*. Indianapolis: Indiana University Press, 1987.

Seneca. "De Otio." In *Seneca: Moral and Political Essays*. Cambridge, UK: Cambridge University Press, 1995.

_____. *Letters on Ethics to Lucilius*. Translated by Margaret Graver and A.A. Long. Chicago: University of Chicago Press, 2015.

Seubold, Günther. *Kunst als Enteignis, Heideggers Weg zu einer nicht mehr metaphysischen Kunst*. Alfter: Denkmal Verlag, 2005.

Shitao. *Round of Discussions on Painting* (画语录). In Lin Yutang, *The Chinese Theory of Art*. New York: Putnam's Sons, 1967.

Shih, Shou-chien. *Style in Transformation: Studies on the History of Chinese Painting* (风格与世变). Beijing: Peking University Press, 2008.

Sloterdijk, Peter. "The Anthropocene: A Process-State at the Edge of Geohistory?" In *Art in the Anthropocene: Encounters among Aesthetics, Politics, Environments and Epistemologies*. Edited by Étienne Turpin and Heather Davis. London: Open Humanities, 2015.

Spengler, Oswald. *Man and Technics: A Contribution to a Philosophy of Life*. London: Greenwood, 1967.

Simondon, Gilbert. *On the Mode of Existence of Technical objects*. Minneapolis: University of Minnesota Press, 2017.
_____. *Sur la philosophie*. Paris: PUF, 2016.

Smith, Brian Cantwell. *On the Origin of Objects*. Cambridge, MA: MIT Press, 1996.
_____. *The Promise of Artificial Intelligence: Reckoning and Judgment*. Cambridge, MA: MIT Press, 2019.

Stambaugh, Joan. *The Real Is Not the Rational*. New York: SUNY Press, 1986.

Steiner, Georges. *The Death of Tragedy*. New Haven: Yale University Press, 1961.

Stiegler, Bernard. *The Automatic Society*. Translated by Dan Ross. London: Polity, 2018.

Sullivan, Michael. *The Meeting of Eastern and Western Art: From the Sixteenth Century to the Present Day*. New York: New York Graphic Society, 1973.

Szondi, Péter. *An Essay on the Tragic*. Translated by Paul Fleming. Stanford: Stanford University Press, 2002.

Taminiaux, Jacques. "The Origin of 'The Origin of the Work of Art.'" In *Reading Heidegger*, edited by John Sallis. Bloomington: Indiana University Press, 1993.
_____. *Poetics, Speculation, and Judgment: The Shadow of the Work of Art from Kant to Phenomenology*. New York: SUNY Press, 1993.

Tang, Yijie (汤一介). *Guo Xiang and Weijing Xuan Xue* (郭象与魏晋玄学). Beijing: Peking University Press, 2000.

Tang, Yongtong (汤用彤). *Collected Works*, vol. 4 (汤用彤全集·第四卷). Hebei: Hebei Renmin's Publishing House, 2000.
_____. *Essays on the Xuan Theory of Weijing Period* (魏晋玄学论稿). Shanghai: Shanghai Classical Literature Press, 2001.

Teng, Gu (滕固). *History of Tang Song Paintings* (唐宋绘画史). Beijing:

China Classical Art Publishing House, 1958.

Tuan Zhuan. Translated by James Legge. https://ctext.org/book-of-changes/qian2.

Uehara, Mayuko. "Japanese Aspects of Nishida's Basho: Seeing the 'Form without Form.'" *Frontiers of Japanese Philosophy 4: Facing the 21st Century*. Edited by Wing Keung Lam and Ching Yuen Cheung. Nagoya: Nanzan Institute for Religion & Culture, 2009. 152–164.

Vernant, Jean-Pierre. *Myth and Society in Ancient Greece*. Translated by Janet Lloyd. New York: Zone Bookss, 1996.

Vernant, Jean-Pierre, and Pierre Vidal-Naquet. *Myth and Tragedy in Ancient Greece*. Translated by Janet Lloyd. New York: Zone Bookss, 1990.

Wagner, Rudolf G. *Language, Ontology, and Political Philosophy in China: Wang Bi's Scholarly Exploration of the Dark (Xuanxue)*. New York: SUNY Press, 2003.

Wang, Baoxuan (王葆玹). *Introduction to Xuan Theory* (玄学通论). Taipei: Wunan Books, 1996.

Wang, Bi. *A Chinese Reading of the Daodejing: Wang Bi's Commentary on the Laozi with Critical Text and Translation*. Translated by Rudolf Wagner. New York: SUNY Press, 2003.
_____. *The Classic of Changes: A New Translation of the I Ching as Interpreted by Wang Bi*. Translated by Richard John Lynn. New York: Columbia University Press, 2004.
_____. *Critical Edition of the Works of Wang Bi, with explanatory Notes* (王弼集校释). Beijing: Chunghwa Books, 1980.

Wang, Fuzhi (王夫之). *Collected Work of Wang Fuzhi*, vol. 1 (《船山全书》卷一). Taipei: Hua Wen Shuju, 1964.

Warhol, Andy. "Top Ten ARTnews Stories: The First Word on Pop." *ARTnews*. November 1, 2007. https://www.artnews.com/artnews/news/top-ten-artnews-stories-the-first-word-on-pop-183/.

Weisberger, Mindy. "World's First 'Living Machine' Created Using Frog Cells and Artificial Intelligence." *Live Science*. January 14, 2020. https://www.livescience.com/frogbots-living-robots.html.

Wiener, Norbert. *Cybernetics: Or, Control and Communication in the Animal and the Machine*. Cambridge, MA: MIT Press, 1985.

Winckelmann, J.J. "Thoughts on the Imitation of the Painting and Sculpture of the Greeks." In *German Aesthetic and Literary Criticism: Winckelmann, Lessing, Hamann, Herder, Schiller, Goethe*, edited by H.B. Nisbet. Cambridge, UK: Cambridge University Press, 1985.

Yang, Lihua (杨立华). *Studies on Guo Xiang's Commentary on Zhuangzi* (郭象〈庄子注〉研究). Beijing: Peking University Press, 2010.

Yasukata, Toshimasa. *Lessing's Philosophy of Religion and the German Enlightenment: Lessing on Christianity and Reason*. Oxford: Oxford University Press, 2002.

Yoshinori, Onishi. "Yūgen." In *Japanese Philosophy: A Sourcebook*, edited by James Heissig. Honolulu: University of Hawai'i Press, 2011. 1216–1219.

Young, Julian. *Heidegger's Philosophy of Art*. Cambridge, UK: Cambridge University Press, 2001.
——. *Nietzsche's Philosophy of Art*. Cambridge, UK: Cambridge University Press, 1994.

Yuan, Pao-Hsin (袁保新). *Interpretation and Reconstruction of Laozi's Philosophy* (老子哲学诠释与重建). Taipei: Wenjin Publisher, 1991.

Yungao, Pan, ed. *Selected Articles on Painting of China Past Dynasties*, vol. 1 and 2 (中国历代画论选上、下). Edited by Pan Yungao. Changsha: Hunan Art Publishing House, 2007.

Xi Ci, (系辞). Translated by James Legge. https://ctext.org/book-of-changes/xi-ci-shang.

Xiong, Shili (熊十力). *Ti-Yong Theory* (体用论). Shanghai: Shanghai Bookstore Publishing House, 2009.

Xu, Fuguan (徐复观). *The Spirit of Chinese Art* (中国的艺术精神) *Collected Work of Xu Fuguan*, vol. 4. Hubei: Hubei People's Publishing House, 2009.

Zhang, Dainian (张岱年). *Outline of Chinese Philosophy* (中国哲学大纲). Nanjing: Jiangsu Education Publishing House, 2005.

Zhang, Yanyuen (张彦远). "Notes on Famous Paintings of the Past Dynasties" (历代名画记). In *A Complete Collection of Chinese Calligraphy and Painting*, vol. 1. Shanghai: Shanghai Calligraphy & Painting Publication House, 1993.

Zheng, Qi (郑奇). Humble Opinions on Philosophy of Chinese Painting (中国画哲理刍议). Shanghai: Shanghai Bookshop Publishig House, 1991.

Zhongyong (Doctrine of the Mean). Translated by James Legge, 1893. http://www.esperer-isshoni.info/spip. php?article66.

Zhuangzi. *Complete Works*. Translated by Watson Burton. New York: Columbia University Press, 2013.

Zong, Bing, "On Landscape Painting." In *Selected Articles on Painting of China Past Dynasties*, vol. 1(中国历代画论选 - 上). Edited by Pan Yungao. Changsha: Hunan Art Publishing House, 2007.

索 引

图书在版编目(CIP)数据

艺术与宇宙技术/许煜著;苏子滢译.
--上海:华东师范大学出版社,2022

ISBN 978 - 7 - 5760 - 3153 - 9

Ⅰ.①艺…　Ⅱ.①许…②苏…　Ⅲ.①哲学思想—研
究　Ⅳ.①B1

中国版本图书馆 CIP 数据核字(2022)第 147206 号

华东师范大学出版社六点分社

企划人　倪为国

艺术与宇宙技术

著　　者　许　煜
译　　者　苏子滢
责任编辑　王寅军
责任校对　彭文曼
封面设计　卢晓红

出版发行　华东师范大学出版社
社　　址　上海市中山北路 3663 号　邮编　200062
网　　址　www. ecnupress. com. cn
电　　话　021 - 60821666　行政传真　021 - 62572105
客服电话　021 - 62865537　门市(邮购)电话　021 - 62869887
地　　址　上海市中山北路 3663 号华东师范大学校内先锋路口
网　　店　http://hdsdcbs. tmall. com

印 刷 者　上海盛隆印务有限公司
开　　本　890×1240　1/32
印　　张　10.75
字　　数　183 千字
版　　次　2022 年 9 月第 1 版
印　　次　2022 年 9 月第 1 次
书　　号　ISBN 978 - 7 - 5760 - 3153 - 9
定　　价　68.00 元

出 版 人　王　焰

Art and Cosmotechnics
by Yuk HUI
Copyright © Yuk Hui
Published by arrangement with Yuk HUI
Simplified Chinese translation copyright © 2022 by East China Normal University
Press Ltd.
All rights reserved.
上海市版权局著作权合同登记　图字:09 - 2021 - 0505 号